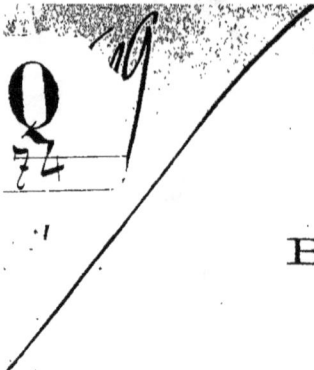

*Conserver la Couvert* 1879

# BIBLIOGRAPHIE

DE

# L'ABBÉ COCHET

PAR

## MARCELIN BLANADET

avec une Préface de

## M. L'ABBÉ A. TOUGARD

et un Portrait de l'abbé COCHET

*Dessiné par Albert HUYOT, gravé sur bois par Jules HUYOT*

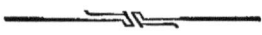

### PARIS

Alphonse PICARD & Fils, libraires          Ernest DUMONT, libraire
Rue Bonaparte, 82                          Rue de Grenelle, 32

### ROUEN

A. LESTRINGANT, libraire, rue Jeanne-d'Arc, 11

### LE HAVRE

A. BOURDIGNON fils, libraire          DOMBRE, libraire
Place Gambetta, 19                    Place de l'Hôtel-de-Ville, 10

1895

# BIBLIOGRAPHIE

## DE

# L'ABBÉ COCHET

# BIBLIOGRAPHIE

DE

# L'ABBÉ COCHET

PAR

## MARCELIN BLANADET

avec une Préface de

## M. L'ABBÉ A. TOUGARD

et un Portrait de l'abbé COCHET

*Dessiné par Albert HUYOT, gravé sur bois par Jules HUYOT*

## PARIS

Alphonse PICARD & Fils. libraires
*Rue Bonaparte, 82*

Ernest DUMONT, libraire
*Rue de Grenelle, 32*

## ROUEN

A. LESTRINGANT. libraire. *rue Jeanne-d'Arc*, 11

## LE HAVRE

A. BOURDIGNON fils. libraire
*Place Gambetta, 19*

DOMBRE, libraire
*Place de l'Hôtel-de-Ville, 10*

## 1895

# PRÉFACE

*L'ouvrage que nous avons aujourd'hui l'honneur de présenter au public, n'avait jamais été rêvé par les plus fervents disciples de l'abbé Cochet. Il a fallu pour l'exécuter tout le zèle, aussi patient que consciencieux, d'un homme qui n'a pas eu la joie de connaître le grand archéologue. Il s'est pourtant épris de cette lourde tâche, sinon à cause de ses difficultés mêmes, du moins pour les services éminents qu'elle devait rendre à la science. Car elle remet en lumière et sous la main de tous, comme le disait naguère un magistrat distingué, une foule de mémoires, de notices et de simples articles de journaux. souvent aussi importants que des brochures, mais jusqu'alors ensevelis au fond de nos grands in-folios périodiques.*

*Ici se révèle par ses œuvres l'étonnant labeur de cette puissante intelligence qui, dans un corps valétudinaire, demeurait constamment en éveil sur ce qui pouvait intéresser ou instruire les lecteurs des feuilles publiques et des revues, non moins que les hommes d'étude. Pour l'abbé Cochet, l'action était la vie : aussi n'était-ce pas sans une sorte de stupeur qu'il répétait parfois : « Que de gens auxquels il faut non seulement suggérer les idées, mais encore procurer le moyen de les accomplir. »*

*Ce livre atteindra un résultat plus piquant et à peine soupçonné : celui de venger l'abbé Cochet de lui-même. Trop souvent les livres les plus estimables sont avant tout dans la pensée de leur auteur le piédestal de sa renommée. Le prêtre*

rouennais a mené plus de quarante ans sa croisade archéologique avec une ardeur infatigable, mais aussi avec une rare
absence de retours personnels. Et ce glorieux serviteur de nos
monuments de tous les âges, en semant presque à chaque pas
de cette longue chevauchée les témoins les plus variés de sa
vaillance érudite, depuis l'in-64 de sa touchante Prière à Marie,
jusqu'au petit in-folio du Cardinal Cambacerès, en a négligé
un bon nombre dans la poussière de l'oubli. L'abbé Cochet a
imprimé trois éditions de sa Bibliographie : la première seule
mentionne divers articles de journaux ; les deux autres n'enre-
gistrent que les volumes et les brochures ; et parmi celles-ci, la
comparaison avec le présent volume révèlera des omissions
nombreuses et parfois surprenantes.

L'abnégation de l'abbé Cochet ne s'en est pas tenue là. Il n'est
si piètre écrivain, si chétif travailleur qui ne conserve avec un
soin jaloux les moindres manuscrits des premières années et
les plus insignifiants mémoires ; ils revêtent les plus sommaires
imprimés, ceux mêmes de quatre pages, d'une reliure de luxe
qui va parfois jusqu'au maroquin poli. Eh bien ! la bibliothèque du Grand Séminaire de Rouen montre, parmi ses nombreuses raretés, les exemplaires d'auteur du prince de l'archéologie franque : ce sont de gros et vulgaires cartonnages,
auxquels une copieuse annotation inédite donne seule un prix
considérable. De plus, des admirateurs ou des intimes de l'abbé
s'étaient fait abandonner par lui ses plus anciens manuscrits
ou ses articles de journaux. Qui sait si des archives parois-
siales ne recèlent pas encore plus d'un intéressant mémoire
sorti de sa plume ? La découverte faite l'an dernier à Darnétal
rend probable l'affirmative.

Il y a mieux. M. Cochet a souvent donné aux Journaux des

*notes en style indirect et leur en a rédigé d'autres sans les signer, au rebours de certains grands hommes, ou réputés tels, qui n'écrivent pas toujours ce qu'ils signent. On est tenté de se récrier contre cet effacement calculé de l'écrivain, qui n'a point pris garde que son nom eût ajouté une singulière saveur à ses communications : faute de cet indice, tel souscripteur à ses grands ouvrages a dû les effleurer d'un œil rapide ou les omettre entièrement. C'est surtout le cas des bulletins semes-triels des* Objets donnés au Musée Départemental *qu'il a, les der-nières années de sa vie, insérés dans les deux grands journaux du chef-lieu. Et puis, ses chères collections ont dû y perdre : pour ceux qui ne donnent qu'afin « d'être mis dans le Journal, » quel vif encouragement c'eût été à leur générosité de pouvoir se promettre que leur nom y serait cité avec éloge par l'abbé Cochet !*

*Aucune de ses bibliographies n'a cité une modeste note de quatre pages, sèche comme une table des matières, mais qui par son caractère officiel fait le plus grand honneur à l'antiquaire de province auquel on en confia la rédaction. C'est le* Plan d'un recueil d'instructions sur l'archéologie franque, par M. l'abbé Cochet, membre non résidant du Comité. *Au bas de la dernière page, qui répète les sept derniers mots du Titre, on lit « Impri-merie impériale, juillet 1856. »*

*Comme on le verra plus loin, ce* Plan *a été imprimé plusieurs fois. Il fut l'occasion de l'une des plus amères déceptions de la carrière scientifique de son auteur, comme l'apprend un dossier de quarante-deux pages, qu'il a intitulé :* « Ministère de l'Ins-truction publique. — Instructions sur l'archéologie franque. — Registre contenant les Nos des dessins et gravures fournis pour*

XIV

*cet ouvrage. — Notes relatives à la dépense et à la comptabilité.
— 1ᵉʳ septembre 1836 (sic). »*

*Voici l'analyse des pièces principales :*

*Au mois de juin 1856 (le jour est resté en blanc), le secrétaire du Comité, M. de la Villegille, envoie à l'abbé Cochet l'épreuve du Plan, lequel devait figurer dans le prochain Bulletin, qui paraîtra dans huit jours. Il n'insiste pas sur le retour « dans le plus bref délai possible, connaissant toute votre célérité. »*

*Cette note n'était proprement que le sommaire d'un véritable ouvrage comportant de trois à quatre cents gravures, et qui ne devait pas, selon la décision du Comité, excéder quatre cents pages. Ce sont les termes mêmes d'une apostille à la lettre ministérielle du 31 octobre. Le point d'interrogation qui termine cette annotation semble demander à M. Cochet s'il n'a rien à objecter.*

*Tout le monde en haut lieu ne connaissait pas la puissante activité de l'abbé : car une autre missive ministérielle, du 12 août, lui disait : « Je vous serai obligé de vouloir bien en presser l'exécution autant qu'il vous sera possible. »*

*A cette date, les dessinateurs choisis par M. Cochet et autorisés par le Ministère étaient MM. Muret, A. Darcel, H. Catenacci et A. Féret ; la lettre d'octobre approuvait comme graveurs MM. Catenacci, Ecosse, Bisson et Cottard, Ausinat, Perrichon et Carbonneau.*

*Comme il arrive parfois en matière administrative, l'approbation arrivait un peu tard : car, dès le 26 octobre, M. Carbonneau avait livré dix-neuf bois gravés, qui lui furent payés 160 fr. M. Catenacci, chargé de la seconde série (101 à 200), en livra les trente-six premiers numéros le 6 février 1857 et reçut 530 fr. Il y avait déjà un mois que M. A. Darcel avait touché*

*667 fr. pour les cinquante-neuf premières pièces de la troisième
série (200 à 300) qui lui était confiée ; enfin le dessin des
bois de la première série remontait aux 1er-19 septembre, et
avait été exécuté à Dieppe par Amédée Féret.*

*Il semble donc que l'ouvrage eût dû paraître en 1857. Mais il
n'a jamais été publié ; et son arrêt de mort est la lettre du
19 avril 1859, signée G. Rouland, où le ministère répond à
une demande de 1,000 fr. pour « reprendre le travail, » que
« la faiblesse du crédit des Documents inédits met obstacle à sa
bonne volonté ; » son Excellence devant, quand la situation du
budget le permettra, aviser à une publication dont elle « appré-
cie toute l'importance ».*

*Cette pièce est la dernière en date du dossier. Est-il témé-
raire de conjecturer que le beau livre du* Tombeau de Childéric,
*imprimé en 1859, fut une docte revanche de ce douloureux
contre-temps ?*

*L'abbé Cochet, dont la parole avait parfois le tranchant de
l'acier, ne fut pas un homme de polémique, comme l'a déjà
constaté la* Revue Catholique de Normandie *(III, 161). L'affirma-
tion nette et lumineuse de la vérité lui semblait, avec juste
raison, servir plus fructueusement la science que des contes-
tations souvent irritantes et toujours odieuses. S'il parut un
jour se départir de sa réserve habituelle, en intervenant par
une lettre au* Journal de Rouen, *dans un débat assez vif soulevé
par André Durand au sujet des travaux de la Cathédrale (voir
plus loin au* Journal de Rouen), *il est bon d'expliquer ici qu'il
ne prit la plume que sur l'invitation expresse qui lui en fut
faite par Mgr l'Archevêque.*

On nous saura gré de finir par ce portrait aussi frappant qu'il est court, qu'a tracé du jeune Cochet le vénérable supérieur du Grand Séminaire, le R. P. David, en lui écrivant à lui-même, le 8 mai 1835 : « Je suis affligé, mon cher abbé, que vous ayez de trop fortes raisons pour prolonger votre séjour à la campagne. Usez donc du remède nécessaire, et que votre unique occupation soit de vous interdire toute occupation. Appliquez-vous, sans contention aucune, à dominer et à régler votre imagination. Cette faculté est chez vous beaucoup trop active ; tâchez de vous remettre de temps en temps entre les mains de Dieu.....»

Oui, l'abbé Cochet fut un homme d'imagination. Qu'on juge par là du mérite qu'il eut à devenir l'homme des mesures précises dans ses fouilles ; l'investigateur minutieux qui savait exhumer à Lillebonne, dans l'une de ses dernières explorations, jusqu'à un petit coq en plomb, jouet gallo-romain de quelques millimètres de longueur ; enfin l'abréviateur complet de plusieurs milliers de pages admirablement condensées dans son Répertoire archéologique dont la table, qu'il fut sur le point d'abandonner, est à elle seule un chef-d'œuvre, où l'imagination n'eut rien à voir.

### L'Abbé A. TOUGARD

Mont-aux-Malades,
*Petit-Séminaire de Rouen,*
9 Décembre 1894.

## I. OUVRAGES

1. — Les Eglises de l'Arrondissement du Havre. *Ingouville. Imprimerie de Gaffney frères, éditeurs.* 1845. 2 vol. in-8°, avec onze lith. hors texte.

1er vol. : Faux-titre ; — Titre impr. ; — Introduction, pp. v à LVIII ; — Faux-titre pour : Canton du Havre, 1 f. n. chiff.; — Texte, pp. 3 à 42 ; — Faux-titre pour : Canton d'Ingouville, 1 f. n. chiff. ; — Texte, pp. 45 à 110 ; — Faux-titre pour : Canton de Montivilliers, 1 f. n. chiff.; — Texte, pp. 113 à 213 ; — Faux-titre pour : Canton de Criquetot-l'Esneval, 1 f. n. chiff.; — Texte, pp. 217 à 276 ; — Table, pp. 277 à 279 et 2 ff. n. chiff. pour l'*Errata.*

Les pp. 231, 232, 233 et 265 sont chiffrées par erreur 331, 332, 333 et 365.

2e vol. : Faux-titre ; — Titre imp. ; — Faux-titre pour : Canton de Fécamp, 1 f. n. chiff. ; — Texte, pp. 7 à 122 ; — Faux-titre pour : Canton de Goderville, 1 f. n. chiff. ; — Texte, pp. 125 à 174 ; — Faux-titre pour : Canton de Lillebonne, 1 f. n. chiff. ; — Texte, pp. 177 à 238 ; — Faux-titre pour : Canton de Bolbec, 1 f. n. chiff ; — Texte, pp. 241 à 312 ; — Faux-titre pour : Canton de Saint-Romain, 1 f. n. chiff. ; — Texte, pp. 315 à 372 ; — Table, pp. 373 à 376 et 3 ff. n. chiff. ; 2 pour la Liste des Souscripteurs et 1 pour l'*Errata.*

## INDICATION DES LITHOGRAPHIES :

Tom. I. 1° (p. 3). Notre-Dame du Havre en 1768, d'après un dessin publié par l'abbé Anfray en 1804. Lith. de Berdalle à Rouen.

    2° (p. 60). Vue extérieure de l'Abbaye de Graville, par Langlois. Lith. Péron, succr de N. Périaux à Rouen.

    3° (p. 66). Vue intérieure de l'Abbaye de Graville, par H. Langlois. Lith. d'A. Péron, succr de N. Périaux. Rouen.

    4° (p. 113). Vue de l'Abbaye de Montivilliers, par V. Berdalle. Lith. de Berdalle à Rouen.

    5° (p. 141). Clocher d'Harfleur. Lith. de Berdalle à Rouen.

    6° (p. 261). Vue de l'Eglise d'Etretat, par Paul Vasselin. Imp. lith. de Perruche à Rouen.

Tom. II. 1° (p. 7). Vue extérieure de l'Abbaye de Fécamp, par H. Langlois. Polyclès Langlois, lith. Lith. d'A. Péron, succr de N. Périaux à Rouen.

    2° (p. 10). Vue intérieure de l'Abbaye de Fécamp, par H. Langlois. Polyclès Langlois, lith. Lith. d'A. Péron et de N. Périaux à Rouen.

    3° (p. 39). Vue intérieure de la Chapelle de N.-D. de Salut à Fécamp, par H. Langlois. Polyclès Langlois, lith. Lith. d'A. Péron, succr de N. Périaux. Rouen.

    4° (p. 176). Notre-Dame de Lillebonne, par Bligny, lith. A. Péron, succr de N. Périaux, Rouen.

    5° (p. 221). Eglise de Neuville. Sans nom d'artiste.

FRÈRE. *Manuel du Bibliographe Normand*, dit qu'il faut 12 lithographies. Dans tous les exemplaires que j'ai collationnés je n'en ai trouvé que onze.

Il existe une SECONDE ÉDITION : 1er vol. *Ingouville, Imprimerie de Roquencourt, éditeur*. 1846. Dans ces exemplaires le Canton du Havre finit à la page 44 ; il y a un changement dans ce chapitre, la note qui se trouve à la fin est beaucoup plus longue. Ce volume a été réimprimé. Il y a des changements : Dans la première édition (p. 78) il y a 28 lignes à la page, dans celle-ci il n'y en a que 27. Page 79 la même différence existe. Page 273, il y a 28 lignes dans les deux éditions, mais dans la première il y a quatre mots à la dernière ligne : *Valery, comme leur église* ; dans cette édition ces mots sont à la vingt-sixième ligne, il y a en plus : *habitants portent le nom de*. Page 276, dans la première édition, il y a 29 lignes, dans celle-ci il n'y en a que 26.

    2e vol. *Ingouville, Imprimerie de Roquencourt, Editeur*. 1846. Dans ce volume le titre seul est changé.

L'INSTITUT DE FRANCE, dans sa séance publique du 30 juillet 1847, a accordé une Mention très honorable pour cet Ouvrage.

    Voir un *Compte-Rendu* de cet Ouvrage dans le *Journal de l'Arrondissement du Havre* du 1er septembre 1841, signé : A. D. et dans la *Revue de Rouen*, 1846, pp. 303 à 312, par Anatole Dauvergne.

2. — Les Eglises de l'Arrondissement de Dieppe. *Dieppe. M^{me} V^{ve} Marais, libraire-éditeur, Grande-Rue, 41.* (Dieppe. Imp. de J.-B.-S. Lefebvre). 1846. In-8°, avec 6 lith.

Les Eglises de l'Arrondissement de Dieppe. Eglises rurales. *Paris. Derache, rue du Bouloy, 7 ; Dumoulin, quai des Augustins, 13. — Rouen. Lebrument, quai Napoléon ; Fleury, place Saint-Ouen. — Dieppe. M^{me} V^{ve} Marais, Grande-Rue.* (Dieppe. Imprimerie de Levasseur, rue Duquesne, 3.) 1850. In-8° avec 4 lith. hors texte et gravures sur bois dans le texte. — En tout 2 vol.

1^{er} vol. : Faux-titre ; — Titre impr. ; — Saint-Rémy de Dieppe, pp. 5 à 56 ; — Saint-Jacques de Dieppe, pp. 57 à 127 ; — Eu, pp. 129 à 170 ; — Le Tréport, pp. 171 à 191 ; — Arques, pp. 193 à 228 ; — Saint-Victor-l'Abbaye, pp. 229 à 240 ; — Auffay, pp. 241 à 252 ; — Longueville, pp. 253 à 262 ; — Le Bourg-Dun, pp. 263 à 272 ; — Neuville-le-Pollet, pp. 273 à 286 ; — Le Petit-Appeville, pp. 287 à 289 ; — et 1 f. n. chiff. ; au recto : la Table des Matières ; au verso : l'*Errata.*

2^e vol. : Faux-titre ; — Titre impr. ; — Préface des Editeurs, pp. 5 à 12 ; — 1 f. n. chiff. ; au recto : Extrait des Procès-verbaux du Conseil général de la Seine-Inférieure ; — au verso : Bref de Sa Sainteté Pie IX (en latin) ; — 1 f. n. chiff., Traduction du Bref ; — Canton d'Offranville, pp. 17 à 168 ; — Canton d'Envermeu, pp. 169 à 278 ; — Canton d'Eu, pp. 279 à 354 ; — Canton de Longueville, pp. 355 à 394 ; — Canton de Bellencombre, pp. 395 à 434 ; — Canton de Bacqueville, pp. 435 à 488 ; — Canton de Tôtes, pp. 489 à 529 ; — l'*Errata* se trouve au verso de ce dernier feuillet ; — Table des Matières, pp. 531 à 536 ; — Noms des Souscripteurs, pp. 537 à 543. (La Table de ce second Volume a été faite par l'abbé Malais.)

INDICATION DES LITHOGRAPHIES :

Tom. I. 1º au Titre : Eglise St-Rémy de Dieppe. Intérieur 1833.

    2º (p. 57). Eglise St-Jacques de Dieppe en 1833.

    3º (p. 129). Eglise de la Ville d'Eu.

    4º (p. 171). Eglise St-Jacques au Tréport.

    5º (p. 193). Eglise d'Arques.

    6º (p. 263). Eglise du Bourg-Dun. Lith. J. Rigo et Cⁱᵉ.

Les cinq premières lith. par de Jolimont. Imp. P.-A. Desrosiers à Moulins.

Tom. II. 1º au Titre : Eglise d'Auffai.

    2º (p. 169). Eglise d'Envermeu.

    3º (p. 355). Abside et Autel de Ste-Marguerite-sur-Mer.

    4º (p. 435). Eglise de Varengeville.

Ces quatre lith. dessinées par A. Deville. Lith. par Dumée fils. Imp. Lemercier à Paris.

Voir un *Compte-Rendu* pour le Tome I dans le *Journal de Neufchâtel* du 7 mars 1848, signé : Ch. P. ; — pour le Tome II, dans la *Vigie de Dieppe* du 7 septembre 1849, signé : S. L. ; *Vigie de Dieppe*, 19 avril 1850, non signé. — Par P. Baudry, dans le *Mémorial de Rouen* du 15 janvier 1851 ; — pour les deux volumes par A. Archier, dans l'*Univers* du 20 septembre 1850.

## 3. — LES EGLISES DE L'ARRONDISSEMENT D'YVETOT.

*Paris. Didron, rue Hautefeuille, 13 ; Derache, rue du Bouloy, 7. — Rouen. Lebrument, Fleury, François et Herpin, libraires. — Dieppe. Marais. — Yvetot. Delamare. (Dieppe. Imprimerie d'Emile Delevoye.) 1852. 2 vol. in-8º, gravures sur bois dans le texte et 3 gravures hors texte.*

1ᵉʳ vol. : Faux-titre ; — Titre impr. (il y a une vignette représentant l'Eglise de Rençon) ; — Préface des Editeurs, pp. i à vii ; — Canton de Caudebec, pp. 1 à 140 ; — Canton de Cany, pp. 141 à 208 ; — Canton de Doudeville, pp. 209 à 256 ; — Canton de Fauville, pp. 257 à 325 ; — Canton de Fontaine-le-Dun, pp. 327 à 369 ; — au verso de ce dernier feuillet se trouve l'*Errata*.

2ᵉ vol. : Faux-titre ; — Titre impr. (même vignette qu'au 1ᵉʳ vol.) ; — Canton de Saint-Valery-en-Caux, pp. 5 à 80 ; — Canton d'Ourville, pp. 81 à 138 ; — Canton de Valmont, pp. 139 à 226 ; —

Canton d'Yerville, pp. 227 à 310 ; — Canton d'Yvetot, pp. 311 à 388 ; — Les Ruines de Saint-Wandrille, pp. 389 à 409 ; au verso se trouve l'*Errata* et l'*Emendanda* pour les deux Volumes ; — Table des Matières, pp. 413 à 430 ; — 1 f. n. chiff. pour l'*Errata* et *Corrigenda* du Tome Ier ; — et 4 ff. n. chiff. pour la Liste des Souscripteurs.

INDICATION DES LITHOGRAPHIES :

Tom. I. (p. 62). Vallée de Ste-Gertrude. (Cette vue est comprise dans la pagination.)
         (p. 328). Baptistère de Fontaine-le-Dun. — Chapelle du Château de la Cour-le-Comte.
Tom. II. (p. 128). Eglise d'Atmesnil. — Eglise de Routes.
   Cette Edition a été tirée à 500 exemplaires.

FRÈRE, *Manuel du Bibliographe Normand*, dit qu'il existe un Compte-rendu de cet Ouvrage par Alex. Fromentin, dans le *Journal de Rouen* du 5 mars 1853.

4. — LES EGLISES DE L'ARRONDISSEMENT D'YVETOT. Deuxième Edition. *Paris. Didron, rue Hautefeuille, 13 ; Derache, rue du Bouloy, 7. — Rouen. Lebrument, Fleury, François et Herpin, libraires. — Dieppe. Marais. — Yvetot. Delamare.* (Dieppe. Imprimerie d'Emile Delevoye.) 1853. 2 vol. in-8°, gravures sur bois dans le texte et 1 gravure hors texte.

1er vol. : Faux-titre ; — Titre impr. (la vignette est la même qu'à l'édition précédente) ; — Préface des Editeurs, pp. I à VII ; — Canton de Caudebec, pp. 1 à 156 ; — Canton de Cany, pp. 157 à 224 ; — Canton de Doudeville, pp. 225 à 270 ; — Canton de Fauville, pp. 271 à 342 ; — Canton de Fontaine-le-Dun, pp. 343 à 385.

2e vol. : Faux-titre ; — Titre impr. (même vignette) ; — Canton de Saint-Valery-en-Caux, pp. 5 à 76 ; — Canton d'Ourville, pp. 77 à 133 ; — Canton de Valmont, pp. 135 à 224 ; — Canton d'Yerville, pp. 225 à 308 ; — Canton d'Yvetot, pp. 309 à 383 ; — Table des Matières, pp. 385 à 402.

La gravure hors texte se trouve dans le Tome I, page 92. Eglise Sainte-Gertrude. Cette édition a été tirée à 500 exemplaires.

Dans cette SECONDE ÉDITION, il existe de nombreux changements dans le Texte, l'ordre des Eglises est changé dans le Canton de Caudebec (1er vol.). Les Ruines de l'Abbaye de Saint-Wandrille se trouvent dans le 1er vol., pp. 55 à 80, au lieu de se trouver dans le 2me vol. comme dans l'Edition précédente. Il existe aussi bien des changements dans les gravures, il y en a de nouvelles, d'autres sont supprimées.

5. — GALERIE DIEPPOISE ou Notices biographiques sur les Hommes célèbres de Dieppe. *Dieppe. Imprimerie d'Emile Delevoye, rue Duquesne, n° 3.* 1846. in-8°.

Titre impr. ; — Galerie, pp. 3 à 203 ; on lit au verso de ce dernier feuillet : « Ici finit la première série de la *Galerie Dieppoise*. Nous continuerons cette collection à mesure que le temps et les circonstances nous le permettront. Dieppe, le 22 mai 1851 » ; — et 1 f. n. chiff. pour la Table. (La couverture porte 1846-51.)

*Voici les Biographies contenues dans cette première série :*

L'abbé Guibert, pp. 3 à 10 ; — Cousin-Despréaux, par P. Lamotte, pp. 11 à 18 ; — Honneurs rendus à l'abbé Guibert et à Cousin-Despréaux, par P. Lamotte, pp. 19 à 21 ; — Michel Borlé. pp. 22 à 25 ; — Descroizilles fils, par J. Girardin, pp. 26 à 28 ; — L'abbé Briche, pp. 29 à 32 ; — Thomas Bouchard, pp. 33 à 35 ; — L'abbé Gossier, pp. 36 à 43 ; — Jean Bouzard, par Emile Coquatrix, pp. 44 à 48 ; — L'évêque Poulard, pp. 49 à 54 ; — Noël de la Morinière, pp. 55 à 70 ; — Honneurs rendus à Noël de la Morinière, p. 71 ; — L'abbé Heuzey, par O. P., pp. 72 à 75 ; — L'abbé Auvray, pp. 76 à 78 ; — Descroizilles père, par D'Ambournay, pp. 79 et 80 ; — Crignon, pp. 81 et 82 ; — L'Echevin, par D'Ambournay, pp. 83 et 84 ; — Felle, pp. 85 à 87 ; — Deriennes, p. 88 ; — Richard Simon (première partie), pp. 89 à 116 ; — Pocholle, pp. 117 à 125 ; — Le prêtre Véron, pp. 126 à 136 ; — Pierre Graillon, par Graillon et Cochet, pp. 137 à 157 ; — Le Capitaine de Clieu, par l'abbé

Lecomte, pp. 158 à 170 ; — Le père Crasset, pp. 171 à 177 ; — Jean Ango, par L. Vitet, pp. 178 à 183 ; — Honneurs rendus à Jean Ango, par L. Vitet, pp. 184 et 185 ; — Mademoiselle de Rassent, pp. 186 à 191 ; — David Houard, par Paul Lemarcis, pp. 192 à 203.

Toutes les Notices où je n'ai pas indiqué le nom de l'Auteur sont de l'abbé Cochet.

Cette première série est très rare, elle n'a été tirée qu'à cinquante exemplaires. La plupart de ces articles ont d'abord paru dans la Vigie de Dieppe, de 1846 à 1851.

6. — GALERIE DIEPPOISE. Notices biographiques sur les Hommes célèbres ou utiles de Dieppe et de l'Arrondissement. Collection formée par M. l'abbé Cochet. Dieppe. Emile Delevoye, imprimeur-éditeur, rue des Tribunaux, 7. 1862. In-8° avec 1 portrait et 3 gravures hors texte.

Faux-titre ; — Portrait ; — Titre impr. ; — Avis des Editeurs, pp. 5 et 6 ; — Galerie Dieppoise, pp. 7 à 422 ; — Table, pp. 423 et 424.

Les nouvelles Biographies contenues dans cette seconde série sont en caractères ordinaires, celles qui ont déjà paru dans la première série sont en italiques.

Jean Ango, par L. Vitet, à la suite : Lettre de l'abbé Cochet relative à la Sépulture de Jean Ango (10 août 1859) ; — Réponse de la Chambre de Commerce (4 septembre 1859) ; — Lettre de l'abbé Cochet ; — Le Caveau d'Ango et sa famille à Saint-Jacques de Dieppe, pp. 7 à 24 ; — Charles des Marets, par Ad. de Grattier, pp. 25 à 38 ; — Le prêtre Guibert, pp. 39 à 48 ; — Cousin-Despréaux, par P. Lamotte, pp. 49 à 58 ; — Honneurs rendus au prêtre Guibert et à Cousin Despréaux, pp. 59 à 62 ; — Le sculpteur Borlé, pp. 63 à 66 ; — Descroizilles, par J. Girardin, pp. 67 à 70 ; — L'abbé Briche, pp. 71 à 76 (il y a en plus l'inscription commémorative de cet Abbé) ; — Thomas Bouchard, pp. 77 à 80 ; — L'abbé Gossier, pp. 81 à 90 ; — Jean Bouzard, par Emile

Coquatrix, pp. 91 à 96 ; — *L'Evêque Poulard*, pp. 97 à 104 ; — *Noël de la Morinière*, pp. 105 à 124 ; — Honneurs rendus à Noël de la Morinière, 1 f. n. chiff. ; — *L'abbé Heuzey* (dans la première série cette Biographie était signée O. P., dans celle-ci la notice est beaucoup plus étendue et elle est signée par l'abbé Cochet), pp. 127 à 134 ; — *L'abbé Auvray*, pp. 135 à 138 ; — *Descroizilles père*, par D'Ambournay, pp. 139 et 140 ; — *Crignon*, pp. 141 à 143 ; — *L'Echevin*, par D'Ambournay, p. 144 ; — *Felle*, pp. 145 à 148 ; — *Deriennes*, 1 f. n. chiff. ; — *Pocholle*, pp. 151 à 158 (il y a des changements dans cette notice) ; — *Jehan Veron* (il y a une note ajoutée à la fin), pp. 159 à 168 ; — *Le père Crasset*, pp. 169 à 176 ; — *Le capitaine de Clieu*, par l'abbé Lecomte, pp. 177 à 188 ; — *Mademoiselle de Rassent*, pp. 189 à 196 ; — Guillaume de Saane, pp. 197 à 200 ; — *David Houard*, par Paul Lemarcis, pp. 201 à 214 ; — Nell de Bréauté, pp. 215 à 229 ; — De Blainville (extrait du *Magasin Pittoresque*, année 1850, T. XVIII, pp. 275 et 276), pp. 231 à 234 ; — Dulague, par Eliacim Jourdain, pp. 235 à 238 ; — Hue de Miromesnil, pp. 239 à 242 ; — Mgr Robin et les Evêques de Bayeux des environs de Dieppe, pp. 243 à 248 ; — David Asseline, pp. 249 à 253 ; — Hommage rendu à David Asseline, pp. 254 à 256 ; — Abraham du Quesne, par P.-J. Féret, pp. 257 à 294 ; — Messire J.-B. de Clieu, par l'abbé Lecomte, pp. 295 à 306 ; — Mme d'Etrépagny, pp. 307 à 310 ; — L. des Guerrots, pp. 311 à 314 ; — Amédée Féret, pp. 315 à 318 ; — Salomon de Caus, pp. 319 à 324 (extrait du *Magasin Pittoresque*, année 1850, T. XXIII, pp. 193 à 195) ; — Désiré Lebeuf, pp. 325 et 326 ; — Richard Simon (dans la première série il n'y a eu que la première partie de publiée, dans celle-ci il y a les deux parties plus son testament), pp. 327 à 379 ; — Hommage rendu à Richard Simon, p. 380 ; — Dom le Fournier, pp. 381 et 382 ; — Théophile Gelée, — Adrien Golles, — Jean Pecquet, pp. 383 à 392 ; — Le cardinal de Longueil, par l'abbé Lecanu, pp. 393 à 398 ; — L. Estancelin (il n'y a pas de nom d'auteur), pp. 399 à 403 ; — *Pierre Graillon* (notice rédigée sur les notes manuscrites de M. Graillon par l'abbé Cochet), pp. 405 à 422.

INDICATION DES GRAVURES :

1º (au Titre). Portrait. M. l'abbé Cochet, inspecteur des monuments historiques et religieux de la Seine-Inférieure. Grav. par Carbonneau.

2º (p. 91¹. Maison Bouzard, sur la jetée de Dieppe, démolie en 1856.

3º (p. 231). M. de Blainville, professeur au Muséum d'histoire naturelle de Paris.

4º (p. 357). Eglise et Presbytère de Bolleville-en-Caux, près Bolbec, où Richard Simon fut curé (1678-1691).

Toutes les Notices où le nom de l'auteur n'est pas indiqué sont de l'abbé Cochet. — La plupart de ces Articles ont d'abord paru dans la *Vigie de Dieppe*. — Tiré à 1,500 exemplaires.

Voir un *Compte-Rendu* de cet Ouvrage dans la *Revue de la Normandie*, 1862, pp. 320 à 325, par Brianchon.

7. — La Normandie Souterraine ou Notice sur des Cimetières Romains et des Cimetières Francs explorés en Normandie. *Rouen. Lebrument, libraire-éditeur, quai Napoléon, 45. — Paris. Derache, rue du Bouloi, 7 ; V. Didron, rue Hautefeuille, 13. — Londres. Otto Marcus, 8, Oxford street. — Oxford. W. Parker. — Dieppe. Marais, Grande-Rue.* (Dieppe. E. Delevoye, imprimeur.) 1854. Gr. in-8º avec 17 planches lith. hors texte, gravures dans le texte.

Faux-titre ; — Titre impr. ; — Dédicace : A M. E. Leroy, préfet de la Seine-Inférieure ; A M. Henry Barbet, président et à MM. les Membres du Conseil général de la Seine-Inférieure, Hommage respectueux de l'Auteur, 1 f. n. chiff. ; — A M. le Préfet et à MM. les Membres du Conseil général de la Seine-Inférieure, Dieppe le 1er janvier 1854, pp. VII à IX ; au verso de ce dernier feuillet se trouve un Extrait des procès-verbaux du Conseil général de la Seine-Inférieure ; — Table des Chapitres, pp. XI et XII ; — Légende des planches mérovingiennes, pp. XIII à XV ; — La

INDICATION DES PLANCHES :

Tiré à 500 exemplaires. — En tête de chaque planche, on lit : Normandie Souterraine.

Cet Ouvrage a été couronné par l'INSTITUT en 1854. L'édition a été épuisée dans les trois premiers mois de son apparition.

Voir un *Compte-Rendu* de cet Ouvrage, par A. Moutié, dans la *Vigie de Dieppe* du 2 juin 1854.

8. — LA NORMANDIE SOUTERRAINE ou Notice sur des Cimetières Romains et des Cimetières Francs explorés en Normandie. SECONDE ÉDITION. *Paris. Derache, rue du Bouloi, 7 ; V. Didron, rue Hautefeuille, 13. — Londres. Otto Marcus, 8, Oxford street. — Oxford. W. Parker. — Rouen. Lebrument, Fleury, Herpin et Lanctin, libraires. — Dieppe. Marais, Grande-Rue.* (Dieppe. Emile Delevoye, imprimeur.) 1855. Gr. in-8° avec un Portrait de l'Auteur gravé sur bois, 17 planches lith. hors texte et de nombreuses gravures dans le texte.

Faux-titre ; — Portrait ; — Titre impr. ; — Dédicace : A M. le Préfet et à MM. les Membres du Conseil général de la Seine-Inférieure, Dieppe, le 1er août 1854, pp. VII à IX ; au verso : Extrait des Procès-verbaux du Conseil général ; — Table des Chapitres, pp. XI et XII; — Légende des planches Mérovingiennes, pp. XIII à XVI ; — La Normandie Souterraine. Première partie. Des Sépultures en général. Chap. I, II et III, pp. 1 à 51 ; — Deuxième partie. Chap. IV. Des Cimetières Romains, pp. 53 à 60 ; — Chap. V. — Cimetière Romain de Cany, pp. 61 à 70 ; — Chap. VI. Cimetière Romain de Dieppe ou de Neuville-le-Pollet, pp. 71 à 85 ; — Chap. VII. Cimetière Romain du Bois des Loges, près Etretat (arr. du Havre), pp. 87 à 96 ; — Chap. VIII. Cimetière Romain de Fécamp, pp. 97 à 109 ; — Chap. IX. Cimetière Romain de Lillebonne, pp. 111 à 137 ; — Chap. X. Différents Cimetières Romains découverts en Normandie, pp. 139 à 160 ; — Chap. XI. Observations sur les Sépultures Gallo-Romaines. — Position des anciens Cimetières. — L'Inhumation et l'Incinération. — Les Coffrets funèbres, pp. 161 à 169 ; — Chap. XII. La Poterie, pp. 171 à 181 ; — Liste alphabétique des Noms de potiers Romains trouvés en Normandie, p. 182 ; — Chap. XIII. La Verrerie, pp. 183 à 190 ; — Chap. XIV. Les Statuettes de Latone, pp. 191 à 194 ; — Chap. XV. Usages funéraires et Croyances religieuses des Païens. — Conclu-

### INDICATION DES LITHOGRAPHIES :

Cette SECONDE ÉDITION a été tirée à 700 exemplaires.

Dans cette édition, les Chapitres sont beaucoup plus longs et les gravures dans le texte sont plus nombreuses que dans la Première édition.

Le prix du vol. était de 5 fr. pour les souscripteurs avant le 10 janvier 1855. Après, 7 fr. 50.

Un *Prospectus* in-8° de cet ouvrage a été publié par Delevoye à Dieppe. Il se compose de 16 pp. chiff. On trouve la reproduction des lettres que les Savants Français et Etrangers ont adressé à l'abbé Cochet.

Un *Compte-Rendu* de cet Ouvrage a été fait par M. Raymond Bordeaux. Voir aux Ouvrages ayant rapport à l'abbé Cochet.

9. — SÉPULTURES GAULOISES, ROMAINES, FRANQUES ET NORMANDES, faisant suite à la NORMANDIE SOUTER- RAINE. *Paris. Derache, rue du Bouloi, 7 ; V. Didron, rue St-Dominique-St-Germain, 23. — Londres. W. Parker, 377, Strand ; J. Russell Smith, Soho Square. — Rouen. Lebrument, Fleury, Herpin et Lanctin, libraires. — Dieppe. Marais, Grande-Rue.* (Dieppe. Em. Delevoye, imprimeur.) 1857. In-8°, gravures sur bois et 1 pl. hors texte.

Faux-titre ; — Titre impr. ; — Dédicace : A M. E. Leroy, préfet de la Seine-Inférieure et à M. le comte L. de La Borde, membre de l'Institut, 1 f. n. chiff. ; au verso, une gravure : Les Allemands primitifs, d'après les fouilles d'Oberflacht ; — Table des Chapi- tres, pp. VII et VIII ; — Bibliographie Franque, pp. IX à XVI ; — Première partie. Sépultures Gauloises. Chap I. Sépultures Gau- loises trouvées au Château de Robert-le-Diable à Moulineaux, près Rouen, pp. 1 à 38 ; — Deuxième partie. Sépultures Romaines. Chap. II. Sépultures Romaines des trois premiers siècles de notre ère, découvertes dans le Grand-Val d'Etretat, pp. 39 à 49 ; — Chap. III. Sépultures Gallo-Romaines du second siècle de notre ère, trouvées en 1856 entre Berneval-le-Grand et St-Martin-en-

Campagne (arr. de Dieppe), pp. 51 à 68 ; — Chap. IV. Cimetière
Gallo-Romain des trois premiers siècles, découvert et exploré
en 1755 à Grainville-l'Allouette (arr. du Havre), pp. 69 à 87 ; —
Légende de la planche des Vases Romains de Grainville-
l'Allouette, pp. 87 à 93 ; — Troisième partie. Sépultures Franques.
Chap. V. Antiquités Romaines et Tombeaux Francs trouvés à
Caudebec-les-Elbeuf, pp. 95 à 121 ; — Chap. VI. Cimetière Franc
découvert à Martot, commune de Criquebeuf-sur-Seine, canton du
Pont-de-l'Arche (Eure), pp. 123 à 129 ; — Chap. VII. Cimetière
Franc découvert et exploré à Ouville-la-Rivière (arr. de Dieppe)
en 1854, pp. 131 à 156 ; — Chap. VIII. Procès-verbal journalier
de la cinquième exploration archéologique du Cimetière Mérovingien d'Envermeu, en septembre 1854, pp. 157 à 177 ; —
Chap. IX. Procès-verbal journalier de la sixième exploration du
Cimetière Mérovingien d'Envermeu, en septembre 1855, pp. 179
à 199 ; — Chap. X. Archéologie Franque. — Armes et Equipe-
ment militaire. — Les épées, les haches, les sabres ou scrama-
saxes, les couteaux, l'angon, les lances, le bouclier, les chevaux
et leur harnachement, pp. 201 à 238 ; — Chap. XI. Archéologie
Franque. — Ornements, ustensiles et meubles. — Les Tissus et
les fils d'or, les Coffrets, les Balances, les Bourses ou Aumonières,
pp. 239 à 277 ; — Chap. XII. Archéologie Franque. — Les seaux
ou baquets, pp. 279 à 301 ; — Quatrième partie. Sépultures Normandes. Chap. XIII. Croix d'absolution placées sur les morts au
moyen-âge en Normandie, en France et en Angleterre, pp. 303 à
318 ; — Chap. XIV. Sépultures Chrétiennes de la période anglo-
normande, trouvées à Bouteilles, près Dieppe, en 1855, pp. 319 à
330 ; — Chap. XV. Tombeaux Chrétiens de la période anglo-normande, trouvés à Bouteilles, près Dieppe, en 1856, pp. 331 à 338 ;
— Chap. XVI. Sur la coutume de placer des vases dans la sépulture de l'homme, et spécialement dans les sépultures chrétiennes,
depuis le XIe jusqu'au XVIIe siècle, pp. 339 à 396 ; — Chap. XVII.
Supplément. — Sépultures Gauloises, Romaines et Franques,
découvertes dans la Seine-Inférieure pendant l'impression de cet
ouvrage, pp. 397 à 438 ; — Table des Matières, pp. 439 à 452.

INDICATION DE LA PLANCHE :

P. 87 : Vases Romains trouvés à Grainville-l'Allouette, près Fécamp en 1755.
(D'après un dessin de M. Duboccage *(sic)* de Bléville.) Lith. Delevoye à
Dieppe. On lit dans le haut : Sépultures Gauloises. Romaines, Franques et
Normandes. P. 87. .

Le récit de M. *Dubocage de Bléville,* pp. 72 à 78, a été copié sur le *Manuscrit
Original* qui se trouve chez M. Holker (Château de Gainneville, Seine-Inférieure).
Les pp. 345 et 346, 349 et 350 ne sont pas chiffrées.

P. 345 : Vases funéraires Gallo-Romains en terre cuite. (Pays de Caux, Ier, IIe et
IIIe siècle.)
P. 346 : Vases funéraires Gallo-Romains en verre      id.
P. 349 : Vases funéraires des Francs. — Dieppe.
P. 350 : Vases funéraires des Francs. — Etretat.

Cet Ouvrage a été tiré à 650 exemplaires.
Voir un *Compte-Rendu* de cet Ouvrage dans la *Vigie de Dieppe* du 10 février
1857.

10. — Le Tombeau de Childéric Ier. Roi des Francs,
Restitué à l'aide de l'Archéologie et des découvertes
récentes, faites en France, en Belgique, en Suisse, en
Allemagne et en Angleterre. *Paris. Derache, rue du Bouloi,
7 ; Didron, rue St-Dominique–St-Germain, 23 ; A. Durand,
rue des Grès, 7 ; H. Bossange, quai Voltaire, 25. — Rouen.
A. Lebrument, quai Napoléon. — Dieppe. Marais, Grande-
Rue. — Londres. John et H. Parker, Strand, 377.* (Dieppe.
Emile Delevoye, imprimeur.) 1859. Gr. in-8°, avec
nombreuses gravures sur bois intercalées dans le texte.
Prix : 10 fr.
Pour les souscripteurs le prix était de 7 fr.

Faux-titre ; — Titre impr. ; — Dédicace : A Monsieur le duc
d'Albert de Luynes, Membre de l'Institut de France, 1 f. n. chiff.;
— Plan de l'Ouvrage et Table des Chapitres, pp. VII et VIII ; —

Introduction, pp. IX à XXI ; — Bibliographie, pp. XXIII à XXXI ; —
Le Tombeau de Childéric I<sup>er</sup>, pp. 1 à 446 ; — Errata, p. 447 ;
— Table géographique des localités mentionnées dans cet
Ouvrage, pp. 449 à 456 ; — Table alphabétique des Auteurs, des
Recueils et des Ouvrages anonymes cités dans ce Livre, pp. 457 à
464 ; — Table des Matières, pp. 465 à 474.

A propos de cet Ouvrage, on lit ce qui suit dans le BULLETIN DU COMITÉ DE LA
LANGUE, DE L'HISTOIRE ET DES ARTS DE LA FRANCE. *Paris. Imprimerie Impériale.* 1856. Tom. III, pp. 132 et 133 :

« M. Cochet propose de refaire l'*Anastasis Childerici I¹ Francorum regis, etc.*,
de Chifflet ; mais il ne conserverait absolument que la partie historique de son
récit et les quelques pages où il décrit les objets trouvés dans le tombeau du
monarque mérovingien. Il élaguerait toutes les citations étrangères à la matière,
de telle sorte qu'il resterait à peine un vingtième du texte de Chifflet dans le nouveau travail, et, en outre, ce texte primitif serait mis en français.

» Tous les dessins de Chifflet devraient être reproduits comme ils sont, parce que,
tout défigurés qu'ils peuvent être, ils deviendraient le point de départ de la critique, des comparaisons et des rapprochements par lesquels M. l'abbé Cochet
essayerait de leur restituer leur forme primitive. Il pense y arriver en plaçant à
côté d'eux des objets semblables et bien dessinés, découverts en France, en Belgique, en Allemagne et en Angleterre.

» A l'égard des pièces qui subsistent encore, telles que la hache, la lance,
l'épée, etc., on pourrait se passer des dessins de Chifflet et en faire exécuter de
nouveaux avec la conscience et le soin qu'on apporte aujourd'hui à ce genre de
reproductions ; mais pour les relever scientifiquement, on les encadrerait dans une
série de lances, de haches, de boucles et d'épées franques, leurs contemporaines.

» La description des objets perdus nécessiterait l'emploi d'un moyen différent.
M. l'abbé Cochet donnerait les dessins de Chifflet, quelque inexacts qu'ils puissent
être, et le texte descriptif de cet auteur ; puis il placerait, en regard, des objets
semblables, avec l'attribution que leur assignent les meilleurs archéologues français
et étrangers.

» M. l'abbé Cochet évalue à environ dix planches de dessins et cent pages de
texte in-4° l'étendue que comporterait cette publication, et il propose de l'intituler :

» *Le Tombeau de Childéric mieux connu et restitué à l'aide des récentes
découvertes archéologiques faites en France, en Belgique, en Allemagne et en
Angleterre* ».

Il existe un *Prospectus* de cet Ouvrage, imprimé chez *Emile Delevoye, à
Dieppe,* il se compose de 16 pp. chiff.

Voir un *Compte-Rendu* de cet Ouvrage par A. CASTAN, dans la *Bibliothèque
de l'Ecole des Chartes,* Tome I. 21ᵉ année. Cinquième série, 1859, pp. 94 à 96 ; —

par J. QUICHERAT, dans la *Revue Archéologique*. 16ᵉ année, 1859, pp. 380 à 383 ; — et par l'abbé J. CORBLET, dans la *Revue de l'Art Chrétien*. Voir aussi aux *Ouvrages ayant rapport* à l'ABBÉ COCHET.

11. — LA SEINE-INFÉRIEURE HISTORIQUE ET ARCHÉOLOGIQUE. Epoques Gauloise, Romaine et Franque. *Paris. Librairie Historique et Archéologique de Derache, libraire-éditeur, 48, rue Montmartre.* (Dieppe. Em. Delevoye, impr.) MDCCCLXIV (1864). In-4°, avec une Carte archéologique de ces trois périodes, 1 planche hors texte et de nombreuses gravures sur bois intercalées dans le texte.

Faux-titre ; — Titre impr. ; — Dédicace : A Monsieur le Sénateur Préfet et à Messieurs les Membres du Conseil général de la Seine-Inférieure, pp. 5 à 7 ; — Divisions territoriales de la Seine-Inférieure aux époques Gauloise, Romaine et Franque, pp. 9 à 33 ; — Voies Romaines de la Seine-Inférieure, pp. 35 à 76 ; — Répertoire historique et archéologique de la Seine-Inférieure. Arrondissement de Dieppe, pp. 77 à 167 ; — Arrondissement du Havre, pp. 168 à 247 ; — Arrondissement d'Yvetot, pp. 248 à 316 ; — Arrondissement de Neufchâtel, pp. 317 à 396 ; — Arrondissement de Rouen, pp. 397 à 519 ; — Supplément contenant les corrections et additions venues à la connaissance de l'auteur pendant l'impression de cet ouvrage, pp. 520 à 528 ; — Table géographique des noms de lieux de la Seine-Inférieure mentionnés dans les Titres ou Monuments des Epoques Gauloise, Romaine, Franque et Normande, pp. 529 à 531 ; — Table géographique des villes, communes, hameaux ou lieux dits de la Seine-Inférieure, mentionnés dans cet ouvrage, pp. 532 à 538 ; — Table générale des principales Matières contenues dans ce livre, pp. 539 à 548 ; — *Errata*, 1 f. n. chiff. ; — Liste des Souscripteurs, pp. 551 et 552.

La Carte (p. 9), on lit dans le haut à gauche : *Carte Archéologique du Département de la Seine-Inférieure aux époques Gauloise, Romaine et Franque dressée sous la direction de M. l'Abbé Cochet, Inspecteur des Monuments historiques de la Seine-Inférieure, par F.-N. Leroy.* instituteur sup[r] *à Cany, membre de la Société des Antiquaires de Normandie, Membre de la Société Française d'Archéol[ie] pour la conservation des Monuments historiques.* 1859. Dans le bas : Dessiné par F.-N. Leroy. Cany. 18 Mars 1856. Lith. A. Péron, Rouen.

On trouve quelquefois collé sur cette Carte un petit feuillet de 80 millim. de hauteur sur 58 de largeur. On y lit ce qui suit :

« Pour éviter toute méprise, je déclare que M. Leroy, de Cany, est l'auteur de cette carte, et que je n'y suis entré que pour quelques modifications et additions ; seulement, par mes actives démarches auprès de diverses administrations de la Seine-Inférieure, j'ai réuni les moyens nécessaires pour arriver à sa publication.

» Dieppe, le 1er Novembre 1859.

» L'Abbé Cochet ».

Le même avis occupe quatre lignes après l'*Errata* de la Seine-Inférieure (p. 549), il existe quelques changements avec la note ci-dessus.

La planche (p. 233). Cette planche est divisée en deux, à gauche : Statue de Bronze de Lillebonne, par E.-H. Langlois ; — à droite : Statue antique en marbre de Paros. Découverte à Lillebonne, Dépt de la Seine-Inf[re], le 31 Mai 1828, par Mlle Espérance Langlois. Grav. par E.-H. Langlois. — Tiré à 500 exemplaires.

Voir un *Compte-Rendu* de cet Ouvrage par A. Caraven, dans l'*Echo du Tarn* du 27 Novembre 1864 et par Alex. Massé, dans la *Vigie de Dieppe* du 14 Avril 1865.

12. — LA SEINE-INFÉRIEURE HISTORIQUE ET ARCHÉOLOGIQUE. Epoques Gauloise, Romaine et Franque. SECONDE ÉDITION. *Paris. Librairie Historique et Archéologique de Derache, éditeur, 48, rue Montmartre, 48.* (Rouen, imp. Boissel). MDCCCLXVI (1866). In-4°, avec 2 planches hors texte et de nombreuses gravures sur bois intercalées dans le texte.

Faux-titre ; — Titre impr. ; — Dédicace (la même qu'à l'édition précédente). pp. V à VII ; — Divisions territoriales de la Seine-Inférieure aux époques Gauloise, Romaine et Franque, pp. 9 à 34 ; — Voies Romaines de la Seine-Inférieure, pp. 35 à 80 ; — Réper-

toire historique et archéologique de la Seine-Inférieure. Arrondissement de Rouen, pp. 81 à 234 ; — Arrondissement de Dieppe,
pp. 235 à 332 ; — Arrondissement du Havre, pp. 333 à 421 ; —
Arrondissement d'Yvetot, pp. 422 à 497 ; — Arrondissement de
Neufchâtel, pp. 498 à 588 ; — Supplément contenant les faits
connus ou accomplis pendant l'impression de l'ouvrage, pp. 589 à
592 ; — Table géographique des noms de lieux de la Seine-
Inférieure mentionnés dans les Titres ou Monuments des Epoques
Gauloise, Romaine, Franque et Normande, pp. 593 à 595 ; — Table
géographique des villes, communes, hameaux ou lieux dits de la
Seine-Inférieure, mentionnés dans cet ouvrage, pp. 596 à 602 ; —
Table générale des principales Matières contenues dans ce livre,
pp. 603 à 612 ; — Liste des Souscripteurs (2me liste), pp. 613 et 614.

### INDICATION DES PLANCHES :

1° (p. 400). La même qu'à l'édition précédente p. 233. Les deux Statues.

2° (p. 413). Plateau d'argent trouvé en Octobre 1864, à Lillebonne, dans une
incinération gallo-romaine au II° siècle.

Dans cette seconde édition, la *Carte Archéologique du Département de la
Seine Inférieure* est supprimée. L'arrondissement de Rouen est en tête, les notes
sur les Arrondissements sont augmentées, beaucoup de gravures sont ajoutées. —
Tiré à 500 exemplaires.

Voir un *Compte-Rendu* de cet ouvrage dans la *Revue de la Normandie*. 1866.
pp. 811 à 817, par X. (Frère).

13. — RÉPERTOIRE ARCHÉOLOGIQUE DU DÉPARTEMENT
DE LA SEINE-INFÉRIEURE, rédigé sous les auspices de
l'Académie des Sciences, Belles-Lettres et Arts de Rouen.
*Paris. Imprimerie Nationale.* MDCCCLXXI (1871). In-4° à
2 colonnes. La couverture porte MDCCCLXXII (1872).

1 f. blanc ; — Faux-titre ; — Titre impr. ; — Bibliographie
Historique et Archéologique du Département de la Seine-Inférieure, pp. I à XVI ; — Répertoire Archéologique. Arrondissement

de Dieppe, pp. 2 à 92 ; — Arrondissement du Havre, pp. 92 à 158 ; — Arrondissement de Neufchâtel, pp. 158 à 264 ; — Arrondissement de Rouen, pp. 264 à 476 ; — Arrondissement d'Yvetot, pp. 476 à 560 ; — Supplément. Arrondissement de Dieppe, pp. 561 à 568 ; — Arrondissement du Havre, pp. 568 à 574 ; — Arrondissement de Neufchâtel, pp. 574 à 576 ; — Arrondissement de Rouen, pp. 576 à 584 ; — Table des communes, pp. 585 à 589 ; — Table des noms de lieu Romains, Francs et du Moyen-Age, des communes supprimées, des hameaux, des lieux dits de la Seine-Inférieure cités dans ce Livre, pp. 591 à 597 ; — Table alphabétique des Matières, pp. 599 à 650 ; — Corrections et Additions, pp. 651 et 652 ; et 1 f. blanc.

Voir un *Compte-Rendu* de cet Ouvrage dans la *Revue de la Normandie*. 1863, pp. 230 à 233, par Brianchon. (L'abbé Cochet avait reçu une médaille d'or).

## II. BROCHURES

Dans cette Nomenclature sont compris tous les travaux publiés dans les Recueils de plusieurs Sociétés savantes, même ceux pour lesquels il n'existe pas de tirage à part.

14. — ETRETAT ET SES ENVIRONS. *Havre. Imprimerie de J. Morlent, éditeur de la Normandie Pittoresque.* 1839. Gr. in-8°, orné de 3 gravures.

Faux-titre ; — Titre impr. — Criquetot, pp. 1 à 4 ; — Etretat, pp. 5 à 35 ; — Saint-Jouin, pp. 37 à 42 ; — Bruneval, pp. 43 à 48 ; — plus le Chapitre XI, numéroté en chiffres romains, pp. I à XII et intercalé entre les pages 35 et 37.

### INDICATION DES GRAVURES :

1° (p. 1). Etretat. Vue de la Plage et de la Porte d'Amont, par Ochard. Grav. par Chamouin.

2° (p. 21). Pêcheurs d'Etretat, par Badin, grav. par Torlet.

3° (p. 44). Fonts Batismaux (*sic*) de l'Eglise de Bruneval (près d'Etretat), par Th^re Henry, Lith. Hue, au Havre.

Extrait de la *Normandie Pittoresque*, publiée par Morlent. Mais le *Chapitre XI* paraît ici pour la première fois. *C'est un Supplément à l'article d'Etretat.* — Tiré à 300 exemplaires.

15. — Rapport pour l'Etablissement d'une Société charitable de Saint-François-Régis au Havre. Fait par l'un de ses Membres. Novembre 1839. *Ingouville, Imprimerie de Le Petit, Grande-Rue, 42,* s. d. (1839). In–8°.

> Texte, pp. 1 à 12. — La Couverture sert de Titre. — Il n'y a pas de Faux-titre. Ce *Rapport* n'est pas signé. — Il faut joindre à ce Rapport : *Compte-Rendu pour l'Année 1841.* Voir le n° 21.

16. — Essai Historique et descriptif sur l'Abbaye de Graville. *Havre. J. Morlent, imprimeur-libraire, rue Caroline, n° 30.* MDCCCXL (1840). In–8°, avec 1 lithog. hors texte.

> Faux-titre ; — Titre impr. ; — Essai, pp. 5 à 38 et 1 f. blanc.
>
> La *Lithographie* se trouve en regard du Titre. Elle a pour légende : *Croix du Cimetière de Graville.* Lith. Lenormand. Havre. — Tiré à 200 exemplaires. — *Très rare.*
>
> Ce travail est d'abord paru dans les *Archives du Havre et de la Normandie.* Havre, 1840. N°ˢ 1 et 2 (Janvier et Février).
>
> Voir un *Compte-Rendu* dans la *Revue du Havre,* 3ᵉ année, par P. Massé.

17. — Histoire Communale de Criquetot-l'Esneval, rédigée d'après les Manuscrits de l'Abbé Lebret. *Ingouville, Imprimerie de Lepetit, Grande-Rue, 42,* 1840. In–8°.

> Titre impr. ; — Histoire, pp. 3 à 16. Il n'y a pas de Faux-titre.
>
> Tiré à 50 exemplaires. — *Rarissime.*

18. — Histoire communale du Tilleul, rédigée à l'aide du Terrier. *Ingouville, chez Le Petit, imprimeur-libraire, Grande-Rue.* 1840. In-8º.

Titre impr. ; Histoire pp. 3 à 20. — Il n'y a pas de Faux-titre. — Au recto de la Couverture, qui est à la fin, se trouve un *Erratum.*

Tiré à 100 exemplaires. — *Très rare.*

19. — Notice sur la Vie et les Ecrits de Dom Guillaume Fillastre, Bénédictin de Fécamp. *Rouen. Imprimerie de Nicétas Périaux, rue de la Vicomté, 55.* 1841. In-8º.

Faux-titre ; — Titre impr. ; — Notice, pp. 5 à 31.

Extrait de la *Revue de Rouen.* 1841, pp. 280 à 291. — Tiré à 200 exemplaires. — *Très rare.*

20. — Les Cachots de la Tour du Havre, *Rev. de Rouen.* 1841. 2<sup>me</sup> semestre, pp. 19 à 23.

21. — Compte-Rendu pour l'année 1841, des résultats obtenus par la Société Charitable de Saint-Jean-François-Régis, pour le Mariage Civil et Religieux des Pauvres, et la Légitimation des Enfants Naturels. *Imprimerie de Le Petit, s. l. n. d.* (Ingouville 1841). In-4º de 2 ff. n. chiff. dont 1 f. blanc. — *Ce Compte-Rendu n'est pas signé.*

4

22. — DISCOURS PRONONCÉ LE 24 MAI 1841, dans la Chapelle de la Manufacture de Dentelles, le jour de la fête de Saint-François-Régis, Patron des Orphelins de Dieppe. *Dieppe. Imprimerie d'Emile Delevoye*, s. d. (1841). In-8°.

Titre impr. ; — Notice, pp. 3 et 4 ; — Discours, pp. 5 à 11. Il n'y a pas de Faux-titre ; — Tiré à 500 exemplaires. — *Rare.*

*Le même avec ce Titre :*

23. — FÊTE DES ORPHELINES. SERMON PRONONCÉ A DIEPPE, LE 24 MAI, DANS L'ETABLISSEMENT DE CHARITÉ DE LA MANUFACTURE DE DENTELLES, s. l. n. d. (*Havre. Imp. J. Morlent, rue Caroline, 30*. 1841). In-8° de 8 pp. chiff. Prix : o fr. 25.

Il n'y a ni Titre ni Faux-titre.

Ce *Sermon* avait d'abord été publié sous le même Titre : *Fête des Orphelines,* etc, dans le *Mémorial Dieppois* et reproduit par la *Revue du Havre,* le 20 juin 1841, qui en fit un tirage à part. — *Rare.*

24. — SERMON POUR LA FÊTE DE SAINT-SAUVEUR, Patron des Matelots d'Etretat, le 6 Août 1840. *Dieppe. Imprimerie de Corsange.* 1841. In-8°.

Titre impr. ; — Sermon, pp. 3 à 18. — Il n'y a pas de Faux-titre.

Tiré à 200 exemplaires. — *Rare.*

25. — Sermon pour la Fête de Notre-Dame-de-
Bon-Secours, Patronne des Marins de Dieppe, prêché
dans l'Eglise de Saint-Jacques. *Dieppe. Corsange.* 1841.
In-8° de 16 pp. d'après la *Bibliographie de 1869* ; de 18 pp.
d'après l'*Abbé Sauvage.*

Tiré à 500 exemplaires. — *Très rare.*

Malgré toutes mes recherches je n'ai pu m'en procurer un exemplaire.

26. — Notice sur l'Obligation imposée aux décima-
teurs de construire et de réparer les Chœurs et
Chancels des Eglises rurales. *Bullet. Monum.* Tome
VII. 1841. pp. 283 à 288.

S'applique à quelques Eglises de la Seine-Inférieure.

27. — Souvenir du Mois de Marie. *Dieppe.* 1841.
In-8° de 4 pp.

Cette prière est *rarissime.* Je n'ai pu en voir un exemplaire. — Tiré à plus
de 3,000.

28. — Rapport pour l'Etablissement d'une Société
Charitable de Saint-François-Régis a Dieppe. Fait par
l'un de ses Membres le 28 Février 1842. *Dieppe. Emile
Delevoye, impr., s. d.* (1842). In-8°.

Faux-titre ; — Texte, pp. 3 à 12. — Il n'y a pas de Titre. — Ce
Rapport n'est pas signé.

Tiré à 300 exemplaires. — *Très rare.*

29. — L'Abbé Guibert, chroniqueur Dieppois. (Notice biographique). *Rev. de Rouen.* 1842. 1ᵉʳ sem. pp. 16 à 24 et *Galerie Dieppoise.* 1846 et 1862.

30. — Fouilles d'Etretat (chronique). *Rev. de Rouen.* 1842. 1ᵉʳ sem. pp. 134 et 135. L'article est signé C.

31. — Lettre sur les Fouilles d'Etretat (Villa Romaine). *Bullet. Monum.* 1842. Tome VIII. pp. 102 à 104.

32. — L'Etretat souterrain. Première série. Fouilles de 1835 et de 1842. *Rouen. Imprimé chez Nicétas Périaux, rue de la Vicomté, 55.* 1842. In-8° avec 2 lith. et 1 planche.

Faux titre ; — Titre impr. ; — L'Etretat souterrain, pp. 1 à 27.

Les deux Lith. se trouvent au Titre, elles représentent les objets trouvés. On lit comme légende :

Planche 1ʳᵉ : 1, 2, 3, 4. Vases funéraires, 5. Déversoir en pierre, 6. Tête entaillée.

Planche 2ᵐᵉ : 1, 2. Chapitaux Romans de la Chapelle de Sᵗ-Vallery. 3. Cercueil ou Auge avec ossemens (*sic*) d'enfant. 4. Couvercle du Cercueil. — Les deux lith. par Paul Vasselin, lith. Périaux.

Le Plan qui se trouve à la fin a été fait par Dˢ Lomet, Agᵗ-Voyer ; on lit dans le haut : *Plan géométrique de l'Enclos Presbytéral d'Etretat et des Constructions Romaines qui y furent découvertes en 1842.* — Lith. Périaux, à Rouen.

Extr. à 200 exemplaires de la *Revue de Rouen.* 1842. pp. 318 à 331 et 380 à 389. Se trouve souvent réuni avec le n° 43.

Ce *Mémoire* a été communiqué à la *Commission des Antiquités de la Seine-Inférieure* dans la séance du 12 mai 1842.

Voir un *Compte-Rendu* dans le *Journal de l'Arrondissement du Havre* du 31 juillet 1842.

33. — DISCOURS DE RÉCEPTION A L'ACADÉMIE ROYALE DES SCIENCES, BELLES-LETTRES ET ARTS DE ROUEN. *Rouen. Imprimé chez Nicétas Périaux, rue de la Vicomté, 55.* 1842. In-8°.

Titre impr. ; — Discours, pp. 3 à 12 ; — Notes, pp. 13 à 19. Il n'y a pas de Faux-titre.

Extr. à 100 exemplaires du Vol. intitulé : RÉCEPTIONS FAITES A L'ACADÉMIE DE ROUEN. *Rouen. N. Périaux.* 1842. pp. 205 à 214 ; Notes, pp. 215 à 221. — *Rare.*

34. — COMMERCE DE L'ARRONDISSEMENT DU HAVRE SOUS LES ROMAINS. *Rev. de Rouen.* 1842. 2^me sem. pp. 263 à 272.

35. — RAPPORT SUR LA SOCIÉTÉ CHARITABLE DE SAINT-FRANÇOIS-RÉGIS DE ROUEN, fait par l'un de ses Membres, en 1842. *s. l. n. d.* (Rouen. Imp. de N. Périaux. 1842). In-8° de 10 pp. chiff. et 1 f. blanc. Ce *Rapport* n'est pas signé.

Il n'y a ni Titre ni Faux-titre. — *Rare.*

36. — LES INONDATIONS. Pélerinage à Fécamp, Yport, Vaucotte et Etretat après l'inondation du 24 septembre 1842. Pièces de vers par MM. Beuzeville et Th. Lebreton. *Rouen. Imprimé chez Nicétas Périaux, rue de la Vicomté, 55.* 1842. In-8°.

Prix : 1 fr. 25.

Titre impr. ; au verso : l'indication du tirage ; — Les Inonda-tions, pp. 3 à 21 ; — Poésie de Th. Lebreton, pp. 22 à 24 ; — Poésie de M. Beuzeville, pp. 25 à 28 ; — Extrait de la Rev. de Rouen, pp. 29 et 30.

Extr. à 150 exemplaires de la *Rev. de Rouen*. Octobre 1842. pp. 227 à 245.

37. — APERÇU DU COMMERCE DES CALÈTES à l'époque Gallo-Romaine. *Rev. de Rouen.* 1842. 2^{me} sem. pp. 257 à 272 et *Art en Province.* Moulins 1843 à 44.

*Comprend l'Arrondissement du Havre.*

38. — LETTRE A M. DE CAUMONT sur la Villa du Château-Gaillard. *Bullet. Monum.* Tome IX. 1843. pp. 106 à III.

39. — FOUILLES DU CHATEAU-GAILLARD dans l'arron-dissement du Havre. *Rouen. Imp. de Nicétas Périaux. s. d.* (1843). In–8° avec 1 plan.

Fouilles, pp. 1 à 7. Il n'y a ni Titre ni Faux-titre.

Le plan qui se trouve en tête a pour légende : *Maison Romaine du Château-Gaillard, dans le Bois des Loges* (Arrondissement du Havre). Lith. de N. Périaux à Rouen. *Revue de Rouen.*

Extr. à 50 exemplaires de la *Rev. de Rouen*. Janvier 1843. — Ce *Mémoire* a été également inséré dans le *Bullet. Monum.* Tome IX. 1843.

L'emplacement du *Château-Gaillard* est situé dans le *Bois des Loges,* sur les confins de cette dernière commune et de celle de *Bordeaux-St Clair,* dans un enfoncement du grand val qui conduit à *Etretat.*

40. — CROISADE MONUMENTALE EN NORMANDIE AU XIIᵉ SIÈCLE. *Rouen. Imprimerie de I.-S. Lefèvre, rue des Carmes, 20.* 1843. In-8°.

Titre impr. ; — Croisade, pp. 3 à 11 ; — Notes, pp. 12 à 16. Il n'y a pas de Faux-titre.

Extr. à 100 exempl. du *Bull. des Travaux de la Soc. lib. d'Emulation de Rouen.* — Réimprimé dans l'*Art en Province.* Tome VII.

41. — ANCIENNES INDUSTRIES DU DÉPARTEMENT DE LA SEINE-INFÉRIEURE. LES SALINES. *Rouen. Imp. de I.-S. Lefèvre. s. d.* (1843). In-8°.

Anciennes Industries, pp. 1 à 12 ; — Notes, pp. 13 à 15.

Extr. à 100 exempl. du *Bull. des Travaux de la Soc. lib. d'Emulation de Rouen* — Il n'y a ni Titre ni Faux-titre.

42. — LE SIÈCLE DU MOUVEMENT. *Mém. de la Soc. d'émulat. de Rouen.* 1843. pp. 157 à 171.

43. — L'ETRETAT SOUTERRAIN. Deuxième série. Fouilles de 1843. *Rouen. Imprimé chez Alfred Péron, rue de la Vicomté, 55.* 1844. In-8° avec 1 plan.

Titre impr. ; — L'Etretat Souterrain, pp. 3 à 15. — Il n'y a pas de Faux-titre.

Le plan qui se trouve en regard du Titre a pour légende : *Plan géométrique de la Villa Romaine de Bordeaux. près Etretat.*
Extr. à 100 exempl. de la *Rev. de Rouen.* Janvier 1844. pp. 25 à 37. — Se trouve ordinairement joint au n° 32. — Ces deux Numéros sont *Rares.*

44. — CULTURE DE LA VIGNE EN NORMANDIE. *Rouen. Imprimé chez Alfred Péron, rue de la Viconté, 55. 1844.* In-8°.

Titre impr. ; — Culture, pp. 1 à 18. Il n'y a pas de Faux-titre.

Extr. à 100 exemplaires de la *Rev. de Rouen*, pp. 338 à 354. Se trouve également dans le *Bullet. de la Soc. libre d'Emulation de Rouen.* 1843. pp. 74 à 94. — *Rare.* — Réimprimé dans les *Anciens Vignobles de la Normandie.* 1866. 1ʳᵉ étude. Voir le n° 295.

45. — CAVEAUX DE LA CHAPELLE DU COLLÈGE ROYAL DE ROUEN. *Rouen. Imp. de A. Péron, rue de la Viconté, 55.* s. d. (1844). In-8° avec 1 planche.

Faux-titre ; — Caveaux, pp. 1 à 9.

La planche se trouve p. 1. Elle a pour légende : *Caveaux de la Chapelle du Collège Royal de Rouen*, lith. A. Péron.

Extr. à 50 exemplaires de la *Rev. de Rouen.* Novembre 1844. pp. 298 à 306.

Cette Notice a été lue à l'*Académie Royale des Sciences de Rouen*, dans sa séance du 22 novembre 1844.

46. — ESSAI HISTORIQUE ET DESCRIPTIF DE L'ABBAYE ROYALE DE MONTIVILLIERS. *Mém. de la Soc. des Antiq. de Normandie.* Tome XIV. 1844. pp. 24 à 36.

47. — NOTICE HISTORIQUE ET DESCRIPTIVE SUR L'EGLISE NOTRE-DAME DE LILLEBONNE. *Mém. de la Soc. des Antiq. de Normandie.* Tome XIV. 1844. pp. 143 à 151.

48. — VOIES ROMAINES DE L'ARRONDISSEMENT DU HAVRE. *Mém. de la Soc. des Antiq. de Normandie.* Tome XIV. 1844. pp. 150 à 169. La page 150 devrait être chiff. 152 et ainsi de suite.

49. — NOTICE SUR LES RUINES D'UNE VILLA ROMAINE DÉCOUVERTE A BORDEAUX, PRÈS ETRETAT (Seine-Infèrieure). *Bullet. Monum.* Tome X. 1844. pp. 160 à 172. plan.

50. — COMPTE-RENDU DE LA NOTICE SUR M. L'ABBÉ MOTTE, curé de la Cathédrale de Rouen, par un de ses anciens Vicaires. *Rev. de Rouen.* 1845. pp. 51 et 52. L'article est signé C....t.

51. — NOTICE HISTORIQUE ET DESCRIPTIVE SUR L'EGLISE DE MOULINEAUX. *Rouen. Imprimerie de A. Péron, successeur de N. Périaux, rue de la Vicomté, 55.* 1845. In-8° avec 1 planche hors texte.

Texte, pp. 1 à 8. La Couverture sert de Titre. Il n'y a pas de Faux-titre. La planche se trouve p. 1. On lit au-dessus : *Eglise de Moulineaux* et au-dessous : *Lith. A. Péron.*

Extr à 50 exemplaires de la *Rev. de Rouen.* Cet article qui n'est pas signé occupe les pages 161 à 168.

On lit dans FRÈRE. *Manuel du Bibliographe Normand.* Quelques exemplaires renferment, coloriée, la planche d'une verrière votive, représentant la Reine Blanche de Castille, accompagnée de son fils et de sa belle-fille, offrant à Dieu une fenêtre de cette église, vers 1240.

52. — NOTICE SUR LES FOUILLES EXÉCUTÉES A NEUVILLE PRÈS DIEPPE EN 1845. *Rouen. Imprimerie de Alfred Péron, rue de la Vicomté, 55.* 1845. In-8° avec 1 planche hors texte.

Fouilles, pp. 1 à 8 ; — Planche ; — Explication de la planche, par M. A. Deville, pp. 9 à 18. Il n'y a pas de Faux-titre ; la Couverture sert de Titre

La planche qui se trouve p. 11, représente les objets trouvés, elle a pour légende : *Fouilles de Neuville-le-Pollet, par A. Déville, lith. A. Péron, S*ʳ* de N. Périaux, à Rouen.*

Extr. à 200 exemplaires de la *Rev. de Rouen.* Octobre 1845. pp. 201 à 208. Cette Notice a été reproduite dans le *Bullet. Monum.* Tome XI. 1845. pp. 609 à 615 et dans les *Mém. de la Soc. des Antiq. de Norm.* Tome XVII. pp. 126 à 132.

53. — COMPTE-RENDU DES TRAVAUX DE LA SOCIÉTÉ SAINT-FRANÇOIS-RÉGIS DE ROUEN, pendant l'année 1844. *Rouen. Imp. de H. Rivoire, rue Sᵗ-Etienne-des-Tonneliers, 1. s. d.* (1845). In-8°.

Faux-titre ; — Compte-Rendu, pp. 3 à 14 ; — Organisation de la Société (Noms des Membres) p. 15.

54. — ETUDE DE VITRAUX EN NORMANDIE. *Art en Province.* Tome VIII. Moulins 1845-1846. pp. 157 à 162.

55. — L'ABBAYE DU VALLASSE. *Rev. de Rouen.* 1846. pp. 265 à 275.

56. — MICHEL BORLÉ, sculpteur diepppois. *Rev. de
Rouen.* 1846. pp. 301 à 304 et *Galerie Dieppoise.* 1846 et
1862.

57. — INAUGURATION DU BUSTE DE BOUZARD, nommé
le *Brave Homme*, par Louis XVI, sur la Jetée de Dieppe
(15 Août 1846), par Michel-Ange Marion. *s. l. n. d.*
(Dieppe. A. Levasseur, imprimeur. 1846). In-8°.

Titre impr. ; — Texte, pp. 3 à 16.

Extr. à 1,000 exemplaires de la *Vigie de Dieppe* du 18 août 1846.

58. — SÉPULTURES ANCIENNES TROUVÉES A SAINT-
PIERRE-D'EPINAY, dans les travaux du Chemin de Fer de
Dieppe. *Rouen. Imp. de A. Péron. s. d.* (1847). In-8° avec
1 planche hors texte.

Faux-titre ; — Planche : — Sépultures, pp. 1 à 18. Il n'y a pas
de Titre.

La planche (p. 1) a pour légende : *Vases et Têtes trouvés à Dieppe en 1847.*
par Dumée fils, lith. Lith. de A. Péron. Rouen.

Extr. à 60 exemplaires de la *Rev. de Rouen.* Avril 1847. pp. 230 à 242. Ce
*Mémoire* a été réimpr. dans les *Bullet. Monum.* Tome XIII. 1847.

59. — NOTICE SUR L'EGLISE PRIEURALE DE SIGY
(Arrondissement de Neufchâtel). *Bullet. Monum.* Tome
XIII. 1847. pp. 654 à 660 et *Rev. de Rouen.* 1852. Voir
les n°s 99 et 100.

60. — NOTICE HISTORIQUE SUR L'ANCIENNE ABBAYE DE
BELLOSANE. *Précis de l'Académie de Rouen.* 1847. pp. 327
à 336.

*Cette Abbaye était située près de Gournay-en-Bray* (Seine-Inf^re).

61. — DE L'OGIVE ET DU PLEIN-CINTRE, à propos de
deux églises de campagne : l'église d'Osmoy (arr. de
Neufchâtel) et l'église de Bures, ancien prieuré de l'abbaye
de Fécamp. *Bull. Monum.* Tom. XIII. 1847. pp. 380
à 390.

62. — L'ABBÉ FONTAINE. Notice Biographique. *Rev.
de Rouen.* 1848. pp. 39 à 43.

63. — FOUILLES DE LONDINIÈRES EN 1847. *Rouen.
Imp. de A. Péron. s. d.* (1848). In-8° avec une planche
hors texte.

Faux-titre ; Fouilles, pp. 3 à 27.

La planche (p. 3) représente les objets trouvés dans les fouilles, elle a pour
légende ; *Sépultures Mérovingiennes de Londinières,* par A. Deville, lith. A.
Péron. Rouen.

Extr. à 100 exemplaires de la *Rev. de Rouen.* Février 1848. pp 67 à 91.
Réimpr. dans l'*Art en Province.* Tome IX et dans le *Bullet. Monum.* Tome
XIV. 1848.

64. — LE PARC AUX HUITRES D'ETRETAT. *Rev. de Rouen.* 1848. pp. 122 à 124.

65. — PIERRE GRAILLON, sculpteur, né à Dieppe, sa vie racontée par lui-même. *Rev. de Rouen.* 1848. pp. 189 à 198 et 294 à 302, avec un portrait hors texte. On lit comme légende : *Pierre Graillon, sculpteur, né à Dieppe.* — Renouard, del. — Lith. A. Péron à Rouen. — Voir aussi la *Galerie Dieppoise,* nos 5 et 6.

66. — HISTOIRE DE L'IMPRIMERIE A DIEPPE. *Dieppe. Imprimerie de Levasseur, rue Duquesne, 3.* 1848. In-8°.

Titre impr. ; — Texte, pp. 3 à 44.

Ce travail est extrait en partie du journal : *La Vigie de Dieppe.* Tiré à 100 exemplaires. — *Rarissime.*

67. — NOTICE SUR L'ANCIENNE ABBAYE DU LIEU-DIEU, sur les bords de la Bresle. *Rev. de Rouen.* 1849. pp. 23 à 26 et *Mém. de la Soc. des Antiq. de Picardie.* Tom. IX, pp. 303 à 311.

*Cette Abbaye est située près de Gamaches* (Somme).

68. — LE MANOIR DES ARCHEVÊQUES DE ROUEN SUR L'ALIHERMONT. *Rouen. Imp. de A. Péron, s. d.* (1849). In-8°.

Le Manoir, pp. 1 à 10. Il n'y a ni Titre ni Faux-titre.

.Extrait de la *Rev de Rouen*. Février 1849. pp. 57 à 66. Réimprimé dans le *Bullet. Monum.* Tome XV. 1849.

*L'Alihermont* (Seine-Inf.re) est un plateau boisé qui s'étend entre l'*Eaulne* et la *Béthune*, depuis *Arques* jusqu'à *Neufchâtel*.

69. — LE PÈRE CRASSET, jésuite (né à Dieppe.) *Rev. de Rouen*. 1849. pp. 191 à 198 et *Galerie Dieppoise*. 1846 et 1862.

70. — ITINÉRAIRE DE PARIS A LA MER par le chemin de fer de Dieppe. Paris, Rouen, Dieppe. *Dieppe. E. Delevoye, imprimeur-éditeur.* 1849. In-8°, avec 4 lith. hors texte. Il n'y a pas de nom d'auteur.

Prix : 50 cent.

Titre impr. ; — De Paris à Rouen, pp. 3 à 8 ; — Rouen, pp. 9 à 12 ; — Deville, pp. 13 et 14 ; — Maromme, p. 15 ; — Bondeville, p. 16 ; — Malaunay, pp. 17 et 18 — Monville, p. 19 ; — Clères, pp. 20 et 21 ; — Orménil, Lœilly, Etaimpuis, pp. 21 et 22 ; — Saint-Victor-l'Abbaye, pp. 23 et 24 ; — Saint-Maclou-de-Folleville, p. 25 ; — Vassonville, p. 26 ; — Saint-Denis-sur-Scie, p. 27 ; — Auffay, pp. 28 à 32 ; — Heugleville-sur-Scie, pp. 33 et 34 ; — Longueville, pp. 35 à 40 ; — Vaudreville, Dénestanville, Crosville, Anneville, pp. 40 et 41 ; Charlesmesnil, pp. 42 et 43 ; — Sauqueville, pp. 44 à 46 ; — Saint-Aubin-sur-Scie, Appeville, Pourville, pp. 46 à 48 ; — Dieppe, pp. 49 à 64 ; — Divers renseignements. Bains de mer, Chemin de Fer, etc., etc. pp. 65 à 91 ; — la Table se trouve au verso de ce dernier feuillet.

INDICATION DES LITHOGRAPHIES (non signées)

1º (p. 19). Auffay.
2º (p. 34). Château de Longueville.
3º (p. 67). Port de Dieppe.
4º (p. 82). Hôtel de la Reine Victoria.

Tiré à 1,000 exemplaires.

71. — NOTICE SUR UN CIMETIÈRE ROMAIN DÉCOUVERT EN NORMANDIE EN 1849. *Rouen. Imprimerie de Alfred Péron, rue de la Vicomté, 55.* 1849. Avec une planche hors texte.

Titre impr. ; — Notice, pp. 3 à 43 ; — Légende de la planche, pp. 45 et 46.

Planche (p. 46). *Plan de la Propriété de MM. Souday frères à Cany, dans laquelle a été trouvé un Cimetière Gallo-Romain en 1849*, par M^lle Esther Pottier. Lith. de A. Péron. Rouen.

Extrait à 60 exemplaires de la *Rev. de Rouen.* Juillet, Août et Septembre 1849. Réimpr. dans les *Mém. de la Soc. des Antiq. de Norm.* Tome XVII, pp. 399 à 436.

72. — HONNEURS RENDUS A DIEPPE, AU CÉLÈBRE ARMATEUR JEAN ANGO. LETTRE DE L'ABBÉ COCHET à Monsieur le Président et à Messieurs les Membres de la Chambre de Commerce de Dieppe ; Dieppe le 28 janvier 1849. — Réponse de la Chambre de Commerce ; Dieppe le 4 mars 1849. *Rev. de Rouen.* 1850. pp. 108 à 110.

73. — FOUILLES D'ENVERMEU EN 1850. *s. l. n. d.* (Rouen. Imp. de A. Péron. 1850). In-8° de 8 pp. chiff. avec une planche hors texte.

Il n'y a ni Titre ni Faux-titre.

La planche (p. 1). On lit comme légende : *Vases et Objets antiques trouvés dans les Fouilles du Cimetière Mérovingien d'Envermeu,* en 1850. M^lle Esther Pottier, del. ; Lith. de A. Péron. Rouen.

Extr. de la *Rev. de Rouen* à 50 exemplaires. Juillet 1850. pp. 377 à 383

74. — NOTICE HISTORIQUE ET DESCRIPTIVE SUR L'EGLISE DE VEULETTES. *s. l. n. d.* (Rouen. Imp. de A. Péron. 1850). In-8° de 6 pp. chiff. et 1 f. blanc, avec une lith. hors texte.

(Page 1). On lit comme légende : *Intérieur de l'Eglise de Veulettes.* — Balan, del. Lith. A. Péron Rouen. Il n'y a ni Titre ni Faux-titre.

Extr. de la *Rev. de Rouen* à 50 exemplaires. Août 1850. pp. 393 à 398. — Réimpr. dans le *Bullet. Monum.* Tome XVI. 1850. pp. 516 à 522.

75. — NOUVEAU VITRAIL A L'EGLISE SAINT-RÉMY DE DIEPPE. *Rev. de Rouen.* 1850. pp. 443 à 447.

76. — TOMBEAU EN PIERRE TROUVÉ DANS LE GRAND-VAL, PRÈS ETRETAT. *Rev. de Rouen.* 1850. pp. 504 et 505.

77. — TOMBEAUX EN PIERRE TROUVÉS A PAVILLY. *Rev. de Rouen.* 1850. pp. 653 et 654.

**78.** — Inscription trouvée a Dieppe, dans les démolitions de l'Eglise des Carmes. *Rev. de Rouen.* 1850. pp. 656 et 657.

**79.** — Etretat, son passé, son présent, son avenir. *Dieppe. Imprimerie d'Emile Delevoye, rue Duquesne, 3.* 1850. In-8° avec une lithog.

Titre impr. ; — Préface, pp. 3 et 4 ; — Etretat, pp. 5 à 84 ; et 2 ff. non chiff. ; un pour la Table des Chapitres ; — l'autre pour la Bibliographie. *Ouvrages où il est question d'Etretat.*

La lithogr. se trouve en regard du Titre : *Etretat,* par Vivant Beaucé, lith. ; *Lith. Em. Delevoye, Dieppe.* — Voir un *Compte-Rendu* par Léon Daudré, dans le *Phare du Havre* du 25 janvier 1851.

**80.** — *Dito.* — Seconde édition, revue et augmentée de 4 lithog. *Dieppe. Delevoye.* 1853. In-8°. Prix : 1 fr. 25.

Titre impr. ; — Etretat, pp. 3 à 99 ; et 2 ff. n. chiff. un pour la Table ; l'autre pour la Bibliographie.

INDICATION DES LITHOGRAPHIES :

1° Au Titre : Etretat. Vue générale, par L. Champion. Lith. Em. Delevoye, à Dieppe.
2° (p. 19) : Etretat. Vases et Armes du Cimetière Franc de la Côte du Mont. Lith. Em. Delevoye, à Dieppe.
3° (p. 75) : Etretat. Vue prise du Rivage. Lith. Em. Delevoye, à Dieppe.
4° (p. 91) : Vue prise de la Grotte du Trou à l'Homme. Lith. Em. Delevoye, à Dieppe.

Voir un *Compte-Rendu* de cet Ouvrage par l'abbé J. C. lisez E. Decorde dans la *Vigie de Dieppe* du 16 août 1853, et par G. Labottière aîné, dans le *Courrier du Havre* du 15 septembre 1853.

81. — ETRETAT, etc. Troisième édition. *(Le Titre change)* : ETRETAT, son passé, son présent, son avenir. Archéologie. — Histoire. — Légendes. — Monuments. — Rochers. — Bains de mer, revue, augmentée et ornée de 4 lithog. et de 28 gravures sur bois. *Dieppe. Delevoye.* 1857. In-8°.

Prix : 1 fr. 50.

Titre imp. ; — Table des Chapitres, 1 f. n. chiff. ; — Bibliographie, pp. 5 et 6 ; — Préface, pp. 7 et 8 ; — Etretat, pp. 9 à 131 ; — Table des Matières, pp. 133 à 136.

INDICATION DES LITHOGRAPHIES :

1° Au Titre : Etretat. Vue générale. (La même qu'à l'édition précédente).

2° (p. 105) : Etretat. Vue de l'Aiguille et de la Porte d'Aval.— Prise de la Plage. (La légende est changée, mais la lithog. est la même).

3° (p. 109) : Etretat. Vue de l'Aiguille et de la Porte d'Aval. Prise du Petit-Port.

4° (p. 123) : Etretat. Vue de la Porte d'Amont. — Prise du Rivage.

82. — *Dito.* — Quatrième édition, revue augmentée et ornée de 2 lithogr. et de 50 gravures sur bois. Dieppe. Delevoye. 1862. In-8° avec le portrait de l'auteur gravé sur bois.

Prix : 2 fr.

Titre impr. ; — Bibliographie, pp. 5 et 6 ; — Préface, pp. 7 et 8 ; — Etretat, pp. 9 à 166 ; — Table des Chapitres, p. 167 ; — Table des Matières, pp. 168 à 172.

INDICATION DES PLANCHES :

1° Au Titre : Port. de M. l'abbé Cochet. inspecteur des Monuments historiques et religieux de la Seine-Inférieure, grav. par Çarbonneau.
2° (p. 9) : Etretat et ses Environs.
3° (p. 128) : Vue de la Porte d'Amont. — Prise du Rivage. (La même qu'à l'édition précédente, mais on a supprimé le marin qui est dans un canot).
4° (p. 136) : Vue de l'Aiguille et de la Porte d'Aval.— Prise de la Plage. (Le canot qui existait a été supprimé).


83. — ETRETAT. Cinquième édition, revue, augmentée et ornée de 2 lithogr. et de 50 gravures sur bois. *Dieppe. Delevoye.* 1869. In-8° avec le portr. de l'auteur.
Prix : 2 fr.

Titre impr. ; — Préface, 1 f. n. chiff. ; — Etretat, pp. 9 à 155 ; — Table des Chapitres, 1 f. n. chiff. ; — Table des Matières, pp. 159 à 163 ; — Bibliographie, pp. 165 et 166.

INDICATION DES PLANCHES :

1° Au Titre. (Portrait) M. l'abbé Cochet, directeur du Musée d'Antiquités de Rouen, inspecteur des Monuments historiques et religieux de la Seine-Inf^re, grav. par Carbonneau.
2° (p. 125) : Vue de l'Aiguille et de la Porte d'Aval. — Prise de la Plage. (A droite, il y a un navire à voiles ; à gauche, un ballon).
3° (p. 136) : Vue de la Porte d'Amont — Prise du Rivage. (A gauche, il y a un bateau à vapeur).


84. — BIBLIOGRAPHIE NORMANDE. M. L'ABBÉ COCHET. Liste de ses Ouvrages. *s. l. n. d.* (Dieppe. Imp. de Levasseur. 1850). In-8° de 8 pp. chiff.

Sans Titre ni Faux-titre. — *Très rare.*

85. — RAPPORT A M. LE PRÉFET DE LA SEINE-INFÉ-
RIEURE sur les Fouilles de Londinières en 1850. *Rev. de
Rouen.* 1851. pp. 62 à 64. Réimpr. dans la *Revue Archéologique* sous le Titre de : *Notice sur le Cimetière Mérovingien
de Londinières* (S^ne-Inf.) *exploré en Octobre 1850.* Tome VIII.
1851. pp. 200 à 202.

86. — NOTICE HISTORIQUE ET DESCRIPTIVE SUR L'EGLISE
COLLÉGIALE DE S^t-HILDEVERT DE GOURNAY-EN-BRAY.
*Rouen. Imprimerie de Alfred Péron, rue de la Vicomté, 55.*
1851. In-8º avec 32 grav. sur bois dont une hors texte.

Notice, pp. 3 à 32.

La grav. hors texte se trouve au commencement de la brochure et représente :
*Vue Générale de Gournay.* Il n'y a pas de Faux-titre. La couverture sert de
Titre.

Extr. à 250 exemplaires de la *Rev. de Rouen.* 1851. pp. 99 à 128.

Les gravures sur bois ont été empruntées à l'ouvrage de M. Daniel Gurney,
intitulé : *The Records of the house of Gournay.* 1848. In-4º.

87. — COMPTE-RENDU DE L'OUVRAGE DE M. L'ABBÉ
LECOMTE sur les Eglises et le Clergé du Havre. *Dieppe.
Imprimerie de Levasseur, rue Duquesne.* 1851. In-8º.

Titre impr. ; — Texte, pp. 3 à 16.

88. — MESSIRE DE CLIEU. Les Eglises et le Clergé du Havre-de-Grâce par M. l'abbé Lecomte. *Compte-Rendu de cet Ouvrage.* s. l. n. d. (Rouen. Imp. de A. Péron. 1851). In-8° de 16 pp. chiff.

Il n'y a ni Titre ni Faux-titre.

Extrait de la *Rev. de Rouen.* Mai, juin 1851. pp. 264 à 279.

89. — ESSAIS HISTORIQUES ET ARCHÉOLOGIQUES sur les cantons de Neufchâtel, Blangy et Londinières. *s. l. n. d.* (Neufchâtel. Imprimerie de Ernest Duval, rue du Trot-Marot. 1851). In-8° de 8 pp. chiff.

Il n'y a ni Titre ni Faux-titre. — Compte-Rendu de cet Ouvrage.

Paru aussi dans la *Rev. de Rouen*, sous le titre de : *Compte-Rendu de l'Ouvrage de M. l'Abbé Decorde. Essais Historiques et Archéologiques*, etc., etc. 1851. pp. 181 à 187.

90. — TRAVAUX DE RESTAURATION EXÉCUTÉS A NOS MONUMENTS HISTORIQUES. (Saint-Ouen de Rouen, Saint-Jacques à Dieppe, Chapelle de la Sainte-Vierge à l'abbaye de Fécamp). *Rev. de Rouen.* 1851. pp. 280 à 282.

91. — L'ABBÉ LEBEUF, PÈRE DE L'ARCHÉOLOGIE MONUMENTALE. Lettre à M. A. de Caumont. *Rev. de Rouen.* 1851. pp. 285 et 286.

Cette lettre est parue aussi dans la *Rev. Archéologique*. 1851. pp. 381 et 382.

92. — Rapport sur les Fouilles du bois des Loges. (Canton de Fécamp, arrondissement du Havre, faites en août 1851). *Rouen. Imp. A. Péron. s. d.* (1851). In-8° avec une lithog.

Rapport, pp. 1 à 10. Il n'y a ni Titre ni Faux-titre.

La lith. se trouve en tête de la brochure, elle a pour légende : *Vases Romains du Cimetière du Bois des Loges près Fécamp* (Seine-Inf^re), par M^lle Esther Pottier. Lith. A. Péron, Rouen.

Extr. de la *Rev. de Rouen.* Septembre, octobre 1851. pp. 385 à 394. — Tiré à 50 exemplaires. — Reproduit dans le *Bullet. Monum.* Tome XVIII. 1852. pp. 5 à 16 et dans les *Mém. de la Soc. des Antiq. de Normandie.* Tome XIX. 1852. pp. 303 à 311.

93. — Sur un Vitrail neuf de l'Eglise Saint-Jacques de Dieppe. *Rev. de Rouen.* 1851. pp. 558 à 562.

94. — Du Sel, des Salines et de la Mer dans le pays de Caux. *Dieppe. Imp. de Levasseur. s. d.* (1852). In-8°.

Texte, pp. 1 à 8. Il n'y a ni Titre ni Faux-titre.

Ces articles ont d'abord paru dans la *Vigie de Dieppe* les 12 et 16 décembre 1851 et aussi dans la *Rev. de Rouen.* 1852. pp. 5 à 18. — Tiré à 500 exemplaires.

95. — Des Salines et de l'action de la mer sur les cotes de la Haute-Normandie. *Mém. de la Soc. des Antiq. de Norm.* Tome XIX. 1852. pp. 255 à 267.

96. — NOTICE SUR L'EGLISE NOTRE-DAME DE CAUDEBEC. *Mém. de la Soc. des Antiq. de Normandie.* Tome XIX. 1852. pp. 1 à 36, avec une planche hors texte. On lit comme légende : *Eglise de Caudebec* (côté sud). Polyclès Langlois, sculp. Lith. Péron succ. de Nicétas Périaux.

97. — NOTICE HISTORIQUE ET DESCRIPTIVE SUR L'EGLISE D'OISSEL, Département de la Seine-Inférieure, Arrondissement de Rouen. *s. l. n. d.* (Elbeuf. Imprimerie de Levasseur, rue St-Jean, 98. 1852). In-8° de 4 pp. chiff.

Sans Titre ni Faux-titre.

98. — NOTE SUR CINQ MONNAIES D'OR, trouvées dans le Cimetière Mérovingien de Lucy, près Neufchâtel, en 1851. *s. l. n. d.* (Rouen. Imp. A. Péron. 1852). In-8° de 8 pp. chiff. avec une planche hors texte.

La planche (p. 1) représente les *cinq Monnaies d'or et une Boucle.* L. Champion, dél. et lith. Lith. Em. Delevoye, à Dieppe.

Extr. de la *Rev. de Rouen.* Avril 1852. pp. 213 à 220. — Tiré à 100 exemplaires. — *Rare.* — Réimp. dans les *Mém. de la Soc. des Antiq. de Norm.* Tome XIX. 1852. pp. 477 à 482 ; dans le *Bullet. Monum.* Tome XVIII. 1852. pp. 268 à 275 ; dans la *Rev. Archéologique.* 1852. pp. 747 à 752. Voir aussi dans cette Revue : *Lettre à M. l'Editeur de la Rev. Archéologique au sujet de cinq pièces de Monnaies Mérovingiennes trouvées dans le Cimetière de Lucy.* 1856. pp. 558 et 559.

*Lucy est un village du Pays de Bray, situé à 6 kil. de Neufchâtel et de Londinières dans la vallée de l'Eaulne.*

99. — Notice historique et descriptive sur l'Eglise prieurale de Sigy (arrondissement de Neufchâtel). *s. l. n. d.* (Rouen. Imp. de A. Péron. 1852). In-8° de 7 pp. chiff. avec 2 grav. dans le texte.

Sans Titre ni Faux-titre.

Extrait de la *Rev. de Rouen*. Juin 1852, pp. 317 à 323. — Tiré à 50 exemplaires. — *Rare*.

100. — *Dito.* — *s. l. n. d.* (Dieppe. Em. Delevoye, imprimeur. 1854). In-8° de 8 pp. chiff.

Sans Titre ni Faux-titre.

Les gravures sont les mêmes que dans l'édition précédente. — Tiré à 200 exemplaires.

101. — *Dito.* — Troisième édition. *Rouen. Imprimerie Nouvelle. Paul Leprêtre, 75, rue de la Vicomté, 75.* 1890. in-8° de 8 pp. chiff.

Sans Titre ni Faux-titre. La Couverture sert de Titre.

Cette édition qui se vendait au profit de la restauration de l'Eglise a été rééditée par l'abbé A. Tougard. Elle est pareille au n° précédent.

102. — Exploration archéologique dans la vallée de l'Eaulne. *Rev. de Rouen.* 1852. pp. 619 à 621.

103. — INSCRIPTION COMMÉMORATIVE A JEAN DE BÉTHENCOURT, ROI DES CANARIES, DANS L'EGLISE DE GRAINVILLE-LA-TEINTURIÈRE. *Rev. de Rouen.* 1852. pp. 651 à 655.

*J. de Béthencourt fut inhumé dans le chœur de cette Eglise en 1425.*

104. — NOTICE HISTORIQUE SUR L'EGLISE DE BURES (arrondissement de Neufchâtel). *Neufchâtel. Duval.* 1853. in-8° de 4 pp.

Malgré toutes mes recherches je n'ai pu me procurer cette Notice. — *Très rare.*

105. — NOTICE SUR L'ORGUE DE SAINT-MACLOU DE ROUEN et sur l'escalier qui y conduit. *Bull. Monum.* Tom. XIX. 1853. pp. 384 à 389.

106. — ANTIQUITÉS ROMAINES DÉCOUVERTES A LILLE-BONNE. *Bull. Monum.* Tom. XIX. 1853. pp. 414 à 424.

107. — DES SÉPULTURES ROMAINES ET DES SÉPULTURES MÉROVINGIENNES. *Mém. de la Soc. des Antiq. de Norm.* Tom. XX. (1853-1855). pp. 222 à 230.

Réimpr. dans le *Précis des Travaux de l'Acad. de Rouen.* 1853. pp. 369 à 387 et dans le *Bullet. Monum.* Tome XIX. 1853. pp. 462 à 479.

Par *Sépultures Romaines*, l'auteur entend celles des trois premiers siècles de notre ère, et par *Sépultures Mérovingiennes*, celles qui eurent lieu depuis Clovis jusqu'à Charlemagne.

108. — Notice historique et archéologique sur l'Eglise et l'Abbaye de Saint-Saens (Seine-Inférieure). *Mém. de la Soc. des Antiq. de Norm.* Tom. xx. 1853-1855. pp. 442 à 457.

109. — Procès-Verbal journalier de l'Exploration archéologique du Cimetière Mérovingien d'Envermeu (Seine-Inférieure), en septembre 1854. *Mém. de la Soc. des Antiq. de Norm.* Tom. xx. 1853 à 1855. pp. 496 à 508. Grav. dans le texte.

Etretat. *Seconde édition.* 1853. Voir le n° 80.

110. — Nouveau guide du Baigneur dans Dieppe et ses environs pour 1853. *Dieppe. E. Delevoye, imprimeur-éditeur.* 1853. In-18 orné de 7 lith. Prix : 1 fr.

Faux-titre ; — Titre impr. ; — Paris à Rouen, pp. 1 à 6 ; — Rouen, pp. 7 à 10 ; — Deville, pp. 11 et 12 ; — Maromme, p. 13 ; — Bondeville, p. 14 ; — Malaunay, pp. 15 et 16 ; — Monville. p. 17 ; — Clères, pp. 18 et 19 ; — Orménil, Lœilly, Etaimpuis, pp. 20 et 21 ; — Saint-Victor-l'Abbaye, pp. 22 et 23 ; — Saint-Maclou-de-Folleville, p. 24 ; — Vassonville, pp. 25 et 26 ; — Saint-Denis-sur-Scie, pp. 33 et 34 ; — Longueville, pp. 35 à 40 ; — Vaudreville, Dénestanville, Crosville, Anneville, p. 41 ; — Charlesmesnil, pp. 42 et 43 ; — Sauqueville, pp. 44 à 46 ; — Saint-Aubin-sur-Scie, Appeville-le-Petit, Pourville, pp. 47 à 49 ; — Dieppe, pp. 51 à 65 ; — Promenades aux environs de Dieppe, pp. 67 à 103 ; — Les Bains, la Plage, etc., pp. 105 à 112 ; — De Paris à la mer de Dieppe, par Jules Lecomte (extr. de l'*Indépendance Belge*), pp. 113 à 128 ; — La Mi-Aoust, Conseils médicaux aux Baigneurs, Marées, Bains, Théâtre, etc.. etc., pp. 129 à 189 ; — Table des Matières, pp. 191 et 192.

INDICATION DES LITHOGRAPHIES :

1° (Au Titre) : Vue des Bains de mer de Dieppe.
2° (p. 32) : Auffay.
3° (p. 40) : Ruines du Château de Longueville.
4° (p. 56) : Port de Dieppe.
5° (p. 72) : Eglise d'Arques.
6° (p. 112) : Eglise Saint-Jacques.
7° (p. 176) : Gare du Chemin de Fer de Dieppe.

Toutes les lith. sont de L. Champion, imp. par E. Delevoye.

*Les trois premières éditions ne portent pas le nom de l'Auteur.*

III. — *Dito.* — Deuxième édition. Dieppe. E. Delevoye, imprimeur-éditeur. 1854. In-16 orné de 9 lith. Prix : 1 fr. 50.

*Cette seconde Edition se vendait au profit du Bureau de Bienfaisance.*

Faux-titre ; — Titre impr. ; — Texte, pp. 5 à 228 ; — Table des Matières, pp. 229 à 231. Cette édition est augmentée des fouilles faites à Arques, Envermeu, Saint-Aubin-sur-Scie et Ouville-la-Rivière.

INDICATION DES LITHOGRAPHIES :

1° (Au Titre) : Vue des Bains de mer de Dieppe.
2° (p. 52) : Ruines du Château de Longueville.
3° (pp. 116) : Le Manoir d'Ango à Varengeville.
4° (p. 148) : Eglises du Bourg-Dun.
5° (p. 164) : Eglise d'Arques.
6° (p. 172) : Le Château de Dieppe.
7° (p. 181) : Eglise Saint-Jacques.
8° (p. 196) : Intérieur du Château d'Arques.
9° (p. 208) : Gare du Chemin de Fer de Dieppe.

Toutes les lithogr. sont de L. Champion.

112. — Nouveau Guide du Baigneur dans Dieppe, etc. Troisième édition. *Le Titre change :* Guide du Baigneur dans Dieppe et ses environs. *Dieppe. Librairie-Papeterie A. Marais, 41-43, Grande-Rue. s. d.* (1861). In-16. Prix : 1 fr.

Faux-titre ; — Titre impr. ; — Texte, pp. 5 à 305 ; — Table, pp. 307 et 308.

Dans cette édition, les fouilles sont supprimées, il y a des articles nouveaux : *Martin-Eglise, la Cité de Limes*, etc., etc. Lith. dans le texte, il n'y en a plus que 4 hors texte.

INDICATION DES LITHOGRAPHIES :

1° (p. 100) : Maison Bouzard, démolie en 1856.
2° (p. 142) : Baptistère en pierre du XVe ou XVIe siècle, anciennement dans l'Eglise du Petit-Appeville.
3° (p. 174) : Chapelle de Sainte-Marguerite-du-Dun.
4° (p. 176) : Baptistère de Fontaine-le-Dun.

GUIDE DU BAIGNEUR DANS DIEPPE, etc. Quatrième
édition. Il y en a deux avec des *Titres différents :*

113. — GUIDE DU BAIGNEUR DANS DIEPPE et ses
environs. *Dieppe. A. Marais, libraire-éditeur, 41, Grande-
Rue, 41.* MDCCCLXV (1865). In-16.
Prix : 1 fr.

Faux-titre ; — Titre impr. ; — Texte, pp. 1 à 318 ; — Table
pp. 319 à 323. Cette nouvelle édition est considérablement
augmentée. Il y a de nombreuses lithogr. dans le texte et sept
hors texte.

INDICATION DES LITHOGRAPHIES :

1º (p. 30) : Statue de pierre du XIIIᵉ siècle, dite de Guillaume-le-Conquérant,
autour du chœur de l'Eglise de Saint-Victor-l'Abbaye.

2º (p. 130) : Eglise du Petit-Appeville en 1850.

3º (p. 131) : Baptistère en pierre du XVᵉ ou du XVIᵉ siècle, anciennement dans
l'Eglise du Petit-Appeville.

4º (p. 160) : Chapelle de Sainte-Marguerite-du-Dun.

5º (p. 182) : Croix d'absolution.

6º (p. 184) : Croix de pierre du XIIᵉ siècle, dite de la Moinerie, à Bouteilles.

7º (p. 238) : Cité de Limes ou Camp-de-César à Braquemont, près Dieppe.

114. — GUIDE DU BAIGNEUR DANS DIEPPE et ses environs. *Dieppe. A. Rainvillé, 52, Grande-Rue, en face la statue
de Duquesne. s. d.* (1865). In-16.

Cette édition est pareille au nº précédent, le Titre seul est changé.

NOTICE HISTORIQUE ET DESCRIPTIVE SUR L'EGLISE
PRIEURALE DE SIGY. *s. l. n. d.* (Dieppe. Delevoye. 1854).
Voir le n° 100.


115. — DÉCOUVERTE D'UN TOMBEAU (franc) EN PIERRE,
A OURVILLE-LA-RIVIÈRE (arrondissement de Dieppe) en
1854. *Bull. Monum.* Tom. x. 1854. pp. 331 à 336.


116. — NOTE SUR LE JUBÉ OU PUPITRE DE L'EGLISE
SUPPRIMÉE DE SAINT-LAURENT DE ROUEN. (1512-1680).
*Bull. Monum.* Tom. x. 1854. pp. 577 à 579.


117. — LE NOUVEAU VITRAIL DU ROSAIRE, A SAINT-
JACQUES DE DIEPPE. *Bull. Monum.* Tom. x. 1854. pp.
580 et 581.


118. — NÉCROLOGIE. MADAME D'ETREPAGNY, *s. l. n. d.*
(Dieppe. Imprimerie de Levasseur. 1855). In-8° de 4 pp.
chiff.

Sans Titre ni Faux-titre.

Extr. de la *Vigie de Dieppe* du 26 janvier 1855.


119. — EPIGRAPHIE DE LA SEINE-INFÉRIEURE, depuis
les temps les plus reculés jusqu'au milieu du XIVᵉ siècle.

*Paris. Derache, rue du Bouloy, 7. Caen. Typ. de A. Hardel, imprimeur-libraire, rue Froide, 2. 1855. In-8°. Grav.*

Titre impr. ; — Texte, pp. 1 à 56.

Extr. à 100 exemplaires du *Bullet. Monum.* Tome XXI. 1855. pp. 281 à 336.— *De toute rareté.*

120. — NOTICE BIOGRAPHIQUE SUR M. NELL DE BRÉAUTÉ, Correspondant de l'Institut (Académie des Sciences), Conseiller général de la Seine-Inférieure, Président du Comice agricole de l'arrondissement de Dieppe, etc. *Dieppe. Imprimerie d'Emile Delevoye, rue Duquesne, 3.* 1855. In-8° avec portrait.

Titre impr. ; — Notice, pp. 3 à 16. Le portrait se trouve au Titre, avec fac-simile de la signature. Imp. par Lemercier, Paris.

Cette *Notice* est d'abord parue dans la *Vigie de Dieppe,* les 27 et 31 juillet et 7 août 1855 ; elle a été réimpr. dans l'*Ann. des 5 Départ. de l'Anc. Norm.* 1856. pp. 593 à 612.

121. — ANTIQUITÉS FRANQUES DÉCOUVERTES A ENVER-MEU (S.-Inf.). *Bull. Monum.* Tom. XXI. 1855. pp. 156 à 161.

122. — DÉCOUVERTES DE SÉPULTURES GALLO-ROMAINES (près d'Etretat). *Bull. Monum.* Tom. XXI. 1855. pp. 437 à 489.

123. — Liste alphabétique de tous les noms de Potiers gallo-romains trouvés dans la Seine-Inférieure, avec indication des localités où ils ont été découverts. *Bull. Monum.* Tom. XXI. 1855. pp. 501 à 503.

124. — Peinture murale découverte a Saint-Ouen de Rouen en 1855. *Bull. Monum.* Tom. XXI. 1855. pp. 526 à 536.

125. — Tombeaux Chrétiens de la période anglo-normande, trouvés à Bouteilles, près Dieppe, en 1855. *s. l. n. d.* (Rouen. Imp. de A. Péron. 1855). In-8° de 14 pp. chiff. et 1 f. n. chiff. grav. sur bois dans le texte. — On lit sur ce feuillet : *Extrait du Précis de l'Académie des Sciences, Belles-Lettres et Arts de Rouen, année 1854-55.*

Il n'y a ni Titre ni Faux-titre.

Cette Notice a été réimprimée avec un nouveau Titre : *Sépultures Chrétiennes,* etc., dans les *Mém. de la Soc. des Antiq. de Norm.* Tome XXII. 1856 et dans l'*Archaeologia.* Vol. XXXVI. Il existe un tirage à part de ce dernier. Voir le numéro suivant.

126. — Sépultures Chrétiennes de la période anglo-normande, trouvées à Bouteilles, près Dieppe, en 1855. *London, printed by J.-B. Nichols and sons. 25, Parliament Street.* 1856, in-4° avec 1 pl. hors texte.

Titre impr. ; — Texte, pp. 1 à 9.

La planche en couleur (p. 1). On lit comme légende : *Tombeaux Chrétiens de la Période Anglo-Normande trouvés à Bouteilles près Dieppe*. Edwin Ireland, del. J. Basire sc. — *Published by the Society of Antiquaries of London, 23 April 1856*. — On lit dans le haut : Vol. XXXVI. Plate XXI. p. 266.

Réimpression des *Tombeaux Chrétiens*. Rouen 1855. Voir le *n° précédent*. Les gravures qui sont dans le texte dans l'édition précédente sont reproduites dans celle-ci sur la planche hors texte. Dans cette édition, il y a quelques passages qui ne se trouvent pas dans l'édition précédente. p. 4. A partir de : *Notre savant Chimiste de Rouen, M. Girardin* ; — p. 5. les six premières lignes ; — p. 6. A partir de la dix-huitième ligne : *L'autre Croix ou nous avons pu déchiffrer*, etc.; jusqu'à la fin du paragraphe : *Amen*.

Extr. de l'*Archaeologia*. Vol. XXXVI. — *Rare*. Cette Notice existe sous le même Titre dans les *Mém. de la Soc. des Antiq. de Norm*. Tome XXII. 1856 pp. 11 à 20. Grav.

127. — NOTICE SUR DES SÉPULTURES GALLO-ROMAINES DU IIe SIÈCLE de notre ère, découvertes à Saint-Martin-en-Campagne, près Dieppe, en 1856. *Bull. Monum.* Tom. XXII. 1856. pp. 95 à 103.

128. — MÉMOIRE SUR LA COUTUME DE PLACER DES VASES DANS LA SÉPULTURE DE L'HOMME, et spécialement dans les sépultures chrétiennes, depuis le XIe jusqu'au XVIIe siècle. *Bull. Monum.* Tom. XXII. 1856. pp. 329 à 363 et 425 à 446. Grav. dans le texte.

129. — UNE VILLA ROMAINE EN ANGLETERRE (à Lindey-Hall). *Bull. Monum.* Tom. XXII. 1856. pp. 407 à 415.

130. — Pierre tombale trouvée en démolissant le Pont de l'Arche. *Bull. Monum.* Tom. XXII. 1856. p. 510.

131. — Plan d'un recueil d'instructions sur l'archéologie franque. *s. l. n. d.* (Paris. Imprimerie Impériale. Juillet 1856). In-8° de 4 pp. chiff.

Sans Titre ni Faux-titre.

Ce plan qui est de *toute rareté* est un tirage à part du *Bulletin du Comité de la Langue, de l'Histoire et des Arts de la France. Paris. Imprimerie Impériale.* 1866. Tome III. pp. 297 à 301. — Réimprimé dans le *Comité des Travaux Historiques et Scientifiques Paris. Imprimerie Nationale.* 1886. Tome III. pp. 609 à 612.

132. — Croix d'absolution placées sur les morts au Moyen-Age en France et en Angleterre. *Bull. du Comité de la Langue, de l'Histoire et des Arts de la France. Paris. Imprimerie Impériale.* 1856. In-8°. pp. 306 à 324.

133. — Antiquités romaines et Tombeaux francs trouvés a Caudebec-lès-Elbeuf. *Précis de l'Académie de Rouen.* 1856. pp. 269 à 305. grav. sur bois dans le texte.

134. — Pierres tombales trouvées a Leure en 1856. Rapport à M. le Maire du Havre, sur les anciennes sépultures et les pierres tombales trouvées à Leure en 1856,

lors de la reconstruction de l'église Saint-Nicolas. *Havre.*
*Imprimerie Carpentier et Compagnie. rue de la Halle, n° 29.*
1857. In-18.

Titre impr. ; — Rapport, pp. 3 à 16.

Extr. du *Courrier du Havre* du 26 octobre 1857. — *Rare.* — Voir aussi le
numéro suivant.

135. — PIERRE TOMBALE, SÉPULTURES ET VASES FUNÉ-
RAIRES DU. XIII<sup>e</sup> SIÈCLE, trouvés au Havre (section de
l'Eure) en novembre 1856. *s. l. n. d.* (Caen. Imp. de
A. Hardel. 1857). In-4° de 12 pp. chiff. grav. dans le
texte.

Il n'y a pas de Titre.

Extr. du Tome XXII des *Mém. de la Soc. des Antiq. de Norm.* pp. 388 à 398.
Ce Mémoire est paru aussi dans le *Recueil des Publications de la Soc. Hav.
d'Et. diverses* sous le Titre : *Note sur une Pierre Tombale et des Vases du
XIII<sup>e</sup> siècle, trouvés au Havre* (section de l'Eure), en 1856. *Havre.* 1857. pp.
348 à 360, grav. dans le texte. Cette édition diffère très peu de la précédente, les
changements dans le texte sont presque insignifiants, les grav. sont les mêmes,
sauf une, le troisième vase qui n'a pas été reproduit dans celle-ci. — Réimprimé
dans le *Bull. Monum.* 1856. Tome XXII.

136. — CIMETIÈRE FRANC DÉCOUVERT A MARTOT,
commune de Criquebeuf-sur-Seine, canton de Pont-de-
l'Arche. s. l. n. d. (Evreux. A. Hérissey. Imp. de la
Société. 1857). In-8°. grav. dans le texte.

Faux-titre ; — Texte, pp. 3 à 12.

Extr. du *Recueil de la Société libre de l'Eure*, 3<sup>e</sup> série. Tome IV.

137. — Note sur le commerce et l'industrie du plomb dans la Gaule et la Grande-Bretagne a l'epoque romaine. *Revue Archéologique.* 1857. XIII<sup>e</sup> année. pp. 548 à 550.

138. — Note sur la Sépulture d'un jeune guerrier franc, découverte à Envermeu (Seine-Inférieure) le 10 septembre 1856. *s. l. n. d.* (Rouen. Imp. de A. Péron. 1857). In-8° de 19 pp. chiff. grav. dans le texte.

Il n'y a ni Titre ni Faux-titre.

Extr. du *Précis de l'Académie de Rouen.* 1856/1857. — *Rare.* — Voir le n° suivant.

139. — Notes on the Interment of a young Frankish Warrior, discovered at Envermeu, Seine-Inférieure, on September 10, 1856, by the Abbé Cochet. *Translated, and followed by some Remarks upon the Abbé's Notes, by W. M. Wylie, Esq. F. S. A. In a Letter addressed to J. Y. Akerman, Esq. Secretary. Archaeologia.* Tom. XXXVII. 1857. pp. 102 à 112. avec 1 planche coloriée hors texte. On lit au-dessous : *Merovingian Remains from the Cemetery of Envermeu. Published by the Society of Antiquaries of London.* April 23. 1857. B. Wilmer, del. J. Basire sc.

Il en a été fait un tirage à part à 25 exemplaires. — *Très rare.*

140. — NOTE SUR DES SÉPULTURES ANGLO-NORMANDES, TROUVÉES A BOUTEILLES. PRÈS DIEPPE, EN MARS 1856. *Mém. de la Soc. des Antiq. de Norm.* Tom. XXII. 1856. pp. 129 à 136. Voir aussi le n° suivant.

141. — NOTE SUR DES SÉPULTURES ANGLO-NORMANDES, TROUVÉES A BOUTEILLES, PRÈS DIEPPE, EN MARS 1856. *s. l. n. d.* (Londres. 1857). In-4° de 7 pp. chiff. grav. dans le texte.

Il n'y a ni Titre ni Faux-titre.

Tirage à part de l'*Archaeologia.* Vol. XXXVII. 1857. pp. 32 à 38. *Très rare.—* *Biblioth. Nationale* L. j. 9. 1430. Supplément.

ETRETAT, etc. *Dieppe. Delevoye.* 1857. Voir le n° 81.

142. — SÉPULTURES CHRÉTIENNES DE LA PÉRIODE ANGLO-NORMANDE, TROUVÉES A BOUTEILLES, PRÈS DIEPPE, EN 1857. *London, printed by J. B. Nichols and sons, Parliament street.* 1858. In-4° avec 1 planche coloriée hors texte.

Titre impr. ; — Texte, pp. 1 à 25.

*Indication de la planche* (p. 20). On lit au-dessous : *Vases funéraires des XII, XIII et XIVe siècles trouvés dans le Cimetière Chrétien de Bouteilles près Dieppe en Avril 1857.* — Dessiné et publié d'après les vases originaux. — A. Féret. — J. Basire sculp. — *Published by the Society of Antiquaries of London,* 23 april 1858. — *Dans le haut à droite :* Vol. XXXVII. Plate XI. p. 417. Extr. à 25 exemplaires de l'*Archaeologia.* Vol. XXXVII. 1857. pp. 399 à 423. *Très rare.*

143. — De la coutume d'inhumer les hommes dans des tonneaux en terre-cuite à propos d'un dolium romain trouvé en Normandie. *Rev. Archéologique.* 1858. pp. 608 à 619.

Il en a été fait un tirage à part à 12 exemplaires. — *Très rare.*

144. — Un Cimetière de Lépreux au XVIIIᵉ siècle. *Rev. de l'Art Chrétien.* 1858. pp. 417 à 423.

145. — Découverte et exploration d'un Cimetière gallo-romain a Barentin, près Rouen. *Rev. Archéologique.* 1858. pp. 314 à 316.

Réimpr. dans le *Bull. de la Soc. d'Archéologie et d'Histoire de la Moselle.* Metz 1858, avec ce nouveau Titre : *Sur les Sépultures gallo-romaines découvertes à Barentin*, pp. 50 à 52.

146. — Bouteilles. Son importance et son rôle au Moyen-Age. *s. l. n. d.* (Dieppe. Emile Delevoye, imprimeur. 1859). In-8º de 8 pp. non chiff.

Il n'y a ni Titre ni Faux-titre. — *Très rare.*

147. — Discours de M. l'abbé Cochet, comme directeur de la Société, lu (par M. Charma) dans la séance publique du 25 novembre 1858. *Mém. de la Soc. des Antiq. de Norm.* Tom. XXIV. 1859. pp. v à XII.

148. — Notice sur les anciennes Sépultures et les Pierres tombales trouvées a Leure en 1856 et 1857, lors de la reconstruction de l'Eglise Saint-Nicolas. Rapport à M. le Maire du Havre. *Mém. de la Soc. des Antiq. de Norm.* Tom. xxiv. 1859. pp. 1 à 14. grav. dans le texte.

149. — Note sur les restes d'un Palais de Charles-le-Chauve (861-869), retrouvés à Pitres, canton du Pont-de-l'Arche, arrond. de Louviers (Eure), en 1854, 1855 et 1856. *Mém. de la Soc. des Antiq. de Norm.* Tom. xxiv. pp. 156 à 165. — Deuxième partie. Une Nouvelle Visite a Pitres, pp. 398 à 402. Même volume.

150. — Une Nouvelle Visite a Pitres. Voir le n° précédent.

151. — Voies Romaines de la Seine-Inférieure. *Mém. de la Soc. des Antiq. de Norm.* Tom. xxiv. 1859. pp. 313 à 362, avec 1 Carte hors texte.

La Carte (p. 313). *Carte Archéologique du Département de la Seine-Inférieure aux Epoques Gauloise, Romaine et Franque* publiée par les soins de M. l'Abbé Cochet ✠, *Inspecteur des Monuments historiques de la Seine-Infre*, et dressée par F.-N. Leroy, *Instituteur supr à Cany, Membre de la Société des Antiquaires de Normandie, Membre de la Société Française d'Archéolie pour la Conservation des Monuments historiques.* 1859. — On lit au-dessous : *Dessiné par F -N. Leroy. — Lith. A. Péron. Rouen. Cany 18 mars 1856.*

152. — Divisions territoriales de la Seine-Infé-rieure aux Epoques Gauloise, Romaine et Franque. *Mém. de la Soc. des Antiq. de Norm.* Tom. XXIV. 1859. pp. 637 à 661. grav. dans le texte.

153. — Sépultures Chrétiennes de la période anglo-normande, trouvées à Bouteilles, près Dieppe, en 1857. *Paris. Derache, rue du Bouloy, 7. — Caen, chez A. Hardel, imprimeur-libraire, rue Froide, 2.* 1859. In-8°. grav. dans le texte.

Titre impr. ; — Sépultures Chrétiennes, pp. 3 à 69 ; et 1 f. blanc.

Extr. à 50 exemplaires du *Bull. Monum.* Tome XXV. 1859. — *Rare.*

154. — Note sur les Fouilles exécutées a la Made-leine de Bernay (Normandie) en février 1858. *London, printed by J. B. Nichols and sons, 25, Parliament street.* 1859. In-4°.

Titre impr. ; — Texte, pp. 1 à 11.

Extr. à 25 exemplaires de l'*Archaeologia.* Vol. XXXVIII. pp. 68 à 76. — *Très rare.* — *Bibliothèque Nationale.* L. j. 9. 2379.

155. — Note sur quelques Chapiteaux Mérovin-giens. *s. l. n. d.* (Amiens. 1859). In-8° de 4 pp. chiff. grav.

Extr. de la *Rev. de l'Art Chrétien.* — Tiré à 30 exemplaires. — *Très rare.*

156. — Note sur l'Architecture mérovingienne ou gallo-franque. *s. l. n. d.* (Dieppe. Emile Delevoye, imprimeur. 1859). In-8° de 4 pp. chiff. grav.

Tiré à 50 exemplaires. — *Très rare.*

157. — M. Auguste Leprevost. (Notice nécrologique). *s. l. n. d.* (Rouen. Imp. E. Cagniard. 1859). In-18 de 4 pp. chiff. — *Très rare.*

Cette Notice a été réimprimée en 1860. Voir le n° 165.

158. — Découverte et exploration d'un Cimetière gallo-romain a Beaubec-la-Rosière (arrondissement de Neufchâtel). *Rev. Archéologique.* 1860. pp. 711 à 715.

159. — Réflexion sur l'opinion populaire que des Vases poussent naturellement en terre. *Rev. Archéologique.* 1860. 1er vol. Nouvelle série. pp. 395 à 398. grav.

160. — Découvertes (romaines et franques) faites en 1859 et 1860 dans le département de la Seine-Inférieure. *Bull. Monum.* Tom. XXVI. 1860. pp. 804 à 809.

161. — De quelques particularités relatives a la Sépulture chrétienne du Moyen-Age. — Inhumation

dans le parvis des Eglises. — Bâtons sur les Morts. — Orientation des Ecclésiastiques. — Paille dans les Cercueils. *Rev. de l'Art Chrétien*. 1860. pp. 428 à 448.

162. — HACHETTES DILUVIENNES DU BASSIN DE LA SOMME. Rapport adressé à M. le Sénateur Préfet de la Seine-Inférieure. *Paris. A. Aubry, rue Dauphine. 16 ; Derache, rue du Bouloy, 7 ; Didron, rue Saint-Dominique-Saint-Germain, 23. — Rouen. A. Lebrument, quai Napoléon, 55. — Dieppe. Marais, Grande-Rue, 41. — Londres. J.-H. et J. Parker, Strand, 377.* (Abbeville, typ. P. Briez). 1860. In-8°.

Titre impr. ; — Rapport, pp. 1 à 17.

Extr. des *Mém. de la Soc. Impér. d'Emulat d'Abbeville.* 1858/1861. pp. 607 à 623. — Tiré à 500 exemplaires.

163. — INAUGURATION ET BÉNÉDICTION DU NOUVEL HOSPICE DE DIEPPE ET DE SA CHAPELLE. Faite le 6 décembre 1860, par S. G. Mgr de Bonnechose, Archevêque de Rouen. *Dieppe. Emile Delevoye, imprimeur, rue des Tribunaux, 7.* 1860. In-16.

Titre impr. ; — Inauguration, pp. 3 à 18 ; et 1 f. blanc.

Extr. de la *Vigie de Dieppe,* du 7 décembre 1860. — Tiré à 300 exemplaires.

164. — Notice nécrologique et biographique sur M. l'abbé P. Langlois, Chanoine honoraire de Rouen et Aumônier de Saint-Joseph. *Rouen. Fleury, libraire, place St-Ouen ; Lebrument, libraire, quai Napoléon. — Dieppe. Marais, libraire. — Yvetot. Delamare. libraire.* 1860. In-8°.

Titre impr. ; — Texte, pp. 3 à 15. — *Rare.*

*Cette Brochure se vendait au profit d'un Orphelin.* — Cette Notice est d'abord parue dans la *Vigie de Dieppe* le 6 janvier 1860. — Réimpr. la même année. Voir le n° suivant.

165. — Nécrologie Normande en 1859. M. l'abbé Langlois. M. Auguste Leprevost. M. Amédée Féret. *Rouen. Fleury, libraire, place St-Ouen ; Lebrument, libraire, quai Napoléon. — Dieppe. Marais, libraire. — Yvetot. Delamare, libraire.* (Dieppe. Emile Delevoye, imprimeur). 1860. In-8°.

Titre impr. ; — M. l'abbé Langlois, pp. 3 à 13 ; — Lettre de M. A. Floquet, pp. 14 et 15 ; — M. Auguste Leprevost, pp. 17 à 20 ; — M. Amédée Feret, pp. 21 à 23.

Tous ces Articles ont d'abord paru dans la *Vigie de Dieppe*, les 6 janvier 1860 ; — 19 juillet 1859 ; — et 22 novembre 1859. Cette Brochure était vendue au profit d'un Orphelin.

166. — Voie Romaine de Lillebonne a Etretat. *Bolbec. Typographie et Lithographie Valin, rue aux Moules.* 1860. In-8° de 4 pp.

Il n'y a ni Titre ni Faux-titre.

Extr. à 60 exemplaires du *Journal de Bolbec* du 17 novembre 1860.— *Très rare.*

167. — Quelques particularités relatives a la
Sépulture Chrétienne du Moyen-Age. *Paris. Librairie
Archéologique de Charles Blériot, 25, rue Bonaparte.* 1860.
In-8°. grav.

Faux-titre ; — Titre impr. ; on lit au verso : Arras. Typographie Rousseau-Leroy, rue Saint-Maurice, 26 ; — Texte, pp. 5
à 17 ; — Bibliographie, pp. 18 à 20.

Extr. de la *Rev. de l'Art Chrétien.*


168. — Etretat. Projet de port militaire. *Bolbec.
Typ. Valin. s. d.* (1860). In-4° de 2 pp. chiff.

(Cette édition est imprimée sur deux colonnes. — *Très rare*).


169. — Archéologie céramique et sépulcrale ou
l'art de classer les sépultures anciennes à l'aide de la
céramique. *Paris. Derache, rue du Bouloi, 7 ; Didron, rue
St-Dominique-St-Germain, 23 ; A. Aubry, rue Dauphine, 16.
— Rouen. A. Lebrument, quai Napoléon, 55. — Dieppe.
Marais, Grande-Rue, 41. — Londres. John et H. Parker,
Strand, 377.* (Dieppe. Em. Delevoye, imp.). MDCCCLX
(1860). In-4°. grav. et 10 planches hors texte.

Titre impr. ; — Archéologie, pp. 3 à 19.

INDICATION DES PLANCHES (elles se trouvent après la page 19) :

1° 1er Tableau : Vases en terre provenant de sépultures celtiques. (France).
2° IIe » Vases en terre provenant de sépultures romaines. (Normandie-
Sussex).

3º IIIᵉ Tableau : Vases en terre et en verre provenant de sépultures romaines.
(Normandie).

4º IVᵉ » Vases en terre et en verre provenant de sépultures romaines.
(Normandie).

5º Vᵉ » Vases en verre provenant de sépultures romaines. (Normandie).

6º VIᵉ » Vases en terre provenant de sépultures franques et saxonnes.

7º VIIᵉ » Vases en verre provenant de sépultures franques.

8º VIIIᵉ » Vases en terre et en verre provenant de sépultures chrétiennes
du Moyen-Age.

9º IXᵉ » Vases en terre provenant de sépultures chrétiennes du Moyen-Age.
(Normandie).

10º Xᵉ » Vases en terre provenant de sépultures chrétiennes du Moyen-Age.
(Normandie).

Ce mémoire est paru aussi dans les *Mém. de la Soc. des Antiq. de Norm.* sous
le titre de : ARCHÉOLOGIE CÉRAMIQUE DES SÉPULTURES. Tome XXIV. 1859.
pp. 283 à 290.

170. — LA SEINE-INFÉRIEURE AU TEMPS DES GAULOIS.
*Rouen. Imprimerie de Alfred Péron, rue de la Vicomté, 55.*
1861. In-8º. grav.

Titre impr. ; — Texte, pp. 3 à 24.

Extr. du *Précis de l'Acad. de Rouen.* 1859/1860. pp. 267 à 288.

171. — SOUVENIR DU MOIS DE MARIE. PRIÈRE A NOTRE-
DAME. *s. l. n. d.* (Dieppe. Impr. d'Emile Delevoye. 1861).
In-64 de 4 pp. n. chiff. sans nom d'auteur. — *Rarissime.*

172. — NOTICE HISTORIQUE ET ARCHÉOLOGIQUE SUR LA
VILLE, L'ABBAYE ET L'EGLISE DU TRÉPORT. *Dieppe, imprimerie d'Emile Delevoye, rue des Tribunaux.* 1861. In-8º.

Faux-titre ; — Titre impr. ; — Notice, pp. 5 à 63 ; — la Table
se trouve au verso. — Tiré à 500 exemplaires.

GUIDE DU BAIGNEUR DANS DIEPPE, etc. *Dieppe. Marais. s. d.* (1861). Voir le n° 112.

173. — NOTE SUR UNE SÉPULTURE CHRÉTIENNE DU MOYEN-AGE, trouvée à Etaples (Pas-de-Calais) en 1861. *Amiens. Typographie de Lenœl-Herouart, rue des Rabuissons, 10. s. d.* (1861). In-8° grav.

Titre impr. ; — Texte, pp. 3 à 16.

Extr. de la *Picardie.* Tome VII. pp. 433 à 447. — Tiré à 100 exemplaires.

174. — LA CITÉ DE LIMES OU LE CAMP DE CÉSAR à Braquemont, près Dieppe. *s. l. n. d.* (Amiens. Imp. de Lenœl-Herouart. 1861). In-8° de 15 pp. chiff. grav.

Il n'y a ni Titre ni Faux-titre.

Extr. de la *Picardie.* Tome VII. pp. 241 à 255. — Tiré à 100 exemplaires.

175. — LA SEINE-INFÉRIEURE AU TEMPS DES ROMAINS. *Rouen. Imprimerie de H<sup>y</sup> Boissel, succ<sup>r</sup> de A. Péron, rue de la Vicomté, 55.* 1861. In-8° avec grav. et une planche hors texte.

Titre impr. ; — Texte, 3 à 17 et 1 f. blanc.

La planche (p. 4). On lit au recto : *Plan de Rouen sous les Ducs de Normandie aux X<sup>e</sup> et XI<sup>e</sup> siècles* ; — au verso : *Légende du Plan de la Ville de Rouen.*

Extr. du *Précis de l'Académie de Rouen.* 1860/1861. pp. 259 à 273. — Tiré à 100 exemplaires.

176. — ANTE-DILUVIAN HATCHETS AND PRIMITIVE INDUSTRY. *Gentleman's Magazine*. 1861. pp. 253 à 266.

Il en a été fait un tirage à part à 12 exemplaires. — *Très rare.*

Voir aussi à ce sujet la lettre de l'ABBÉ COCHET, datée de *Dieppe, le 6 Octobre 1860* et adressée à M. CHARMA, *secrétaire de la Société des Antiquaires de Normandie,* pp. 74 et 75. Même année. Même Recueil.

177. — NOTE ON A CHRISTIAN GRAVE OF ·THE MIDDLE AGES, FOUND AT ETAPLES IN 1861. *s. l. n. d.* (Londres. 1861). In-8° de 6 pp. chiff. grav.

Extr. du *Gentleman's Magazine*. pp. 489 à 494. Tiré à 50 exemplaires. — *Très rare.*

178. — UNE VISITE AUX SABLIÈRES DE SAINT-ACHEUL. *Bull. Monum.* Tom. XXVII. 1861. pp. 65 à 72.

179. — L'ANGON DES FRANCS. *Bull. Monum.* Tom. XXVII. 1861. pp. 208 à 236.

180. — ANTIQUITÉS FRANQUES TROUVÉES EN 1861, à Saint-Pierre–du-Vauvray, près Louviers (Eure). *Bull. Monum.* Tom. XXVII. 1861. pp. 541 à 544.

181. — REVUE DES DÉCOUVERTES ARCHÉOLOGIQUES FAITES EN 1861 DANS LE DÉPARTEMENT DE LA SEINE-INFÉRIEURE. *Rev. Archéologique.* 1862. pp. 16 à 22.

Rapport annuel au Sénateur, Préfet de la Seine-Inférieure.

182. — Prospectus de la Revue de la Normandie, par l'abbé Cochet et Gustave Gouellain. *Rev. de la Norm.* 1862. pp. 1 à 4.

On trouve la citation de ce *Prospectus* dans les journaux suivants : *Journal de Fécamp*, 5 février et 9 avril 1862 ; *Vigie de Dieppe*, 11 février ; *Echo de la Vallée de Bray*, 1er mars ; *Journal de Bernay*, 10 avril.

183. — Note sur trois Cercueils de pierre trouvés a Gouville, entre Cailly et Fontaine-le-Bourg (arrondissement de Rouen) en 1861. *Rouen. Imprimerie de E. Cagniard, rue Percière, 29.* 1862. In-8°. grav.

Titre impr. ; — Texte, pp. 3 à 16.

Extr. de la *Rev. de Norm.* 1862. pp. 5 à 18. — Tiré à 100 exemplaires.
Cette Note a été lue à l'*Acad. de Rouen* dans sa séance du 22 novembre 1861.

184. — Fouilles faites en 1861 a l'abbaye de Saint-Wandrille et a la chapelle de caudecote, Près Dieppe. *Rouen. Chez A. Le Brument, libraire-éditeur, quai Napoléon, 55.* 1862. In-8°. grav.

Titre impr. ; — Fouilles de l'Abbaye, pp. 3 à 16 ; — Exploration de la Chapelle, pp. 17 à 22 et 1 f. blanc.

Extr. de la *Rev. de la Normandie* 1862. *Pour les Fouilles*, pp. 129 à 142 ; — et pour l'*Exploration de la Chapelle*, pp. 65 à 70. — Tiré à 100 exemplaires.

185. — Antiquités Franques découvertes a Blangy.
— Translation, faite a Bernay, des prétendus restes
de Judith de Bretagne, duchesse de Normandie.
Nomination de M. l'abbé Colas a un canonicat de
Rouen. *Rev. de la Norm.* 1862. pp. 187 à 190.

186. — La Flèche de la Cathédrale de Rouen. —
Débris d'une Villa Romaine aperçus a Saint-Aubin-
sur-Gaillon (Eure). — Temple de Mercure découvert
et fouillé a Berthouville (Eure). — Fouilles a
Pourville, près Dieppe. *Rev. de la Norm.* 1862. pp. 256
à 262.

187. — Ecclésiologie. Utilité de cette science pour les
Ecclésiastiques. *Rev. de la Norm.* 1862. pp. 265 à 272.
Voir aussi le n° 228.

188. — Ancienneté de l'Horlogerie sur l'Aliermont. — Un Calligraphe Rouennais du XVᵉ siècle. —
Les Cloches du Pays de Bray, avec leurs dates, leurs
noms, leurs inscriptions, leurs armoiries, leurs fondeurs,
etc., le tout classé topographiquement et chronologique-
ment par M. D. Dergny, *cultivateur à Grandcourt.* In-8°.
(Compte-Rendu). *Rev. de la Norm.* 1862. pp. 336 à 340.

189. — Sur deux Rétables du XVI<sup>e</sup> siècle de l'Eglise de la Chaussée-Bois-Hulin (Seine-Inférieure). *Bullet. de la Soc. des Antiq. de Norm.* Tom. I. (1860-1861). pp. 56 à 62.

190. — Note sur la Nourrice de Jean sans Terre. *Bullet. de la Soc. des Antiq. de Norm.* Tom. I. (1860-1861). pp. 80 et 81.

191. — Nouvelles archéologiques, découverte d'un Sarcophage Mérovingien à Etalondes (Seine-Inférieure). *Bullet. de la Soc. des Antiq. de Norm.* Tom. I. (1860-1861). pp. 81 et 82.

192. — Découverte de Monnaies du XIII<sup>e</sup> au XVII<sup>e</sup> siècle a Janval (S.-Inf.). — Tombes du XVI<sup>e</sup> siècle a Etran. — Sarcophages Mérovingiens d'Etalondes et du Bois-Robert. *Bullet. de la Soc. des Antiq. de Norm.* Tom. I. (1860-1861). pp. 110, 112, 115 et 116.

193. — Sur des Fouilles entreprises sur l'emplace-ment de l'ancienne Eglise d'Etran et a Etalondes. *Bull. de la Soc. des Antiq. de Norm.* Tom. I. (1860-1861). p. 112.

194. — Antiquités gauloises, romaines, franques du Moyen-Age et de la Renaissance, sépultures, etc. *Bullet. de la Soc. des Antiq. de Norm.* Tom. I. (1860-1861). pp. 120 à 139.

195. — Antiquités Chrétiennes découvertes a l'abbaye d'Aumale en 1859 (Monnaies du xvie siècle, Poteries du xiiie siècle). *Bullet. de la Soc. des Antiq. de Norm.* Tom. I. (1860-1861). pp. 140 à 146.

196. — Note sur une Coupe (romaine) en verre couverte de bas-reliefs recueillie a Trouville-en-Caux, près Lillebonne (Seine-Inférieure). *Bullet. de la Soc. des Antiq. de Norm.* Tom. I. (1860-1861). pp. 146 à 150. grav.

197. — Encastrement d'une Statue sépulcrale du xiiie siècle dans l'Eglise du Mesnil-Mauger (S.-Inf.) et de deux Pierres tombales du xive siècle dans l'Eglise de la Vauparlière (S.-Inf.). *Bullet. de la Soc. des Antiq. de Norm.* Tom. I. (1860-1861). pp. 150 à 153.

198. — La Pierre tombale d'Antoine Legendre, curé d'Hénouville et ami du grand Corneille. *Bullet. de la Soc. des Antiq. de Norm.* Tom. I. (1860-1861). pp. 154 à 158.

199. — Note sur des incinérations gallo-romaines trouvées a Lillebonne en 1860. *Bullet. de la Soc. des Antiq. de Norm.* Tom. I. (1860-1861). pp. 261 à 266.

200. — Nouvelles archéologiques. Extrait d'une lettre adressée a M. Charma. Visite au bassin de la Somme (St-Valery, Abbeville, Amiens). *Bullet. de la Soc. des Antiq. de Norm.* Tom. I. (1860-1861). pp. 275 et 276.

201. — Poteries romaines découvertes a Caudebec; Sarcophage romain de Vatteville ; Pierre tombale de l'Eglise des Vieux (1498) et de la Léproserie de Jumièges (1248). *Bullet. de la Soc. des Antiq. de Norm.* Tom. I. (1860-1861). pp. 296 à 310.

202. — Notice sur des Antiquités mérovingiennes (sarcophages, objets en bronze, poteries) trouvées dans un Cimetière franc découvert a Saint-Pierre-du-Vauvray, près Louviers (Eure) en 1861. *Bullet. de la Soc. des Antiq. de Norm.* Tom. I. (1860-1861). pp. 323 à 326.

Paru aussi dans la *Picardie.* 1861. pp. 234 à 236.

203. — Inscriptions du XVIe–XVIIe siècle dans l'Eglise de Neuville-le-Pollet (Seine-Inférieure). *Bullet. de la Soc. des Antiq. de Norm.* Tom. I. (1860-1861). pp. 373 et 374.

204. — SARCOPHAGES DES XI<sup>e</sup> ET XII<sup>e</sup> SIÈCLES A HAUTOT-SUR-MER. *Bullet. de la Soc. des Antiq. de Norm.* Tom. I. (1860-1861). pp. 375 à 377.

205. — FOUILLES DU PETIT-APPEVILLE, vases. carrelages ; CERCUEILS MÉROVINGIENS DE GOUVILLE ET D'AUFFAY ; DALLES TUMULAIRES DE L'EGLISE D'ANGLES-QUEVILLE (Seine-Inférieure). *Bullet. de la Soc. des Antiq. de Norm.* Tom. I. (1860-1861). pp. 378 à 398.

206. — SÉPULTURES CHRÉTIENNES DES XII<sup>e</sup> ET XIII<sup>e</sup> SIÈCLES TROUVÉES A FÉCAMP EN 1861. *Bullet. de la Soc. des Antiq. de Norm.* Tom. I. (1860-1861). pp. 433 à 439.

207. — NOUVELLES ARCHÉOLOGIQUES. FOUILLES AU LIEU DIT LE VAL-DES-NOYERS, SUR LE PENCHANT DE LA COTE DES CAILLETTES, commune de Saint-Wandrille-Rançon. *Bull. de la Soc. des Antiq. de Norm.* Tom. I. (1860-1861). pp. 450 à 453.

(Poteries celtiques et Epées).

208. — POTERIES DÉCOUVERTES A SAINT-WANDRILLE, GRAVILLE, MANNEVILLE, etc. (Seine-Inférieure). — DALLE TUMULAIRE DE JEAN DU TOT, abbé de Jumièges. *Bullet. de la Soc. des Antiq. de Norm.* Tom. II. 1862. pp. 155 à 157.

209. — Monnaies romaines découvertes a Pour-
ville. — Monnaies du xvi<sup>e</sup> siècle trouvées a Caudecote (Seine-Inférieure). *Bullet. de la Soc. des Antiq. de
Norm.* Tom. ii. 1862. pp. 158 à 162.

210. — Cimetière mérovingien de Lamberville.
*Bullet. de la Soc. des Antiq. de Norm.* Tom. ii. 1862. Voir
aussi le n° 221.

211. — Sur une Fonderie de canons a Graville,
près le Havre, au xviii<sup>e</sup> siècle. *Bullet. de la Soc. des Antiq.
de Norm.* Tom. ii. 1862. pp. 373 à 376.

212. — Sur un mode de défense peu connu (boules
de pierre encastrées dans des archères) observé en
Bretagne et en Normandie. *Bullet. de la Soc. des Antiq.
de Norm.* Tom. ii. 1862. pp. 383 à 428.

213. — Archéologie monumentale. Poteries acous-
tiques découvertes dans les Eglises de Saint-
Laurent-en-Caux, Montivilliers, Fry, Sotteville
(Seine-Inférieure). *Bull. de la Soc. des Antiq. de Norm.*
Tom. ii. 1862. pp. 557 à 564.

214. — Découverte de Monnaies romaines a Archelles (S.-Inf.). — Médaillons de l'Eglise de Montigny. — Chapelle du Vœu a Sahurs (S.-Inf.). XVIe sc. *Bull. de la Soc. des Antiq. de Norm.* Tom. II. 1862. pp. 582 à 584.

215. — Cimetière gaulois de la Mare-des-Cendriers. — Sarcophages de Montérollier (S.-Inf.) etc. *Bullet. de la Soc. des Antiq. de Norm.* Tom. II. 1862. pp. 585 à 608.

216. — Note sur des Marmites en bronze conservées dans quelques collections archéologiques, à propos d'un vase de ce genre trouvé à Caudebec-lès-Elbeuf en 1861. *Paris. Ch. Blériot, 55, quai des Grands-Augustins.* (Arras. Typ. Rousseau-Leroy, rue Saint-Maurice, 26). 1862. In-8°. grav.

Titre impr. ; — Texte, pp. 3 à 7.

Extr. de la *Rev. de l'Art Chrétien.* — Tiré à 30 exemplaires. — *Rare.*

Etretat, etc. *Dieppe. Delevoye.* 1862. Voir le n° 82.

217. — Nouvelles particularités relatives a la sépulture chrétienne du Moyen-Age. *Paris. Ch. Blériot,*

*55, quai des Grands-Augustins.* (Arras. Typ. Rousseau-Leroy, rue Saint-Maurice, 26). 1862. In-8°. grav.

Titre impr. ; — Texte, pp. 3 à 20.

Extr. de la *Rev. de l'Art Chrétien.* — Tiré à 50 exemplaires.

218. — DÉCOUVERTE, RECONNAISSANCE ET DÉPOSITION DU CŒUR DU ROI CHARLES V, dans la Cathédrale de Rouen en mai et juin 1862. *Havre. Imprimerie Commerciale Costey frères, libraires-éditeurs, rue de l'Hôpital, 4 et 6.* — *Paris. Aubry, rue Dauphine, 16 ; Derache, rue du Bouloy, 7 ; Didron, rue Saint-Dominique-Saint-Germain, 23.* — *Rouen. A. Lebrument, quai Napoléon, 55.* — *Dieppe. Marais, Grande-Rue, 41. s. d.* (1862). In-8° avec une planche hors texte.

Faux-titre ; — Titre impr. ; — Découverte, pp. 5 à 23 ; et 1 f. blanc.

La planche se trouve en regard du Titre : *Coupe du Caveau de Charles V à la Cathédrale de Rouen.* — *Vue du Cœur de Charles V à la Cathédrale de Rouen.*

Tiré à 400 exemplaires dont 20 de luxe.

Une Notice sur cette découverte est parue dans la *Rev. de la Norm.* 1862. pp. 397 à 405. *Voir aussi le n° suivant.*

219. — NOUVELLES REMARQUES SUR LA DÉCOUVERTE DU CŒUR DU ROI CHARLES V, dans la Cathédrale de Rouen en mai 1862. *Rev. de l'Art Chrétien.* 1862. pp. 510 à 530.

220. — Notice historique et archéologique sur l'Eglise et le Hameau du Petit-Appeville, près Dieppe. *Dieppe. Chez tous les Libraires.* 1862. In-8°. grav.

Faux-titre ; on lit au verso : *Bolbec, Typographie, Lithographie et taille-douce de Valin* ; — Titre impr. ; — Texte, pp. 5 à 22 ; — et 1 f. blanc.

*Il existe un autre tirage*, l'indication est la même, mais le texte a 23 pp. — C'est une lettre de l'Abbé Cochet, datée de *Dieppe, le 1ᵉʳ Octobre 1862*, elle commence à la moitié de la page 22 et tient toute la page 23. Elle n'a pas été imprimée dans le tirage précédent.

221. — Notice historique et archéologique sur les Antiquités franques et l'Eglise de Lamberville (canton de Bacqueville, arrondissement de Dieppe). *Dieppe. Chez tous les Libraires.* (Amiens. Imp. de Lenoel-Herouart, rue des Rabuissons, 10). 1862. In-8°. grav.

Titre impr. ; — Cimetière Mérovingien de Lamberville, pp. 3 à 10 ; — Notice historique et archéologique sur l'Eglise de Lamberville, pp. 11 à 14 ; et 1 f. blanc.

Extr. de la *Picardie* d'août 1862. Tome VIII. pp. 337 à 348. — Tiré à 400 exemplaires. — Cette brochure se vendait au profit de l'Eglise de Lamberville.
*Le Cimetière Mérovingien de Lamberville*, fouilles de 1859 et de 1862 est paru aussi dans le *Bullet. de la Soc. des Antiq de Norm.* Tome II. 1862. pp. 198 à 202 ; dans la *Rev. Archéologique.* 1862. pp. 153 à 156 et dans la *Rev. de la Normandie.* 1863. pp. 57 à 66.

222. — Découvreurs et Pionniers normands. Pierre Blain d'Esnambuc. Inauguration et Bénédiction,

par Mgr l'Evêque de la Guadeloupe de l'Inscription commémorative placée dans l'Eglise d'Allouville, près Yvetot.
9 septembre 1862. *Havre. Costey frères, libraires-éditeurs.*
MDCCCLXII (1862). In-12.

1 f. blanc ; — Faux-titre ; — Titre impr. ; — Rapport adressé
à M. le Sénateur, Préfet de la Seine-Inférieure, par l'abbé Cochet,
pp. 5 à 9 ; — Inauguration et Bénédiction, pp. 11 à 21 ; — Pané-
gyrique, par l'abbé Lecomte, pp. 23 à 47. — Tiré à 800 exemplaires dont 20 de luxe.

223. — NEW FACTS RELATIVE TO CHRISTIAN SEPULTURE
IN THE MIDDLE AGES. *Gentleman's Magazine. Londres.* 1862.
pp. 338 à 390.

Il en a été fait un tirage à part de 15 à 20 exemplaires. — *Très rare.*

224. — BÉNÉDICTION DE LA CHAPELLE DU PETIT
SÉMINAIRE DU DIOCÈSE DE ROUEN AU MONT-AUX-
MALADES. *Rouen. Imprimerie E. Cagniard, rue Percière, n° 29.*
1862. In-8°.

Bénédiction, pp. 1 à 7.

La Couverture sert de Titre. — Tiré à 200 exemplaires. — Cette Notice a été
réimprimée dans la *Rev. de la Norm.* 1863. pp. 42 à 48.

225. — BIBLIOGRAPHIE NORMANDE. M. L'ABBÉ COCHET.
Liste de ses Ouvrages. *s. l. n. d.* (Dieppe. Em. Delevoye,
impr. 1863). In-8° de 8 pp. chiff.

Sans Titre ni Faux-titre. — *Très rare.*

226. — Rapport sur les Opérations archéologiques du département de la Seine-Inférieure depuis
le 1er juillet 1861 jusqu'au 30 juin 1862. *Rev. Archéologique.*
1863. pp. 32 à 43.

*Rapport annuel au Sénateur, Préfet de la Seine-Inférieure.* Voir aussi le
*Bull. Monum.* Tome XXIX. 1863. pp. 33 à 48 et la *Rev. de la Norm.* 1862.
*L'Archéologie dans la Seine-Inférieure en 1862.* pp. 793 à 809.

227. — Hachettes de bronze trouvées a la Hève.
(Extrait d'une lettre à M. le Maire du Havre). — Dolium
romain trouvé a Saint-Wandrille-Rançon en 1862. —
Vases de bronze trouvés a Ancretteville-sur-Mer. —
Monnaies d'or du XVIe siècle trouvées a Houdetot
(Seine-Inférieure) en 1862. *Rev. de la Norm.* 1863. pp. 49
à 53.

228. — Ecclésiologie. Progrès de cette science dans
le Clergé contemporain. *Rev. de la Norm.* 1863. pp. 78
à 83. — Voir aussi le n° 187.

229. — Une pieuse Servante de Pie VII, décédée a
Rouen en 1863. — Le Musée Bibliothèque de Fécamp.
*Rev. de la Norm.* 1863. pp. 104 et 105.

230. — Comment meurent les Eglises. *Rev. de la
Norm.* 1863, pp. 146 à 152, avec 1 grav. hors texte. On

lit comme légende : *Eglise du Petit-Appeville* (près Dieppe)
en 1850. Dessiné par A. Bligny, mis sur bois par
A. Durand, grav. par Breviere.

231. — COINS EN BRONZE TROUVÉS A TONNEVILLE, PRÈS
CHERBOURG. — BREF DE S. S. PIE IX AU PRINCE DEMIDOFF.
— INSCRIPTION COMMÉMORATIVE DE M. AUGUSTE LE-
PREVOST, à Bernay. — MORT DE M. P. DE LA MAIRIE,
historien de Gournay. *Rev. de la Norm.* 1863. pp. 166
à 170.

232. — BIBLIOGRAPHIE. MÉMOIRES DE LA SOCIÉTÉ DES
ANTIQUAIRES DE NORMANDIE. Tom. XXV. 1re livraison.
*Rev. de la Norm.* 1863. pp. 171 à 174.

233. — INSCRIPTION DU CŒUR DE CHARLES V DANS LA
CATHÉDRALE DE ROUEN. — LE CŒUR DE MESSIRE
D'AUBIGNÉ, archevêque de Rouen. — RÉTABLISSEMENT
DE L'INSCRIPTION COMMÉMORATIVE DE LA BATAILLE
D'ARQUES. — DÉCOUVERTES DE MONNAIES ROMAINES DANS
LA SEINE-INFÉRIEURE. — CERCUEIL DE PIERRE TROUVÉ A
MARTIN-EGLISE, PRÈS DIEPPE. — FONDERIES DE CANONS A
GRAVILLE ET AU HAVRE, au XVIIe siècle. *Rev. de la Norm.*
1863. pp. 220 à 230 et 1 f. n. chiff. intercalé entre les
pp. 220 et 221 sur lequel on lit au recto *l'Inscription du
Cœur de Charles V.*

234. — EXPLORATIONS DES ANCIENS CIMETIÈRES DE ROUX-MESNIL ET D'ETRAN EN NORMANDIE, suivies de quelques détails sur la Sépulture chrétienne du Moyen-Age. *Londres, printed by J. B. Nichols and sons, 25, Parliament Street.* 1863. In-4°.

Titre impr. ; — Explorations, pp. 1 à 17 ; — Note par M. W.-M. Wylie, pp. 17 et 18.

Extr. de l'*Archaeologia.* Vol. XXXIX. pp. 117 à 134. — Tiré à 25 exemplaires. *Très rare.* — *Bibliothèque Nationale.* L. j. 9. 1316.

235. — ETUDE DE SÉPULTURES CHRÉTIENNES, faite de 1858 à 1860, dans les Cimetières de Roux-Mesnil et d'Etran, près Dieppe. *Caen. Typ. de A. Hardel, imprimeur des Sociétés Savantes, rue Froide, 2.* 1863. In-4°. grav.

Titre impr. ; — Texte, pp. 1 à 25. Les pp. 18, 19, 22 et 23 sont chiff. 22, 23, 18 et 19.

Extr. du Tome de XXV des *Mém. de la Soc. des Antiq. de Norm.* pp. 199 à 223. — Tiré à 25 exemplaires. — *Très rare.* — *Bibliothèque Nationale.* L. j. 9. 961.

236. — ARCHÉOLOGIE CÉRAMIQUE ET SÉPULCRALE OU l'Art de classer les Sépultures anciennes à l'aide de la céramique. Lyon et Roanne. 1863. In-4°.

Malgré toutes mes recherches je n'ai pu m'en procurer un exemplaire. Voir un *Compte-Rendu de cet Ouvrage* par GUSTAVE GOUELLAIN. *Rev. de la Norm.* 1863. pp. 315 à 318.

237. — Notice sur des Sépultures Romaines du
IV<sup>e</sup> et du V<sup>e</sup> siècle trouvées à Tourville-la-Rivière. *Rouen.
Imprimerie de E. Cagniard, rue Percière 29.* 1863. In-8°.
grav.

Titre impr. ; — Texte, pp. 1 à 13 ; — Gravures, pp. 14 à 19 et
1 f. blanc.

Extr. de la *Rev. de la Norm.* 1863. pp. 241 à 259. — Tiré à 150 exemplaires. —
*Tourville-la-Rivière est une commune du canton d'Elbeuf.*

238. — On a medal of St. Benedict, by the Abbé
Cochet, of Dieppe, with some remarks by John Evans.
s. l. n. d. (Londres. 1863).

Extr. du *Numismatic Chronicle.* — Cette Notice a été lue à la *Numismatic
Society,* le 15 mai 1862.

239. — Rouen historique et chrétien. Esquisse du
III<sup>e</sup> au XI<sup>e</sup> siècle. *Mém. de la Soc. des Antiq. de Norm.*
Tom. xxv. 1863. pp. 629 à 647.

240. — M. l'abbé Leguest. *s. l. n. d.* (Dieppe. Em.
Delevoye, impr. 1863). In-8° de 3 p. n. chiff.

Extr. de la *Vigie de Dieppe* du 14 août 1863. *Notice Nécrologique.*

241. — On a method of defence in fortifications,
observed in Britanny and in Normandy. *Gentleman's
Magazine.* Mars 1863. pp. 316 à 318.

242. — ACOUSTIC POTTERY. *s. l. n. d.* (Londres. 1863). In-8° de 4 pp. chiff. grav. dans le texte.

Sans Titre ni Faux-titre.

Extr. du *Gentleman's Magazine.* Novembre 1863. pp. 540 à 543. — *Rare.*

243. — SOCIÉTÉ CHARITABLE DE SAINT-JEAN-FRANÇOIS-RÉGIS, établie à Dieppe en 1842, pour faciliter le mariage civil et religieux des Pauvres et la Légitimation de leurs enfants naturels. Compte-Rendu des Opérations de 1863. *s. l. n. d.* (Dieppe. Emile Delevoye, imprimeur. 1863). In-8°.

Faux-titre ; — Texte, pp. 3 à 7. — Il n'y a pas de Titre. — *Ce Rapport n'est pas signé.*

244. — DÉCOUVERTE DE MONNAIES ET AUTRES MONU-MENTS ANTIQUES DANS LA SEINE-INFÉRIEURE. — DÉMO-LITION DE LA VIEILLE EGLISE DE GODERVILLE. — BÉNÉ-DICTION DE L'EGLISE DE COLLEVILLE. *Rev. de la Norm.* 1863. pp. 297 à 299.

Les Monnaies ont été trouvées à *Tiétreville*, *Manneville-ès-Plains*, *Fécamp*, *Eu*, *Arques et Archelles.*

245. — HACHETTES DILUVIENNES TROUVÉES A ARQUES. — MONNAIES ET HACHES GAULOISES. — ANTIQUITÉS ROMAINES TROUVÉES A SAINT-JEAN-DE-FOLLEVILLE, A

Saint-Martin-l'Ortier et a Archelles près Arques.
— Découverte d'un Cachet d'oculiste Romain dans
les grands travaux de Rouen. — Cercueils Francs
trouvés a Manneville-sur-Rille (arrondissement de
Pont-Audemer). — Cimetière mérovingien de Veules.
— Plaques de ceinturon en bronze trouvées a
Grandcourt et a Dampierre-en-Bray. *Rev. de la Norm.*
1863. pp. 494 à 498.


246. — Restauration de l'Eglise de Varengeville-
sur-Mer. *Rev. de la Norm.* 1863. pp. 552 à 557.


247. — Sépultures chrétiennes du Moyen-Age,
trouvées a Jumièges en 1863. — Vente de l'Abbaye
de Saint-Wandrille. *Rev. de la Norm.* 1863. pp. 643
et 644.


248. — Monseigneur de Bonnechose, Archevêque
de Rouen, élevé à la dignité de Cardinal. *Rev. de la Norm.*
1863. pp. 873 à 876.


249. — Nomination de M. Charma, comme doyen de
la Faculté des Lettres de Caen. — Mort du R. P.
Delamare (de Rouen), missionnaire apostolique en
Chine. — Hachettes en silex recueillies sur le Mont-
des-Caillettes, à Saint-Wandrille-Rançon. — Cime-

TIÈRE GAULOIS DÉCOUVERT ET EXPLORÉ A SAINTE-BEUVE-
EN-RIVIÈRE (canton de Neufchâtel). — ETABLISSEMENT
ROMAIN ET CIMETIÈRE FRANC DÉCOUVERTS A MONTÉ-
ROLLIER (canton de Saint-Saens). — SÉPULTURES ET
INSCRIPTIONS GÉNOVÉFAINES trouvées dans l'Eglise du
Mont-aux-Malades. *Rev. de la Norm.* 1863. pp. 888 à 895.

250. — DÉCOUVERTE DE MARMITES EN BRONZE A
ANCRETTEVILLE-SUR-MER. *Bull. Monum.* Tom. XXIX. 1863.
pp. 314 et 315.

251. — RAPPORT ANNUEL SUR LES OPÉRATIONS ARCHÉO-
LOGIQUES DU DÉPARTEMENT DE LA SEINE-INFÉRIEURE,
depuis le 1er juillet 1862 jusqu'au 30 juin 1863. *Bull.
Monum.* Tom. XXX. 1864. pp. 196 à 208. — Paru aussi
dans la *Rev. Archéologique.* 1864. pp. 94 à 103.

*Rapport au Sénateur, Préfet de la Seine-Inférieure.*

Voir aussi dans la *Rev. de la Norm.* 1864. *L'Archéologie dans la Seine-Inférieure en 1863*, pp. 1 à 12.

252. — RAPPORTS ADRESSÉS A SON EMINENCE MONSEI-
GNEUR LE CARDINAL DE BONNECHOSE, ARCHEVÊQUE DE
ROUEN, sur l'inspection des Eglises de son diocèse
pendant les années 1862 et 1863. *Rouen. Imprimerie
Mégard et Cie, rue Saint-Hilaire, 136.* 1864. in-8°.

Titre impr. ; — A sa Grandeur Monseigneur de Bonnechose, Archevêque de Rouen, Primat de Normandie, *Dieppe, le 1er décembre 1862*, pp. 3 à 5 ; — Archidiaconé de Rouen, pp. 7 à 14 ; — Archidiaconé de Dieppe, pp. 15 à 22 ; — Archidiaconé du Havre, pp. 23 à 27 ; — Archidiaconé de Neufchâtel, pp. 28 à 31 ; — Archidiaconé d'Yvetot, pp. 32 à 34 ; — A son Eminence Monseigneur le Cardinal de Bonnechose, Archevêque de Rouen, Primat de Normandie, *Rouen, le 1er décembre 1863*, pp. 35 à 37 ; — Archidiaconé de Rouen, pp. 39 à 60 ; — Archidiaconé de Dieppe, pp. 61 à 66 ; — Archidiaconé du Havre, pp. 67 à 70 ; — Archidiaconé d'Yvetot, pp. 71 à 74 ; — Archidiaconé de Neufchâtel, pp. 75 à 84.

Tiré à 1,000 exemplaires. — Voir un *Compte-Rendu*, par ADOLPHE DE CIRCOURT, dans la *Rev. de la Norm.* 1864. pp. 346 à 350.

253. — M. LE VICOMTE DE BOURBON-BUSSET (article nécrologique. — L'ABBAYE DU MONT-SAINT-MICHEL. — INSCRIPTION LITURGIQUE DU XVIe SIÈCLE. — BAGUE EN ARGENT AVEC DENIER DE MACRIN trouvée à Saint-Riquier-en-Rivière. *Rev. de la Norm.* 1864. pp. 54 à 56.

254. — DÉCOUVERTE ET EXPLORATION DU CIMETIÈRE GALLO-ROMAIN D'ORIVAL, près Fécamp. *Rev. de la Norm.* 1864. pp. 268 à 270.

255. — M. J. HARDY, ornithologiste dieppois. *Rev. de la Norm.* 1864. pp. 355 à 358.

256. — NOTE SUR DES INSCRIPTIONS TUMULAIRES DE MOINES DE LA CONGRÉGATION DE SAINT-MAUR, autrefois à Jumièges et à présent dispersées à Duclair, à Vatteville et à Caudebec-en-Caux. *Rouen. Imprimerie de E. Cagniard, rues de l'Impératrice, 66 et des Basnages. 5.* 1864. In-8.

Texte, pp. 1 à 8. La Couverture sert de Titre. Il n'y a pas de Faux-titre.

Extr. de la *Rev. de la Norm.* 1863. pp. 753 à 760. — Tiré à 50 exemplaires.

257. — DISCOURS PRONONCÉ A LA BÉNÉDICTION NUPTIALE donnée par M. l'abbé Cochet à M. Charles Morel et à Mlle Gabrielle Delevoye, dans l'Eglise Saint-Remy de Dieppe, le 3 octobre 1864. *Dieppe. Imprimerie d'Emile Delevoye, rue des Tribunaux, 7.* 1864. In-8° de 4 pp. chiff.

La Couverture sert de Titre. Il n'y a pas de Faux-titre. — Tiré à 100 exemplaires. — *Rarissime.*

258. — NOTE ARCHÉOLOGIQUE SUR UN CIMETIÈRE GAULOIS découvert au Vaudreuil (Eure) en 1858 et en 1859. — *Rouen. Imprimerie de E. Cagniard, rues de l'Impératrice, 66 et des Basnages, 5.* 1864. In-8°. grav.

Titre impr. ; — Texte, pp. 3 à 14.

Extr. de la *Rev. de la Norm.* 1864. pp. 201 à 212. — Paru aussi dans la *Rev. des Soc. Sav.* 1864. pp. 606 à 615. — Tiré à 100 exemplaires.

259. — Note sur les Poteries acoustiques de nos Eglises. *s. l. n. d.* (Rouen. Imp. H. Boissel. 1864.). In-8° de 11 pp. chiff. grav.

Il n'y a ni Titre ni Faux-titre.

Extr. du *Précis de l'Acad. de Rouen.* 1863/64.

260. — Note sur un Edifice Gallo-Romain, présumé Temple ou Laraire, découvert et exploré à Caudebec-lès-Elbeuf. *Bull. de la Société Industrielle d'Elbeuf.* Elbeuf. 1864.

261. — Sarcophages Gallo-Romains de Saint-Etienne-du-Rouvray, Sigy, Saint-André-sur-Cailly (Seine-Inférieure). *Bull. de la Soc. des Antiq. de Norm.* Tom. III. 1864. pp. 32 à 90.

262. — Poteries franques d'Orival (Seine-Inférieure). *Bull. de la Soc. des Antiq. de Norm.* Tom. III. 1864. pp. 143 à 167.

263. — Sur des Vases de bronze trouvés en Normandie qui paraissent appartenir au Moyen-Age. *Bull. de la Soc. des Antiq. de Norm.* Tom. III. 1864. pp. 171 à 177. grav.

Découverte de *Vases à Tréforest,* commune du Mesnil-Mauger, canton de Forges-les-Eaux.

264. — Sur un Portrait de Thomas Bazin peint sur une verrière de l'Eglise de Caudebec. *Bull. de la Soc. des Antiq. de Norm.* Tom. III. 1864. p. 192.

265. — Sanctuaire Gallo-Romain découvert a Caudebec-lès-Elbeuf (Seine-Inférieure). — Poteries mérovingiennes des Petites-Dalles. — Inscriptions de 1272 a Veules. — Pierre tombale du XVIIᵉ siècle dans l'Eglise de Raffetot (Seine-Inférieure). *Bull. de la Soc. des Antiq. de Norm.* Tom. III. 1864. pp. 201 à 205.

266. — Sur les Urnes gauloises découvertes a Fresnay-sur-Mer (Calvados). *Bull. de la Soc. des Antiq. de Norm.* Tom. III. 1864. pp. 284 à 353.

267. — Rapport sur les Opérations archéologiques dans la Seine-Inférieure pendant l'année 1864. *Revue Archéologique.* 1865. pp. 191 à 201.

Voir aussi : *Opérations Archéologiques dans la Seine-Inférieure* pendant l'année 1864. *Rev. de la Norm.* 1865. pp. 321 à 333 et *Bull. Monum.* Tome XXXI. 1865. pp. 69 à 83.

268. — Notice biographique et nécrologique sur M. l'abbé Lefebvre, curé de Saint-Sever de Rouen. *Rouen. Fleury, libraire de S. Em. Monseigneur le Cardinal-Archevêque. Place Saint-Ouen, 23.* 1865. In-18.

Faux-titre ; — Titre impr. ; — Notice, pp. 5 à 23.

Extr. de l'*Almanach Liturgique du Diocèse de Rouen.* pp. 41 à 53. Cette Notice se vendait au profit de la *Maison de Charité de la Paroisse de Saint-Sever.* — Tiré à 500 exemplaires. — Voir un *Compte-Rendu* signé J. L. dans la *Rev. de la Norm.* 1865, p. 49.

269. — NOTICE SUR UNE ANCIENNE STATUE DE GUILLAUME-LE-CONQUÉRANT conservée dans l'Eglise de Saint-Victor-l'Abbaye (canton de Tôtes, arrondissement de Dieppe). *s. l. n. d.* (Arras. Typographie Rousseau-Leroy, rue Saint-Maurice, 26. 1865). In-8° de 7 pp. chiff. grav.

Extr. de la *Rev. de l'Art Chrétien* 1864. — Tiré à 50 exemplaires. — *Rare.* — Voir aussi le n° suivant.

270. — NOTICE SUR UNE ANCIENNE STATUE DE GUILLAUME-LE-CONQUÉRANT conservée dans l'Eglise de Saint-Victor-l'Abbaye (canton de Tôtes, arrondissement de Dieppe). *s. l. n. d.* (Londres. 1866). In-4° de 5 pp. avec 1 grav. hors texte.

La grav. (p. 3). Statue de Guillaume-le-Conquérant. Eglise de Saint-Victor-l'Abbaye. — Extr. de l'*Archaeologia.* Vol. XL. 1866. pp. 398 à 402. — *Très rare.*

GUIDE DU BAIGNEUR DANS DIEPPE, etc. *Dieppe. Marais* 1865. Voir le n° 113.

271. — Plan et Description de la Ville de Dieppe au XIVᵉ siècle. par MM. Méry et Cochet. Dressé d'après le Coutumier ou Cueilloir recueilli pour Messire Guillaume de Vienne, Archevêque de Rouen, par Mᵉ Guillaume Tieullier, prêtre de Saint-Jacques. *Dieppe. Imprimerie d'Emile Delevoye, rue des Tribunaux.* MDCCCLXV (1865). In-4° avec 1 plan hors texte.

Faux-titre ; — Titre impr. ; — Préface par l'abbé Cochet, pp. 5 et 6 ; — Description du Plan, pp. 7 à 35 ; — Tables, pp. 36 à 40.

Le Plan (p 40). On lit dans le haut : *Plan de Dieppe au XIVᵉ siècle d'après un Cartulaire de 1396 composé par Guilᵉ Tieullier, receveur de l'Archevêque de Rouen à la Vicomté de Dieppe.* — Dans le bas : E. Garcin. — *Lith. E. Delevoye à Dieppe.* — *Rare.* — Tiré à 250 exemplaires.

272. — Les Origines de Rouen d'après l'Histoire et l'Archéologie. *Rouen. Imprimerie de E. Cagniard, rues de l'Impératrice, 88 et des Basnages, 5.* In-8°. grav.

Faux-titre ; — Titre impr. ; — Les Origines, pp. 5 à 111 ; — Table, pp. 112 à 116.

Extr. de la *Rev. de la Norm.* 1864. 1ᵉʳ *semestre.* pp. 229 à 242 et 293 à 314 ; — 2ᵉ *semestre.* pp. 65 à 77 ; — 156 à 160 et 352 à 365 ; — 1865. pp. 1 à 15 ; — 65 à 79 et 129 à 142.

273. — Translation des Tombeaux de Claude Groulard et de Barbe Guiffard du Palais-de-Justice à la Cathédrale de Rouen. — La Commission des Anti-

QUITÉS. — NOUVEAUX MEMBRES DE LA COMMISSION DES ANTIQUITÉS. — CERCUEIL DE PIERRE TROUVÉ A LAMBER-VILLE. — *Noel Taillepied* et le Répertoire archéologique de l'Anjou. — *Rev. de la Norm.* 1865. pp. 123 à 128.

274. — DÉCOUVERTE DES QUATRE PREMIÈRES PIERRES DE LA CHAPELLE DES FEUILLANTS de Rouen. — SÉPUL-TURES CHRÉTIENNES ET CROSSES ÉPISCOPALES trouvées dans l'ancienne Cathédrale de Lisieux (grav.). — CERCUEILS DE PIERRE ET AUTRES SÉPULTURES FRANQUES trouvés à Saint-Etienne-du-Rouvray, près Rouen. *Rev. de la Norm.* 1865. pp. 180 à 186.

275. — DÉCOUVERTE DU PORTRAIT DE THOMAS BASIN. *Rev. de la Norm.* 1865. pp. 204 à 210. grav.

276. — ENCASTREMENT DE DEUX DALLES TUMULAIRES DANS LA CATHÉDRALE DE ROUEN. *Rev. de la Norm.* 1865. pp. 245 à 247.

277. — COMPTE-RENDU DE L'ESSAI SUR LA NUMISMA-TIQUE GAULOISE DU NORD-OUEST DE LA FRANCE, par M. E. Lambert. 2e partie. *Rev. de la Norm.* 1865. pp. 297 à 300.

*Extr. des Mém. de la Soc. des Antiq. de Norm.*

278. — Cercueils Francs et fragments de sculpture antique trouvés à Herqueney, près les Andelys. — Incinération Gallo-Romaine découverte à Quincampoix, près Rouen. — Cimetière Romain de la rue Saint-Hilaire, à Rouen. *Rev. de la Norm.* 1865. pp. 314 à 318.

279. — M. R. Viau, d'Harfleur. (Article nécrologique). *Rev. de la Norm.* 1865. pp. 426 à 428.

280. — Cachette Monétaire au Tréport. *Rev. de la Norm.* 1865. pp. 439 et 440.

281. — Découvertes relatives a l'age de pierre. — Cachet d'oculiste trouvé dans la Villa Romaine de Saint-Aubin-sur-Gaillon (Eure). *Rev. de la Norm.* 1865. pp. 512 à 515.

282. — Notice sur des Fouilles opérées en juin 1864 dans le vallon des Petites-Dalles, commune de Saint-Martin-aux-Buneaux, canton de Cany, arrondissement d'Yvetot. *Rouen. Imprimerie de E. Cagniard, rues de l'Impératrice, 88 et des Basnages, 5.* 1865. In-8°. grav.

Titre impr. ; — Texte, pp. 3 à 11.

Extr. de la *Rev. de la Norm.* 1865. pp. 597 à 605. — Tiré à 100 exemplaires.

283. — Démolition de la Citadelle du Havre. —
La Chapelle de Sainte-Elisabeth et les Lieutenants
de Roi au Havre. *Rev. de la Norm.* 1865. pp. 637 à 640.

284. — Démolition de la Maison de Bernardin-de-
Saint-Pierre au Havre. *Rev. de la Norm.* 1865. pp. 716
et 717.

285. — Compte-Rendu d'une Excursion pittoresque
et archéologique dans les environs de Dieppe, dessins
faits d'après nature et autographiés par M. André
Durand. (1ʳᵉ et 2ᵉ livraisons). *Rev. de la Norm.* 1865.
pp. 779 et 780.

286. — Un Souvenir a Bigot, fontainier de Fécamp.
— Faits archéologiques observés dans la Seine-Inférieure. — Sépulture Romaine du IVᵉ siècle a Villers-
Ecalles. — Cachettes Monétaires a Lammerville,
près Bacqueville. *Rev. de la Norm.* 1865. pp. 781 à 783.

287. — Le Musée de Dieppe. *s. l. n. d.* (Dieppe. Emile
Delevoye, imprimeur. 1865). In-8°.

Faux-titre ; — Texte, pp. 3 à 7. Il n'y a pas de Titre.

Extr. de la *Vigie de Dieppe*, du 22 décembre 1865. — Tiré à 100 exemplaires. —
*Rare*. — Reproduit dans la *Rev. de la Norm.* 1866. pp. 68 à 72.

288. — NÉCROLOGIE. M. PIERRE LAMOTTE. *Dieppe.*
*Em. Delevoye, imprimeur, s. d.* (1865). In-8° de 3 pp.

Il n'y a ni Titre ni Faux-titre.

Extr. de la *Vigie de Dieppe* du 1er décembre 1865. — *Rare.*

289. — ANTIQUITÉS FRANQUES TROUVÉES A SOMMERY
(arrondissement de Neufchâtel). *Rev. Archéologique.* 1866.
pp. 143 et 144.

Reproduction d'un Article du *Nouvelliste de Rouen.*

290. — DÉCOUVERTE D'UN CIMETIÈRE MÉROVINGIEN AU
PETIT-APPEVILLE, près Dieppe. — COMMISSION DES ANTI-
QUITÉS DE LA SEINE-INFÉRIEURE. — NOMINATION DE
NOUVEAUX MEMBRES. *Rev. de la Norm.* 1866. pp. 142
à 144.

291. — NOTE SUR LES FOUILLES DE DOUVREND PRÈS
DIEPPE, en 1865. *Rev. Archéologique.* 1866. pp. 108 à 110.

Cette Note est parue aussi dans la *Rev. de la Norm.* 1866. pp. 197 à 200.

292. — L'ARCHÉOLOGIE DANS LA SEINE-INFÉRIEURE. —
OPÉRATIONS ARCHÉOLOGIQUES ACCOMPLIES DANS LA

Seine-Inférieure du 1ᵉʳ juillet 1864 au 30 juin 1865.
*Rev. Archéologique.* 1866. pp. 314 à 321.

*Rapport au Sénateur, Préfet de la Seine-Inférieure.* Voir aussi dans la *Rev. de la Norm.* 1866. *L'Archéologie dans la Seine-Inférieure en 1865.* pp. 228 à 237.

293. — Fouilles de Courcelles-lès-Semur. *Bull. de la Soc. des Sciences Historiques et Naturelles de Semur.* Semur. 1866. pp. 39 à 42.

294. — Etienne-Hubert de Cambacérès, Cardinal, Archevêque de Rouen. Extrait de l'*Armorial de l'Episcopat Français,* par Taupin d'Auge. s. l. n. d. (1866). gr. In-8° de 12 pp. — *Très rare.*

Réimprimé avec quelques Notes nouvelles dans la *Rev. de la Normandie.* 1867. pp. 197 à 215 et dans la *Rev. des Questions Historiques.* 1867. Tome II. p. 309.

295. — Les Anciens Vignobles de la Normandie. *Rouen. Imprimerie de H. Boissel, succʳ de A. Péron, rue de la Vicomté, 55.* MDCCCLXVI (1866). In-8°.

Faux-titre ; — Titre impr. ; — Préface, pp. 5 et 6 ; — Les Anciens Vignobles ; Première Etude, pp. 7 à 27 ; — Deuxième Etude, pp. 29 à 52.

La *première Etude* a été insérée dans le *Bulletin de la Société libre d'Emulation de Rouen.* pour l'année 1844. Reproduite la même année dans la *Rev. de Rouen* (1ᵉʳ semestre. pp. 338 à 354) elle a été tirée à part sous le Titre de : *Culture*

*de la Vigne en Normandie* (c'est la réimpression textuelle). — La *deuxième
Etude* a été insérée dans le même *Bulletin*. Année 1864/1865. pp. 274 à 300 et
reproduite dans la *Rev. de la Norm.* 1866. pp. 685 à 703. — Tiré à 100 exemplaires.
— Voir un Compte-Rendu par GUSTAVE GOUELLAIN, dans la *Rev. de la Norm.*
1866. pp. 269 à 271 et dans le *Gentleman's Magazine* de février 1867. pp. 225 à
à 228. *Culture of the Vine.*

296. — SUR LES VILLES DE LA SECONDE LYONNAISE.
*Congrès scientifique de France.* 32ᵉ session tenue à Rouen
au mois d'août 1865. *Rouen.* 1866. In-8°. pp. 437 et 438.

297. — SUR L'EPOQUE OU LA GAULE PRIT LE NOM DE
FRANCE. *Congrès scientifique de France.* 32ᵉ session tenue à
Rouen au mois d'août 1865. *Rouen.* 1866. In-8°. pp. 445
et 446.

298. — SUR L'ILE D'OSCEL, lieu de refuge des Normands au IXᵉ siècle. *Congrès scientifique de France.* 32ᵉ
session tenue à Rouen au mois d'août 1865. *Rouen.* 1866.
In-8°. pp. 449 à 453.

299. — SUR L'OPINION QUI ATTRIBUE AUX ANGLAIS LA
CONSTRUCTION D'EGLISES EN NORMANDIE. *Congrès scientifique de France.* 32ᵉ session tenue à Rouen au mois d'août
1865. *Rouen.* 1866. In-8°. pp. 461 à 463.

300. — SUR UNE SÉPULTURE ROMAINE TROUVÉE A LILLEBONNE (Seine-Inférieure). *Congrès scientifique de France.* 32ᵉ session tenue à Rouen au mois d'août 1865. *Rouen.* 1866. In-8°. pp. 482 à 484.

Voir aussi le n° suivant.

301. — MÉMOIRE SUR UNE REMARQUABLE SÉPULTURE ROMAINE TROUVÉE A LILLEBONNE (Seine-Inférieure) le 26 octobre 1864. *Rouen. Imprimerie de H. Boissel, rue de la Vicomté, 55.* MDCCCLXVI (1866). In-8°. grav. et une gravure hors texte.

Faux-titre ; — Titre impr. ; — Texte, pp. 1 à 39.

La gravure (p. 27). Plateau d'argent trouvé en octobre 1864 à Lillebonne, dans une incinération gallo-romaine du IIᵉ siècle. Emilie P. del. et sc.

Extr. du *Précis des Travaux de l'Acad. de Rouen.* Année 1864-1865. pp. 178 à 216. Ce *Mémoire* est paru aussi dans la *Rev. de la Norm.* numéros de janvier et février 1866 et dans la *Rev. des Soc. Sav.* Tome II, pp. 148 à 166.

Ce *Mémoire* a été lu à l'*Académie de Rouen*, le 23 décembre 1864.

302. — NOTE SUR LES PORTS ET HAVRES DANS L'ANTI-QUITÉ ET AU MOYEN-AGE. *s. l. n. d.* (Paris. Imprimerie Impériale. 1866). In-8°.

Note, pp. 1 à 6 ; — et 1 f. blanc. Il n'y a ni Titre ni Faux-titre.

Cette *Note* a été reproduite dans la *Rev. de la Norm.* 1867. pp. 44 à 49.

303. — Note sur une Sépulture Gauloise trouvée dans la Basse Forêt d'Eu, en juin 1865. *Rouen. Imprimerie de E. Cagniard, rues de l'Impératrice, 88 et des Basnages, 5.* 1866. In-8°. grav.

Faux-titre ; — Titre impr. ; — Notice, pp. 5 à 21 ; — et 1 f. blanc.

Extr. de la *Rev. de la Norm.* 1866. pp. 281 à 298. — Tiré à 100 exemplaires. — Il y a une *deuxième édition. Paris.* 1867. Voir le n° 318.

304. — Cercueils de pierre récemment découverts dans la Seine-Inférieure. — Antiquités Franques trouvées a Sommery (arrond. de Neufchâtel). *Rev. de la Norm.* 1866. pp. 350 à 352.

305. — Compte-Rendu de l'Annuaire de l'arrondissement de Dieppe pour 1866 publié sous la direction de M. Revel du Perron, sous-préfet de l'arrondissement, par MM. Bérenger et J. Thieury. *Rev. de la Norm.* 1866. pp. 411 et 412.

306. — Mort du Docteur Cisseville, de Forges-les-Eaux. *Rev. de la Norm.* 1866. p. 415.

307. — Une Fouille d'Amateurs dans le Cimetière Mérovingien de Douvrend. *Rev. de la Norm.* 1866. p. 542.

308. — Première distribution du Prix de Travail et de Vertu, faite en l'Hôtel-de-Ville de Dieppe, le dimanche 26 août 1866. Rapport de la Commission. *Dieppe. Imprimerie d'Emile Delevoye, rue des Tribunaux.* 1866. In-18.

Titre impr. ; — Rapport, pp. 3 à 18 ; — Commission du Prix, pp. 19 et 20.

Le Titre de départ porte : *Rapport fait par la Commission Municipale de Dieppe sur le Prix de Travail et de Vertu fondé par M. Boucher de Perthes.*

Ce *Rapport* est paru aussi dans la *Rev. de la Norm.* 1866. pp. 598 à 605.

309. — Une Verrière commémorative dans l'Eglise de Saint-Godard de Rouen. *Rev. de la Norm.* 1866. pp. 614 et 615.

310. — MM. Th. Muret, Bernard et Avenel. (Nécrologie Rouennaise). *Rev. de la Norm.* 1866. pp. 683 et 684.

311. — Nécrologie et Inhumation de M. l'abbé Vincheneux, curé du Tréport. *En vente chez M. Marais, libraire à Dieppe.* (Dieppe. Emile Delevoye, imprimeur). 1866. In-8° de 8 pp. chiff.

Prix : 30 centimes.

La Couverture sert de Titre. Il n'y a pas de Faux-titre.

Extr. de la *Vigie de Dieppe*, des 20 et 23 novembre 1866.

312. — Statue de Henri-le-Jeune dit Court-Mantel, découverte à Rouen. *Rev. de la Norm.* 1866. pp. 717 à 723. Réimpr. dans la *Rev. Archéologique.* 1866. pp. 363 à 365.

313. — Notice descriptive et critique sur la nouvelle Eglise de Sainte-Marie du Havre. *Rev. de la Norm.* 1866. pp. 724 à 727.

314. — Le Bas-Relief de St-Etienne a la Cathédrale de Rouen. *Rev. de la Norm.* 1866. pp. 786 à 791.

315. — Sur la découverte des Statues de Richard Cœur-de-Lion et de Henri-le-Jeune et du Cercueil de Jean de Lancastre, duc de Bedford, dans la Cathédrale de Rouen. *Bull. de la Soc. des Antiq. de Norm.* 1866. Tom. IV. pp. 356 à 360.

316. — Antiquités Gauloises et Franques (urne, épée) découvertes à Sommery, en juin 1867. *Bull. de la Soc. des Antiq. de Norm.* Tom. IV. 1866. p. 594.

317. — Dépot de Hachettes en Bronze. *Bull. de la Soc. des Antiq. de Norm.* Tom. IV. 1866. pp. 597 et 598.

9

— Hachettes trouvées a Gonfreville-l'Orcher. Extr. de la *Rev. de la Norm.* Juillet 1867. p. 445.

318. — Notice sur une Sépulture Gauloise trouvée dans la Basse Forêt d'Eu, en juin 1865. *s. l. n. d.* (Paris. Imprimerie Impériale. 1867). In-8° de 18 pp. chiff. et 1 f. blanc. grav.

Il n'y a ni Titre ni Faux-titre.

Extr. du vol. des *Mémoires lus à la Sorbonne en 1866*. — Tiré à 100 exemplaires. — *2e Edition*. — La 1re a été publiée en 1866. — Voir le n° 303.

319. — M. Eudes Deslongchamps (nécrologie). — Notice sur M. Ballin. — Le Respect des Tombeaux au Havre. — La Statue des Plantagenets. *Rev. de la Norm.* 1867. pp. 119 à 126.

320. — Démolition de Maisons historiques a Rouen et a Bures. — Cachette Romaine a Fresnoy-Folny, près Londinières. *Rev. de la Norm.* 1867. pp. 193 à 196.

321. — Dalles tumulaires découvertes dans l'Eglise Saint-Jacques. *Rev. Archéologique.* 1867. p. 153. — Extr. de la *Vigie de Dieppe.*

Cette Note a été reproduite dans la *Rev. de la Norm.* 1867. pp. 308 et 309.

322. — L'ARCHÉOLOGIE DANS LA SEINE-INFÉRIEURE. OPÉRATIONS ARCHÉOLOGIQUES ACCOMPLIES DANS LA SEINE-INFÉRIEURE du 1er juillet 1865 au 30 juin 1866. *Rev. Archéologique*. 1867. pp. 194 à 203.

Voir aussi dans la *Rev. de la Norm*. 1867. *L'Archéologie dans la Seine-Inférieure en 1866*, pp. 139 à 154.

323. — M. MATHON ET LE MUSÉE DE NEUFCHATEL. *Rev. de la Norm*. 1867. pp. 317 et 318.

324. — M. TAILLANDIER. — M. JULES THIEURY. — M. ANDRÉ DURAND (articles nécrologiques). *Rev. de la Norm*. 1867. pp. 430 à 437.

325. — MOULES DE HACHES ET DE LANCES EN BRONZE, TROUVÉS A GONFREVILLE-L'ORCHER, près Harfleur. *Rev. Archéologique*. 1867. pp. 231 et 232.

Cette Notice a été reproduite dans la *Rev. de la Norm*. Voir le n° suivant.

326. — CERCUEILS FRANCS DÉCOUVERTS A MONTI-VILLIERS. — MOULES DE HACHES ET DE LANCES EN BRONZE TROUVÉS A GONFREVILLE-L'ORCHER, près Harfleur. *Rev. de la Norm*. 1867. pp. 443 à 446.

**327. — NOTE SUR TROIS CERCUEILS DE PLOMB TROUVÉS A DIEPPE EN 1866.** *Rouen. Imprimerie de E. Cagniard, rues de l'Impératrice, 88 et des Basnages, 5. 1867, In-8°. grav.*

Faux-titre ; — Titre impr. ; — Note, pp. 5 à 16.

Extr. de la *Rev. de la Norm.* Tome VI. pp. 631 à 636. — Tiré à 100 exemplaires. — Paru aussi dans la *Rev. Archéologique.* Tome XIV. pp. 322 à 327 et dans la *Rev. de l'Art Chrétien.* 1866. pp. 490 à 498.

**328. — NOTE SUR UN BRACELET EN BRONZE TROUVÉ A CAUDEBEC-LÈS-ELBEUF EN 1865.** *Rouen. Imprimerie de E. Cagniard, rues de l'Impératrice, 88 et des Basnages, 5. 1867. In-8°. grav.*

Titre impr. ; — Note, pp. 3 à 7. Il n'y a pas de Faux-titre.

Extr. de la *Rev. de la Norm.* Tome VII. pp. 289 à 293. — Cette Note est parue aussi dans la *Rev. Archéologique.* 1867. pp. 297 à 299.

**329. — LE TOMBEAU DE SAINTE-HONORINE A GRAVILLE,** près le Havre. *Rouen. Imprimerie de E. Cagniard, rues de l'Impératrice, 88 et des Basnages, 5. 1867. In-8°. grav.*

Faux-titre ; — Titre impr. ; — Texte, pp. 5 à 30 ; — et 1 f. blanc.

Extr. de la *Rev. de la Norm.* Tome VII. pp. 265 à 280 et 346 à 354. — Tiré à 150 exemplaires. — Voir un *Compte-Rendu* par Brianchon, dans la *Rev. de la Norm.* 1867. pp. 906 à 913.

330. — Compte-Rendu de l'Annuaire du Département de l'Eure (années 1862 à 1867), par M. l'abbé
Lebeurier, archiviste de l'Eure. *Rev. de la Norm.* 1867.
pp. 488 à 497.

331. — Compte-Rendu de la Carte archéologique
du Département du Tarn aux époques Anté-Historique,
Gauloise, Romaine et Franque, dressée pour Sa Majesté
Napoléon III, par M. A. Caraven, correspondant du
Ministère de l'Instruction publique, Membre de plusieurs
Académies et Sociétés savantes, et publiée sous les
auspices de M. l'abbé Cochet, de l'Institut et auteur de
la « *Carte Archéologique de la Seine-Inférieure* ». *Rev. de la
Norm.* 1867. pp. 502 et 503.

332. — Vase acoustique et Cœurs en plomb
découverts dans l'Eglise Saint-Laurent-de-Brèvedent. *Rev. de la Norm.* 1867. pp. 505 à 507. — *Cet
Article n'est pas signé.*

333. — M. l'abbé Cholet, curé d'Allouville (article
nécrologique). — L'Inscription tumulaire de M. l'abbé
Pintaud. — La nouvelle Eglise de Sanvic. —
Incendie de l'Eglise d'Auffay. — Découvertes faites
a Ancourt, près Dieppe, en 1867. — Récompense

ACCORDÉE DANS LE CONCOURS OUVERT A LA SORBONNE, en 1867, à M. DE REVEL, ancien sous-préfet de Dieppe, et à M. DE GAUCOURT, juge de paix de Saint-Saens. *Rev. de la Norm.* 1867. pp. 564 à 574.

334. — TOMBEAUX DU ROI HENRI-COURT-MANTEL ET DU DUC DE BEDFORD A LA CATHÉDRALE DE ROUEN. *Rouen. Imprimerie E. Cagniard, rues de l'Impératrice, 88 et des Basnages, 5. 1867. In-8°. grav. dont une hors texte.*

Faux-titre ; — Titre impr. ; — Découverte du Tombeau et de la Statue de Henri-Court-Mantel, pp. 5 à 12 ; — Notice sur la découverte du Tombeau de Bedford, pp. 13 à 24.

La grav. (p. 5). On lit comme légende : *Statue Sépulcrale du roi Henri le Jeune dit Court-Mantel,* trouvée le 17 octobre 1866, *dans le Sanctuaire de la Cathédrale de Rouen.*

Extr. de la *Rev. de la Norm.* 1866. pp. 717 à 723 et 1867. pp. 847 à 858. — Tiré à 100 exemplaires. — Paru aussi dans la *Rev. des Soc. Sav.* 1867. pp. 544 à 559 ; — Voir dans le *Bull. de la Cᵒⁿ des Antiq. de la Seine Infʳᵉ.* 1868. *Découverte du Tombeau et de la Statue de Henri-Court-Mantel,* etc., pp. 93 à 102. Grav. et *Notice sur la découverte et la visite du Tombeau de Bedford,* etc. pp. 103 à 115 ; et dans le *Bull. de la Soc. des Antiq. de Norm.* Tome IV. *Note sur la découverte du Tombeau de Bedford,* etc., pp. 639 à 642.

335. — DÉCOUVERTES A AVESNES PRÈS GOURNAY. *Rev. Archéologique.* 1867. pp. 64 à 66.

336. — COMPTE-RENDU DES OUVRAGES SUIVANTS : HISTOIRE DU CHATEAU ET DES SIRES DE SAINT-SAUVEUR-

LE-VICOMTE, suivi de pièces justificatives, par M. LÉOPOLD
DELISLE. Valognes. 1867. — HISTOIRE DE CINQ VILLES
ET DE TROIS CENTS VILLAGES, hameaux et fermes, par
ERNEST PHAROND. — NOTICE SUR QUELQUES ENFANTS
DU HAVRE qui ont illustré leur pays soit par leurs actes,
soit par leurs écrits, ou des nouveaux noms à donner
aux rues du Havre, par M. CH. VESQUE. *Rev. de la
Norm.* 1867. pp. 830 à 840.

337. — UNE INSCRIPTION CHRÉTIENNE DES CATACOMBES
RETROUVÉE A EVREUX. *Rev. de la Norm.* 1867. pp. 844
à 846.

338. — ANTIQUITÉS GAULOISES ET FRANQUES DÉCOU-
VERTES A SOMMERY, en juin 1867. — INSCRIPTION
COMMÉMORATIVE SUR LA MAISON DE SAINTE-BEUVE, à
Paris. *Rev. de la Norm.* 1867. pp. 920 à 922.

339. — RAPPORT ANNUEL A MONSIEUR LE SÉNATEUR,
PRÉFET DE LA SEINE-INFÉRIEURE, sur les Opérations
archéologiques de son Département, pendant l'année
administrative allant du 1er juillet 1866 au 30 juin 1867.
*Bull. de la C*on *des Antiq. de la Seine-Inf.* 1868. pp. 74 à 92.

Ce *Rapport* a été reproduit dans la *Rev. Archéologique.* 1868. pp. 33 à 45.
*Voir aussi* dans la *Rev. de la Norm.* 1868. *L'Archéologie dans la Seine-Inférieure en 1867.* pp. 193 à 209.

340. — Notice sur des Antiquités Mérovingiennes découvertes en 1866 a Avesnes, près Gournay-en-Bray. *Evreux, de l'Imprimerie d'Auguste Hérissey.* MDCCCLXVIII (1868). In-8°. grav.

Faux-titre ; — Titre impr. ; — Dédicace : A Madame la Comtesse de La Châtre, née de Montmorency, 1 f. n. chiff. ; — Notice, pp. 7 à 24. — Tiré à 100 exemplaires.

Voir aussi dans le *Bull. de la Cᵒⁿ des Antiq. de la Seine-Inférieure.* 1868. *Antiquités Franques découvertes en 1866, à Avesnes, près Gournay-en-Bray.* pp. 157 à 171. grav.

341. — Compte-Rendu des Ouvrages suivants : Description de l'incendie de l'Eglise d'Auffay (dans la nuit du 3 au 4 octobre 1867) suivie d'une Notice historique sur ce monument, par M. I. Mars. — La Semaine Religieuse du Diocèse de Rouen. *Rev. de la Norm.* 1868. pp. 115 à 119.

342. — Secours accordés aux Monuments historiques de la Seine-Inférieure. *Rev. de la Norm.* 1868. pp. 126 à 128.

343. — Cachettes Monétaires du Moyen-Age au Vaudreuil (Eure) et a Bertrimont (Seine-Inférieure). — Antiquités Franques découvertes a Sommery, en mars 1868. *Rev. de la Norm.* 1868. pp. 186 à 188.

344. — NOTE SUR LE CIMETIÈRE FRANC DE CRIEL, canton d'Eu, arrondissement de Dieppe (Seine-Inférieure), découvert et exploré en 1866. *Bull. de la C^on des Antiq. de la Seine-Inférieure.* 1868. pp. 116 à 124. grav.

345. — NOTE SUR DES FOUILLES ARCHÉOLOGIQUES FAITES A HÉRICOURT-EN-CAUX (Seine-Inférieure). *Rouen. Imprimerie de E. Cagniard, rues de l'Impératrice, 88 et des Basnages, 5.* 1868. In-8°. grav.

Titre impr. ; — Texte, pp. 3 à 11.

Extr. de la *Rev. de la Norm.* 1868. pp. 428 à 435. — Tiré à 100 exemplaires. — Cette *Note* est parue aussi dans la *Rev. Archéologique.* 1868. pp. 217 à 219, et dans le *Bull. de la C^on des Antiq. de la Seine-Inf.* 1869. pp. 284 à 294.

346. — ENCASTREMENT DES DALLES TUMULAIRES A BOSC-BÉRENGER ET A HÉRICOURT-EN-CAUX. *Rev. Archéologique.* 1868. pp. 368 et 369.

347. — DISSERTATION SUR LE TOMBEAU DE SAINTE-HONORINE, découvert à Graville, près le Havre, en 1867. *Bull. de la C^on des Antiq. de la Seine-Inf.* 1868. pp. 125 à 156. grav.

*Cette Notice n'est pas signée.*

10

348. — LA CHAPELLE ET LE TOMBEAU DE LONGUEIL à Saint-Jacques de Dieppe. — DÉCOUVERTE DU CAVEAU SÉPULCRAL DES GUILBERT DE ROUVILLE, à Saint-Jacques de Dieppe. *Rev. de la Norm.* 1868. pp. 256 à 259.

Paru aussi dans la *Rev. Archéologique.* 1868. pp. 465 à 467.

349. — M. LÉON FALLUE. (Article nécrologique). *Rev. de la Norm.* 1868. pp. 296 à 300.

350. — RÉTABLISSEMENT DES TOMBEAUX ET RESTAURATION DES STATUES SÉPULCRALES DES PLANTAGENETS dans la Cathédrale de Rouen. *Rev. de la Norm.* 1868. pp. 383 et 384.

351. — LA MORT DE Mᵐᵉ VICTOR-HUGO. *Rev. de la Norm.* 1868. pp. 473 et 474.

352. — ANTOINE VECHTE, sculpteur français. *Rev. de la Norm.* 1868. pp. 568 à 572.

353. — INSCRIPTION COMMÉMORATIVE PLACÉE DANS L'EGLISE DE SAINT-LAURENT-DE-BRÈVEDENT. — ENCASTREMENT DE DALLES TUMULAIRES A BOSC-BÉRENGER ET A

HÉRICOURT-EN-CAUX. — DÉMOLITION DE L'ANCIEN COUVENT DES URSULINES A DIEPPE. *Rev. de la Norm.* 1868. pp. 581 à 584.

354. — LE CHATEAU D'ARQUES ACHETÉ PAR LE GOUVERNEMENT. *Rev. de la Norm.* 1868. pp. 642 et 643.

355. — ANTIQUITÉS DÉCOUVERTES A CAUDEBEC-LÈS-ELBEUF. *Rev. de la Norm.* 1868. pp. 712 et 713.

Voir aussi dans le *Bull. de la Cᵒⁿ des Antiq. de la Seine-Inf.* 1869. *Caudebec-lès-Elbeuf. - Découvertes. Rapport adressé à M. le Sénateur, Préfet sur les fouilles exécutées.* pp. 255 à 259.

356. — CATALOGUE DU MUSÉE D'ANTIQUITÉS DE ROUEN. *Rouen. Chez tous les Libraires et chez le Concierge du Musée.* (Dieppe. Emile Delevoye, imprimeur. 1868). In-8°.

Titre impr. ; — Dédicace : A Monsieur le baron E. Le Roy, Sénateur, Préfet de la Seine-Inférieure, 1 f. n. chiff. ; — Préface, pp. v à xvi ; — Catalogue, pp. 1 à 132 ; — Tableau des noms de Potiers Romains qui se voient dans le Musée de Rouen, pp. 133 et 134 ; — Supplément ; — Additions et Corrections, pp. 135 à 144 ; — Liste des personnes qui ont donné au Musée des Objets d'Art, etc., pp. 145 à 150 ; — Table chronologique des Objets que renferme le Musée, p. 151 ; — Table des Matières, pp. 153 à 159.

Tiré à 700 exemplaires. — *Rare.* — Il y a eu une seconde édition en 1875. Voir le n° 412.

ETRETAT, etc. *Dieppe. Delevoye.* 1869. Voir le n° 83.

357. — RAPPORT ANNUEL A MONSIEUR LE SÉNATEUR, PRÉFET DE LA SEINE-INFÉRIEURE sur les Opérations archéologiques de son département, pendant l'année administrative 1867-1868. *Bull. de la C*on *des Antiq. de la Seine-Inf.* 1869. pp. 265 à 283.

Ce *Rapport* a été reproduit dans la *Rev. Archéologique.* 1869. pp. 186 à 198.

358. — QUATRIÈME DISTRIBUTION DU PRIX DE TRAVAIL ET DE VERTU faite en l'Hôtel-de-Ville de Dieppe le jeudi 12 avril 1869. Rapport de la Commission. *Dieppe. Imprimerie d'Emile Delevoye, rue des Tribunaux.* 1869. In-18.

Titre impr. ; — Rapport, pp. 3 à 15.

Le Titre de départ porte : *Rapport fait par la Commission Municipale de Dieppe sur le Prix de Travail et de Vertu fondé par M. Boucher de Perthes.*

359. — NOTE SUR LES CHARNIERS EN NORMANDIE. *Bull. de la C*on *des Antiq. de la Seine-Inf.* 1869. pp. 332 à 336.

360. — ETUDES SUR LES FOSSES DE NOS FORÊTS. — FOUILLES DE FOSSES DANS LA FORÊT D'EU. *Bull. de la C*on *des Antiq. de la Seine-Inf.* 1869. pp. 337 à 344. grav. — *(Fouilles en Octobre 1868).*

361. — Découvertes faites aux anciens Dominicains de Rouen, en 1869. *Rev. Archéologique.* 1869.
pp. 224 à 230.

362. — Exploration de Maisons Romaines dans la
Forêt d'Eawy (Seine-Inférieure). *Rev. Archéologique.*
1869. pp. 362 à 364. Voir aussi le n° 373.

363. — Antiquités Mérovingiennes découvertes
a Nesle-Hodeng, en octobre 1869. *Rev. Archéologique.*
1869. pp. 441 à 444.

364. — Lettre sur les Confessionnaux au Moyen-
Age. *s. l. n. d.* (Arras. Typ. V. Rousseau-Leroy. 1869).
In-8° de 8 pp. chiff. grav.

Sans Titre ni Faux-titre.

Cettre lettre est parue aussi dans le *Bull. Monum.* 1871. pp. 51 à 56.

La *Society of Antiquaries* a donné communication à ses Membres de la *Lettre*
ci-dessus. La traduction en a été faite par le secrétaire.

365. — A Letter on the Confessionals of the
middle Ages. (From the Proceedings of the Society of
Antiquaries. 23 déc. 1869). In-8° de 5 pp. chiff. —
*Très rare.*

366. — Bibliographie Normande. M. l'abbé Cochet. Liste de ses Ouvrages. *s. l. n. d.* (Dieppe. Emile Delevoye, imprimeur. 1869). In-8º de 15 pp. chiff. — *Rare.*

367. — Mémoire sur les Cercueils de plomb dans l'Antiquité et au Moyen-Age. Première partie. *Rouen. Imprimerie de Henry Boissel, rue de la Vicomté, 55.* 1869. In-8º. grav.

Faux-titre ; — Titre impr. ; — Des Cercueils de plomb, pp. 3 à 47.

Extr. du *Précis de l'Acad. de Rouen.* 1868/1869. pp. 285 à 329. — Tiré à 100 exemplaires. — Pour la deuxième partie voir le nº 375.

368. — Note relative au Cercueil du Cardinal Cambacérès. *Bull. de la Cᵒⁿ des Antiq. de la Seine-Inf.* 1870. pp. 351 et 352.

369. — Rouen. Cimetière Saint-Gervais. Cercueils Mérovingiens. Lettre a Monsieur le Maire de Rouen. *Bull. de la Cᵒⁿ des Antiq. de la Seine-Inf.* 1870. pp. 400 à 403.

370. — Rapport annuel a Monsieur le Sénateur, Préfet de la Seine-Inférieure, sur les Opérations archéologiques de son département pendant l'année

administrative 1868-1869. *Bull. de la* C<sup>on</sup> *des Antiq. de la Seine-Inf.* 1870. pp. 412 à 430. grav.

<small>Ce *Rapport* a été reproduit dans la *Rev. Archéologique.* 1870. pp. 73 à 86.</small>

371. — DALLES TUMULAIRES ET INSCRIPTIONS SUR PLOMB, TROUVÉES EN 1869, AUX ANCIENS DOMINICAINS DE ROUEN. *Bull. de la* C<sup>on</sup> *des Antiq. de la Seine-Inf.* 1870. pp. 431 à 441. grav.

372. — FOUILLES D'UN CIMETIÈRE FRANC FAITES A NESLE-HODENG, près Neufchâtel-en-Bray, en octobre 1869. *Bull. de la* C<sup>on</sup> *des Antiq. de la Seine-Inf.* 1870. pp. 442 à 449. grav.

373. — EXPLORATION DE MAISONS ROMAINES DANS LA FORÊT D'EAWY. *Bull. de la* C<sup>on</sup> *des Antiq. de la Seine-Inf.* 1870. pp. 450 à 457.

<small>*Cette Forêt se trouve sur le territoire des Ventes-Saint-Rémy.*</small>

374. — LA MOSAIQUE DE LILLEBONNE. *Rev. Archéologique.* 1870. pp. 332 à 338. — Voir aussi les n<sup>os</sup> 384 et 385.

375. — MÉMOIRE SUR LES CERCUEILS DE PLOMB DANS L'ANTIQUITÉ ET AU MOYEN-AGE. Deuxième partie. *Rouen. Imprimerie de H. Boissel, succ<sup>r</sup> de A. Péron, rue de la Vicomté, 55.* 1870-1871. In-8°. grav.

Faux-titre ; — Titre impr. ; — Texte (Moyen-Age), pp. 49 à 100.

Extr. du *Précis de l'Académie de Rouen.* 1869/1870. pp. 187 à 238. — Pour la première partie voir le n° 367.


376. — L'EVÊQUE D'ORKNEY ET LES COMMISSAIRES ECOSSAIS A DIEPPE EN 1558. *Rev. Archéologique.* 1870-1871. pp. 40 à 43.


377. — CACHETTE MONÉTAIRE DÉCOUVERTE A LA CRIQUE (arrondissement de Dieppe) en 1870. *Rev. Archéologique.* 1870-1871. pp. 131 et 132.


378. — ETRETAT. LA TOUR DU RIVAGE. *Bull. de la C<sup>on</sup> des Antiq. de la Seine-Inf.* 1871. pp. 13 à 16.

Cette Tour a été démolie en 1869.


379. — BOIS-L'EVÊQUE. — ANCIEN PRIEURÉ DE BEAULIEU. — FOUILLES. *Bull. de la C<sup>on</sup> des Antiq. de la Seine-Inf.* 1871. pp. 36 à 40.

380. — RAPPORT ANNUEL A MONSIEUR LE SÉNATEUR, PRÉFET DE LA SEINE-INFÉRIEURE, sur les opérations archéologiques de son département, pendant l'année administrative 1869-1870. *Bull. de la C^{on} des Antiq. de la Seine-Inf.* 1871. pp. 67 à 96. grav.

Ce *Rapport* a été reproduit dans la *Rev. Archéologique* 1870-1871. pp. 304 à 324.

381. — NOTICE SUR DEUX FIBULES SCANDINAVES, trouvées à Pitres (Eure), en 1865 et entrées au Musée de Rouen. *Rouen. Imprimerie de H. Boissel, succ^{r} de A. Péron, rue de la Vicomté, 55.* 1871. In-8°. grav.

Titre impr. ; — Texte, pp. 3 à 16.

Extr. du *Précis de l'Acad. de Rouen.* 1869/1870. pp. 408 à 420.

382. — SIXIÈME DISTRIBUTION DU PRIX DE TRAVAIL ET DE VERTU fait en l'Hôtel-de-Ville de Dieppe le dimanche 10 septembre 1871. Rapport de la Commission. *Dieppe. Imprimerie d'Emile Delevoye, rue des Tribunaux.* 1871. In-18.

Titre impr. ; — Rapport, pp. 3 à 18.

Le Titre de départ porte : *Rapport fait par la Commission Municipale de Dieppe sur le Prix de Travail et de Vertu fondé par M. Boucher de Perthes.*

383. — Les Porches des Eglises de la Seine-Inférieure à propos du Porche de Bosc-Bordel près Buchy. *Dieppe. Imprimerie d'Emile Delevoye, rue des Tribunaux, 7.* 1871. In-8° avec une grav. hors texte.

Faux-titre ; Titre impr. ; — Les Porches, pp. 5 à 16.

La Gravure qui est à la fin a pour légende : *Porche de Bosc-Bordel* (XVI⁰ siècle). *Canton de Buchy. Arrondissement de Rouen.* — *Réimprimé* dans le *Bull. de la C⁰ⁿ des Antiq. de la Seine-Inférieure.* 1871. pp. 97 à 108 (la même Gravure existe). — Dans le *Bull. de la Soc. des Antiq. de Norm.* 1874. pp. 137 à 148. Voir aussi dans le *Bull. Monum.* 1872. *Les porches d'Eglises dans le diocèse de Rouen.* pp. 165 à 177.

384. — La Mosaique de Lillebonne. *Bolbec. Imprimerie Commerciale de E. Valin, rues aux Moules et Piednoel.* 1871. In-16.

Prix : 25 centimes.

Faux-titre ; on lit au verso : Extrait du *Journal de Bolbec* du 16 avril 1870 ; — Titre imp. ; — Texte, pp. 1 à 15.

385. — *Dito.* — *Bolbec. Imprimerie Administrative et Commerciale de I. Dussaux, rues aux Moules et Piednoel.* 1879. In-8° avec 1 pl. hors texte.

Titre impr. ; — Texte, pp. 3 à 11.

La planche (p. 3), représente '*La Mosaïque de Lillebonne.* Phot. Witz et C^ie. Rouen.

Réimpression du numéro précédent.

386. — Note sur des Sépultures antiques, trouvées au Havre en 1870 et en 1871. *Bull. de la C<sup>on</sup> des Antiq. de la Seine-Inf.* 1871. pp. 109 à 123. grav. et une lithog. en couleur hors texte ; on lit comme légende : *Vase en terre rouge Sigillée. Groupe de Vénus.* — A. Devaux, lith. — Imp. A. Mignot, Havre. — Dans le haut à gauche : Sépultures Gallo-Romaines du Havre.

Cette Note est l'analyse d'un Rapport paru dans le *Recueil des Publications de la Soc. Havraise d'Etudes diverses.* 1870. *Les Sépultures Gallo-Romaines du Havre.* pp. 63 à 82, avec deux lith. en couleur hors texte.

387. — Rapport annuel a Monsieur le Préfet de la Seine-Inférieure, sur les Opérations archéologiques de son département, pendant l'année administrative 1870-1871. *Bull. de la C<sup>on</sup> des Antiq. de la Seine-Inf.* 1872. pp. 206 à 215.

388. — Fouilles de Neuville-le-Pollet, près Dieppe. *Rev. Archéologique.* 1872. pp. 330 et 331 et 387 et 388.

389. — Notice sur des Sépultures Chrétiennes trouvées en mars 1871 a Saint-Ouen de Rouen. *Caen, chez F. Le Blanc-Hardel, imprimeur-libraire, rue Froide, 2 et 4.* 1872. In-4°. grav. et 3 pl. hors texte.

1 f. blanc ; — Titre impr. ; — Notice, pp. 3 à 33 ; — 3 planches et 1 f. blanc.

On lit en tête des trois planches : *Fouilles des Jardins de Saint-Ouen de Rouen en 1871.*

Pl. I. Sépultures Capétiennes du XI$^e$ au XIII$^e$ siècle. 1$^{re}$ et 2$^e$ Couche de Cerceuils *(sic)*.

Pl. II. Sépultures Carlovingiennes des IX$^e$ et X$^e$ siècles.

Pl. III. Sépultures Mérovingiennes des VII$^e$ et VIII$^e$ siècles.

On lit au-dessous (pour les 3 pl.) : *Grille du Jardin de S$^t$-Ouen de Rouen. — Nef de l'Eglise de S$^t$-Ouen de Rouen.* — Extr. des *Mém. de la Soc. des Antiq. de Normandie.* Tom. XXVIII. pp 482 à 512. Cette Notice a été réimprimée dans le *Bull. de la C$^{on}$ des Antiq. de la Seine-Inf.* 1872. pp. 216 à 257. grav. — Dans le *Bull. Monum.* 1871. pp 353 à 367 ; — et dans la *Rev. Archéologique.* 1873. pp. 1 à 17 et 86 à 100. grav. — Voir aussi le n° suivant.

390. — NOTICE SUR UN CIMETIÈRE CHRÉTIEN ALLANT DU VII$^e$ AU XV$^e$ SIÈCLE. Exploré à Saint-Ouen de Rouen en mars 1871. *Dieppe. Imprimerie d'Emile Delevoye, rue des Tribunaux, 7.* 1872. In-8°. grav.

Faux-titre ; — Titre impr. ; — Texte, pp. 5 à 46.

Cette Notice est la reproduction exacte du n° précédent. Les grav. dans le texte sont les mêmes, seules, les grav. hors texte sont supprimées.

391. — SEPTIÈME DISTRIBUTION DU PRIX DE TRAVAIL ET DE VERTU faite en l'Hôtel-de-Ville de Dieppe, le dimanche 27 octobre 1872. Rapport de la Commission. *Dieppe. Imprimerie d'Emile Delevoye, rue des Tribunaux.* 1872. In-18.

Titre impr. ; — Rapport, pp. 3 à 29 ; — et 1 f. blanc.

Le Titre de départ porte : *Rapport fait par la Commission Municipale de Dieppe sur le Prix de Travail et de Vertu fondé par M. Boucher de Perthes.*

392. — UNE PIERRE LIMITE DE L'ABBAYE DE SAINT-OUEN. *Bull. de la C*on *des Antiq. de la Seine-Inf.* 1872. pp. 273 à 276.

Cette *Notice* a été reproduite dans le *Bull. de la Soc. des Antiq. de Norm.* 1874. pp. 161 à 166.

393. — FORÊT DE ROUMARE SUR SAINT-MARTIN-DE-BOSCHERVILLE. — FOUILLES. — ROUEN. FOUILLES DANS LA CRYPTE DE SAINT-GERVAIS. *Bull. de la C*on *des Antiq. de la Seine-Inf.* 1872. pp. 310 à 314. grav.

394. — FRAGMENT D'UN MÉMOIRE LU A L'ACADÉMIE DES INSCRIPTIONS SUR LA MOSAIQUE GALLO-ROMAINE DE LILLEBONNE. *Bull. Monum.* 1872. pp. 111 à 124. grav.

395. — RAPPORT ANNUEL A MONSIEUR LE PRÉFET DE LA SEINE-INFÉRIEURE, sur les Opérations archéologiques de son département, pendant l'année administrative 1871-1872. *Bull. de la C*on *des Antiq. de la Seine-Inf.* 1873. pp. 367 à 391. grav.

Ce *Rapport* a été reproduit dans la *Rev. Archéologique.* 1873. pp. 114 à 123 et 144 à 152.

396. — FOUILLES A EU. EXPLORATION DE LA VILLA ROMAINE D'AUGUSTA. *Bull. de la C^{on} des Antiq. de la Seine-Inf.* 1873. pp. 426 à 433. grav.

397. — FOUILLES DU BOIS-L'ABBÉ, A EU. *Rev. Archéologique.* 1873. pp. 59 et 60.

398. — RAPPORT ANNUEL A M. LE PRÉFET DE LA SEINE-INFÉRIEURE, sur les Opérations Archéologiques de son département, pendant l'année administrative 1872-1873. *Bull. de la C^{on} des Antiq. de la Seine-Inf.* 1874. pp. 101 à 111.

Ce *Rapport* a été reproduit dans la *Rev. Archéologique.* 1874. pp. 53 à 61.

399. — FOUILLES D'UNE VILLA ROMAINE A SAINT-MARTIN-OSMONVILLE (Seine-Inférieure). *Bull. de la C^{on} des Antiq. de la Seine-Inf.* 1874. pp. 126 à 132.

400. — UNE DÉCOUVERTE ARCHÉOLOGIQUE A SAINT-SAENS. *Bull. de la C^{on} des Antiq. de la Seine-Inf.* 1874. pp. 133 à 138. grav.

401. — SUR DES SARCOPHAGES DU VII^e AU XV^e SIÈCLE TROUVÉS DANS LE CIMETIÈRE DE L'ABBAYE DE SAINT-

OUEN A ROUEN. *Bull. de la Soc. des Antiq. de Norm.*
p. 160.

402. — TRÉSOR ROMAIN DE CAILLY (Seine-Inférieure).
*Rev. Archéologique.* 1874. pp. 195 et 196.

Extrait du *Nouvelliste de Rouen*. — Réimprimé dans le *Bull. de la Société
des Antiq. de Norm.* p. 142.

403. — LETTRE DE L'ABBÉ COCHET, RELATIVE AU
THÉATRE ROMAIN DE SAINT-ANDRÉ-SUR-CAILLY. *Bull. de
la Soc. des Antiq. de Norm.* 1874. pp. 159 et 160.

404. — LES FOUILLES D'ÉPOUVILLE. *Rev. Archéologique.*
1874. pp. 330 et 331. — Réimpr. dans le *Bull. de la
Soc. des Antiq. de Norm.* 1875. pp. 145 à 147.

Sépultures Mérovingiennes.

405. — UN FOUR A BRIQUES ROMAINES. (Arrondissement de Dieppe). *Revue Archéologique.* 1874. pp. 269
et 270.

Le 1er trouvé en 1872, sur le territoire d'Incheville ; le 2me trouvé dans la
commune de Notre-Dame-d'Aliermont. — Voir aussi les deux nos suivants.

406. — Un Four a Briques Romaines (découvert à Notre-Dame-d'Aliermont. — Seine-Inférieure). *Ann. des 5 Départ. de l'Ancienne Normandie.* 1875. pp. 457 à 459.

407. — Un Four a Briques Romaines (à Incheville. — Seine-Inférieure). *Bull. de la Soc. des Antiq. de Norm.* Tom. VII. 1875. pp. 148 à 150.

408. — Découvertes Romaines (objets en bronze) à Incheville, près Eu. *Bull. de la Soc. des Antiq. de Norm.* Tom. VII. 1875. pp. 290 et 291.

409. — Neuvième Distribution du Prix de Travail et de Vertu. Faite à la Salle des Bains chauds, le vendredi 14 août 1874. Rapport de la Commission. *Dieppe. Imprimerie d'Emile Delevoye, rue des Tribunaux.* 1874. In-18.

Titre impr. ; — Rapport, pp. 3 à 14.

Le Titre de départ porte : *Rapport fait par la Commission Municipale de Dieppe sur le Prix de Travail et de Vertu fondé par M. Boucher de Perthes.*

410. — Rouen. Cercueils Romains en pierre et en plomb, a Saint-Hilaire. *Bull. de la Comm. des Antiq. de la Seine-Inf.* 1875. Tom. III. pp. 207 à 209.

411. — RAPPORT ANNUEL A M. LE PRÉFET DE LA SEINE-INFÉRIEURE, sur les Opérations archéologiques de son département, pendant l'année administrative 1873-1874. *Bull. de la Comm. des Antiq. de la Seine-Inf.* 1875. Tom. III. pp. 260 à 284.

Ce *Rapport* a été reproduit dans la *Rev. Archéologique.* 1875. pp. 137 à 153.

412. — CATALOGUE DU MUSÉE D'ANTIQUITÉS DE ROUEN. *Rouen. Chez tous les Libraires et chez le Concierge du Musée.* (Rouen. Imp. Typ. E. Benderitter, rue Ganterie, 16). 1875. In-8°.

Titre impr. ; — Préface, pp. III à XVII ; — Catalogue, pp. 1 à 181 ; — Tableau des Noms de Potiers Romains qui se voient dans le Musée de Rouen, pp. 182 et 183 ; — Table chronologique des objets que renferme le Musée, p. 184 ; — Liste des personnes qui ont donné au Musée des objets d'art, etc., pp. 185 à 193 ; — 1 f. blanc ; — Table des Matières, pp. 196 à 204.

Deuxième édition de ce Catalogue. — Tiré à 500 exemplaires. — La première édition a été publiée en 1868. Voir le n° 356.

413. — NOTICE SUR M. DEVILLE. *Bull. de la Comm. des Antiq. de la Seine-Inf.* 1877. Tom. IV. 2e livraison. pp. 137 à 147.

On lit ce qui suit dans ledit *Bulletin,* p. 134. « M. GOUELLAIN *a retrouvé dans les papiers de M. l'abbé Cochet une Notice préparée par lui sur son prédécesseur à la conservation du Musée des Antiquités, le regretté M. Deville.*

*Après en avoir entendu la lecture, la Commission désireuse de conserver cet hommage rendu à un éminent archéologue, par un savant dont elle garde précieusement le souvenir, décide que cette Notice sera imprimée à la suite du procès-verbal.* (Séance du 16 mars 1877).

LA MOSAIQUE DE LILLEBONNE. *Bolbec.* 1879. Voir le n° 385.

NOTICE HISTORIQUE ET DESCRIPTIVE SUR L'EGLISE PRIEURALE DE SIGY. *Rouen.* 1890. Voir le n° 101.

414. — LES VALLÉES DU LITTORAL DU HAVRE A DIEPPE. *La Normandie Littéraire.* Mars 1893. pp. 67 à 69.

En tête de ce travail on lit ce qui suit :

Ce petit Mémoire a paru le 8 juillet 1835 dans la *Gazette de Normandie.* C'est *M. l'abbé A. Tougard* qui l'a fait réimprimer. — Il en a été fait un tirage à part.

## III. OUVRAGES POSTHUMES

415. — Excursions Romantiques sur les Bords de la Durdent et de la Rivière de Fécamp (mémoire inédit composé en 1833 par l'abbé J. B. D. Cochet). *Rouen. Imprimerie Nouvelle, Paul Leprêtre, rue de la Vicomté, 75.* 1887. In-8º.

Faux-titre ; — Titre impr. ; — Au Lecteur, par l'abbé A. Tougard, pp. v à viii ; — Excursions Romantiques, pp. 9 à 23 ; — La Rivière de Fécamp, pp. 25 à 31.

Ces excursions ont été écrites par l'Abbé Cochet à l'âge de 21 ans. Au bas de la Couverture on lit : Ceci est l'ouvrage de ma jeunesse (1831).

416. — Notice historique et archéologique sur l'Eglise de Longpaon de Darnetal. *La Normandie. Revue Mensuelle. Rouen.* 1893-1894. In-8º.

Cette *Notice* se trouve dans les nᵒˢ de novembre, pp. 145 à 149 ; — décembre, pp. 182 à 188 ; — janvier 1894, pp. 221 à 224.

Le Manuscrit se trouve *aux Archives de la Paroisse de Longpaon*, il est signé : L'Abbé Cochet, *inspecteur des Monuments historiques de la Seine-Inférieure. Dieppe le 25 Juillet 1853.*

417. — Bordeaux (Raymond), *avocat et docteur en droit à Evreux. Membre de la Société des Antiquaires de Normandie, etc.*

Compte-Rendu. La Normandie souterraine ou Notice sur des Cimetières Romains et des Cimetières Francs explorés en Normandie, par l'abbé Cochet, *inspecteur des Monuments historiques de la Seine-Inférieure.* Ouvrage couronné par l'Institut, en 1854. 2ᵉ édition. s. l. n. d. *(Dieppe. Emile Delevoye, imprimeur).* In-8º de 7 pp. chiff.

Sans Titre ni Faux-titre.

418. — Braquehais (Léon).

L'abbé Cochet au Havre, sa maison natale, hommages rendus à sa mémoire. *Rouen. Imprimerie E. Marguery et Cⁱᵉ. Havre. Librairie A. Bourdignon fils.*

1889. In-8º, avec un portrait de l'abbé Cochet et une vue de sa maison natale.

Faux-titre ; — Portrait ; — Titre impr. ; — L'abbé Cochet, pp. 3 à 13 ; — Bibliographie. p. 14 ; — Pièces justificatives, pp. 15 et 16.

INDICATION DES PLANCHES :

1º Au Titre : Portrait de l'abbé Cochet, grav. par Carbonneau.

2º (p. 3) : Maison natale de l'abbé Cochet, d'après le dessin de M. J. George, architecte.

### 419. — Brianchon.

Bibliographie. LE TOMBEAU DE CHILDÉRIC-Iᵉʳ ROI DES FRANCS, restitué à l'aide de l'archéologie et des découvertes récentes faites en France, en Belgique, en Suissse. en Allemagne et en Angleterre, par M. l'abbé Cochet. *Imprimerie E. Prignet. Valenciennes.* 1860. In-8º.

Faux-titre ; — Titre impr. ; — Le Tombeau, pp. 5 à 16.

Cet écrit est daté du : *Château de Gruchet,* 19 janvier 1860.

### 420. — Brianchon.

Analyse du Mémoire de M. l'abbé Cochet intitulé LE TOMBEAU DE SAINTE-HONORINE A GRAVILLE, PRÈS

LE HAVRE. *Imprimerie E. Cagniard, rues de l'Impératrice, 88 et des Basnages, 5.* 1868. In-8° de 8 pp. chiff.

Il n'y a pas de Faux-titre. La Couverture sert de Titre.

*Extrait de la Revue de la Normandie. Novembre 1867.*

## 421. — Brianchon.

L'ABBÉ COCHET, sa mort, son inhumation, son monument. *Rouen. Imprimerie E. Cagniard, rues Jeanne-d'Arc, 88 et des Basnages, 5.* 1875. In-8°.

1 f. blanc ; — Faux-titre ; — Titre impr. ; — Dédicace : Aux Amis de M. l'abbé Cochet, pp. 5 et 6 ; — Sa Mort, pp. 7 à 14 ; — Son Inhumation, pp. 15 à 38 ; — Son Monument, pp. 39 à 46 ; — Pièces justificatives, pp. 47 à 51 et 1 f. blanc.

*La vignette qui est au Titre représente le Cachet de l'abbé Cochet ; il existe plusieurs vignettes dans le texte.*

## 422. — Brianchon.

L'ABBÉ COCHET ECCLÉSIOLOGUE ET ANTIQUAIRE CHRÉTIEN. *Dieppe. Imprimerie Paul Leprêtre et C$^{ie}$, Grande-Rue, 133.* 1877. In-8° avec un portrait en photog.

Faux-titre ; — Portrait ; — Titre impr. ; — Dédicace : A Monsieur l'abbé Sauvage, Aumônier du Collège de Dieppe, 1 f. n. chiff. ; — L'abbé Cochet, pp. 7 à 36.

*Le Portrait se trouve en regard du Titre, on lit au-dessous : L'abbé Cochet, à 57 ans, d'après la photographie de E. Letellier.*

423. — Brianchon.

LE MONUMENT DE L'ABBÉ COCHET. Tombeau. —
Buste. — Médaille. Mémorial de la Souscription dressé
par M. Brianchon, membre du Comité. *Rouen. E. Augé,
libraire-éditeur, 36, rue de la Grosse-Horloge.* 1879. In-8°
avec une eau-forte de M. J. Adeline et deux planches
photoglyptiques.

. Faux-titre ; on lit au verso : Evreux, imprimerie de Charles
Herissey ; — Titre impr. ; — Dédicace : A Monsieur les Président, Vicé-Président, Membres du Bureau et du Comité pour
l'érection d'un monument à la mémoire de l'abbé Cochet ; — 1 f.
n. chiff. ; — Introduction, pp. III à LXXXIV ; — Tombeau, pp. 1
à 24 ; — Buste, pp. 25 à 37 ; — Médaille, pp. 39 à 69 ; — Épilogue,
pp. 71 à 87 ; — Pièces justificatives, pp. 89 à 144 ; — Table,
1 f. n. chiff. et 1 f. blanc.

INDICATION DES PLANCHES :

1° (p. 1). Monument de l'abbé Cochet. Cimetière monumental de Rouen, eau-
forte par J. Adeline.
2° (p. 25). Buste de l'abbé Cochet par M. H. F. Iselin, statuaire.
3° (p. 39). Médaille de l'abbé Cochet par M. J. C. Chaplain, graveur.

On lit sur les deux dernières planches : *Photoglyp. Lemercier et Cⁱᵉ. Paris.*
Elles ont été faites d'après les clichés de E. Tourtin.

424. — Caraven (Alfred).

M. L'ABBÉ COCHET élevé à la dignité de Membre
correspondant de l'INSTITUT DE FRANCE (Académie des
Inscriptions et Belles-Lettres) dans la séance du

17 décembre 1864. *s. l. n. d.* (Castres. V. J. Abeilhou, imp. rue des Pradals, hôtel Jauzion. 1864). In-8° de 4 pp. chiff.

Sans Titre ni Faux-titre.

Extrait de l'*Echo du Tarn*.

425. — Corblet (abbé J.).

LE TOMBEAU DE CHILDÉRIC I<sup>er</sup>, Roi des Francs, restitué à l'aide de l'archéologie et des découvertes récentes par M. l'Abbé Cochet. pp. 1 à 7.

Sans Titre ni Faux-titre.

Extrait de la *Revue de l'Art Chrétien*.

426. — Gouellain (Gustave).

NOMINATION DE M. L'ABBÉ COCHET à la Conservation du Musée départemental d'Antiquités. *Rev. de la Norm.* 1867. Tom. VIII. pp. 322 et 323.

427. — Hardy (Michel).

NOTICE BIOGRAPHIQUE SUR M. L'ABBÉ COCHET accompagnée de la nomenclature complète de ses ouvrages. *Rouen. Ch. Métérie, libraire-éditeur, rue Jeanne-d'Arc, 11.* MDCCCLXXV (1875). In-8° avec portrait.

Faux-titre ; on lit au verso : de l'Imprimerie Paul Leprêtre et C$^{ie}$, Dieppe ; — Portrait ; — Titre impr. ; — Avis, 1 f. n. chiff. ; — M. l'abbé Cochet, pp. 7 à 14 ; — ˙Notice bibliographique, pp. 15 à 24.

Le Portrait qui se trouve au Titre a été lith. par Ch. Duchesne, imp. Lemercier et C$^{ie}$ à Paris; au-dessous, le fac-simile de la signature de l'abbé Cochet.

428. — Hardy (Michel).

SUR M. L'ABBÉ COCHET, Membre de l'Association Normande. *Annuaire des cinq Départements de la Normandie.* 1876. pp. 504 à 507.

429. — Herval (l'abbé).

ETUDE SUR LA NORMANDIE SOUTERRAINE de M. l'abbé Cochet. *Havre. Imprimerie Lepelletier, rue Caroline, 6.* 1857. In-8° de 8 pp. chiff.

Il n'y a pas de Faux-titre. La Couverture sert de Titre.

Extrait des Publications de la *Société Havraise d'Etudes diverses.*

430. — Laplumardie (G. G.), *ancien instituteur du degré supérieur.*

M. L'ABBÉ COCHET, inspecteur des Monuments histo-riques de la Seine-Inférieure, etc., etc. pp. 1 à 38.

*Archives des Hommes du jour,* revue mensuelle. *Paris, au Cabinet des Archives des Hommes du jour. s. d.* (Neuvième année).

431. — Loth (l'abbé Julien).

NOTICE SUR M. L'ABBÉ COCHET. *Rouen. Fleury, éditeur.* 1877. In-8°.

Faux-titre ; — Titre impr. ; — Notice, pp. 5 à 45.

432. — MONUMENT A LA MÉMOIRE DE L'ABBÉ COCHET. PROCÈS-VERBAUX DES RÉUNIONS DU COMITÉ. *Rouen. Imp. E. Cagniard.* s. d. (1875-1876). In-4° de 12 ff.

Sans Titre ni Faux-titre.

Le Bureau du Comité se composait de M. Gouellain, président ; M. d'Estaintot, vice-président ; M. l'abbé Loth, secrétaire ; M. l'abbé Tougard, secrétaire-adjoint ; M. Félix Vallois fils, trésorier.

Les Procès-Verbaux, au nombre de sept, ont tous tous été signés par M. Gouellain, président et par MM. l'abbé Loth, l'abbé Tougard et Félix Vallois fils.

Ce Recueil n'ayant été tiré que pour les *Membres du Comité* est de *toute rareté.* Il a été reproduit par M. Brianchon dans le *Monument de l'abbé Cochet.* Rouen. 1879. pp. 91 à 140.

433. — Rœssler (Charles).

ETUDE SUR L'ABBÉ COCHET. *Paris. Ed. Rouveyre, éditeur, 45, rue Jacob, 45.* 1886.

1 f. blanc ; — Faux-titre ; — Titre rouge et noir ; — Etude, pp. 5 à 64 ; — Liste des Souscripteurs, pp. 65 à 67 et 1 f. blanc.

434. — Thieury (Jules).

LE TOMBEAU DE CHILDÉRIC I<sup>er</sup>, Roi des Francs, restitué à l'aide de l'archéologie et des découvertes récentes faites en France, en Belgique, en Suisse, en Allemagne et en Angleterre. *s. l. n. d.* (Rouen. Imp. H. Rivoire et C<sup>ie</sup>, rue S<sup>t</sup>-Etienne-des-Tonneliers, 1). In-8° de 6 pp. chiff. et 1 f. blanc.

Sans Titre ni Faux-titre.

435. — Tougard (l'abbé A.).

LETTRES D'ÉRUDITION ET DE CRITIQUE adressées par M. L'ABBÉ P. LANGLOIS auteur de l'Histoire du Mont-aux-Malades à M. L'ABBÉ COCHET. Publiées par l'abbé A. Tougard. *Dieppe. Imprimerie Paul Leprêtre et C<sup>ie</sup>, Grande-Rue, 133.* 1880. In-8°.

Titre impr. ; on lit au verso : *Tiré à petit nombre* ; — Intro-duction, pp. 3 à 8 ; — Correspondance, pp. 9 à 65 ; — Notes, pp. 67 à 75 ; — 1 f. n. chiff. pour l'*Achevé d'Imprimer* le premier septembre mil huit cent quatre-vingt par *Paul Leprêtre et C<sup>ie</sup>, imprimeurs à Dieppe* et 1 f. blanc.

436. — Tougard (l'abbé A.), *professeur honoraire de troisième au Petit-Séminaire de Rouen.*

L'ABBÉ COCHET et quelques-uns de ses Correspondants. *Evreux. Imprimerie de l'Eure.* 1893. In-8°.

Titre impr. ; — Texte, pp. 3 à 76.

Extrait de la *Revue Catholique de Normandie.*

# V. PRINCIPAUX JOURNAUX DANS LESQUELS SE TROUVENT DES ARTICLES DE L'ABBÉ COCHET

**437. — Almanach Liturgique des Fidèles du Diocèse de Rouen**

1865. — Nécrologie Diocésaine. M. l'abbé Lefebvre, curé de Saint-Sever de Rouen, pp. 41 à 53,

1867. — Notice descriptive et critique sur la nouvelle Eglise de Sainte-Marie du Havre, pp. 132 à 137.

1868. — Le cardinal Cambacérès, archevêque de Rouen, pp. 143 à 154 (Extrait).

1868. — M. l'abbé Vincheneux, curé du Tréport. Mort le 13 novembre 1866, pp. 155 à 160.

**438. — Ami de la Religion**

1851. — 9 Octobre. — Cimetière Mérovingien de Lucy.

**439. — Bulletin d'Etretat**

1859. — 28 juillet. — Etymologie du nom d'Etretat. Extrait de Etretat. 1857.

1860. — 26 juillet. — A Monsieur Brianchon, Directeur du *Bulletin d'Etretat*. — Cette lettre donne la Biographie de Jacob Venedey.
— Cette Notice Biographique a été reproduite dans l'ouvrage de Jacob Venedey : Yport et Etretat, traduit par Brianchon. 1861 pp. 1 à 7.

1860. — 2 et 9 août. — A Monsieur Brianchon, Directeur du *Bulletin d'Etretat*. 1re et 2e lettres. Ces deux lettres donnent la Biographie de Pierre-François Frissard, inspecteur général des Ponts et chaussées.

1860. — 30 septembre. — Construction de l'Eglise d'Yport.

1861. — 22 août. — Voie Romaine de Lillebonne à Etretat. Extrait du XXV<sup>e</sup> vol. des *Mém. de la Soc. des Antiq. de Norm.*

1861. — 12 et 19 septembre. — Répertoire archéologique d'Etretat. Extrait du Répertoire archéologique de la Seine-Inférieure.

1862. — 11 septembre. — Profils contemporains à Etretat. L'abbé Cochet, par Brianchon, avec un portrait grav. par Carbonneau.

## 440. — Courrier de Dieppe

1842. — 2 août. — Bénédiction d'un Tableau de St-François-Régis, avec allocution de l'abbé Cochet. Reproduit dans la *Revue du Havre* du 13 septembre.

1842. — 9 septembre. — Fouilles du Château-Gaillard. Reproduction d'un article du *Progressif Cauchois* du 7.

1842. — 13 septembre. — Création d'un Musée des Antiquités à Etretat.

1842. — 27 décembre. — Les Salines de Bouteilles (article anonyme).

*Article ayant rapport à l'abbé Cochet :*

1842. — 23 mars. — Nomination de l'abbé Cochet au Collège de Rouen. Reproduction d'un article du *Journal de l'Arrondissement du Havre* avec additions.

## 441. — Courrier du Havre

1849. — 11 avril. — L'abbé Cochet nommé Inspecteur des Monuments historiques (en remplacement de M. A. Deville).

1852. — 8 juin. — Explorations à Etretat. Reproduit par la *Vigie* du 13 et le *Journal G<sup>al</sup> de l'Instruction publique* du 31 août.

## 442. — Courrier de S. Hyacinthe (Canada)

1873. — 27 mars. — Lettre de M. l'abbé Cochet à Le Métayer.

## 443. — Impartial de Rouen

1851. — 13 mars. — Fouilles d'Envermeu. Reproduction d'un article de la *Vigie de Dieppe* du 11.

**444. — Journal de l'Arrondissement du Havre**

1839. — 25 septembre. — Lettre sur le nombre des prêtres mis à mort pendant la Révolution. (Cet article est signé X.)

1842. — 11 septembre. — Fouilles du Château-Gaillard. Voir aussi le *Progressif Cauchois* du 7 et le *Courrier de Dieppe* du 9.

1842. — 11 décembre. — Réception de M. l'abbé Cochet à l'Académie Royale de Rouen (fragments). Signé Hervé.

1843. — 27 septembre. — Fouilles entre Etretat et Bordeaux-Saint-Clair.

1843. — 18 octobre. — De la fabrication du sel en Normandie (Analyse et courte citation à propos d'une pétition des Armateurs de Fécamp).

1844. — 1er janvier. — Société libre d'Emulation de Rouen. Séance du 15 décembre. Analyse d'un Mémoire de l'abbé Cochet, sur les salines, les vignobles, la pêche.

1867. — 7 avril. — Tombeau de Ste-Honorine à Graville.

*Articles ayant rapport à l'abbé Cochet :*

1840. — 1er novembre. — Départ du Havre de l'abbé Cochet. — Lettre au même journal.

1842. — 23 mars. — Nomination de l'abbé Cochet au Collège de Rouen.

**445. — Journal de Bolbec**

1870. — 16 avril. — La Mosaïque de Lillebonne.

1870. — 25 mars. — Note sur la Mosaïque trouvée à Lillebonne.

**446. — Journal d'Elbeuf**

1864. — 24 mai. — Découverte à Caudebec-lès-Elbeuf.

**447. — Journal de Fécamp**

1848. — 8 mars. — Le Parc aux huîtres d'Etretat. Reproduction de la *Vigie de Dieppe* du 8 mars.

1850. — 24 juillet. — Notice sur Ph.-P. Le Mettay, par Ch. Le Carpentier. (Cette notice a été communiquée par l'abbé Cochet).

1861. — .  — Sépultures chrétiennes trouvées à Fécamp en 1861.

1863. — 17 janvier. — Citation d'une lettre au Maire du Havre sur des Hachettes de la Hève. Reproduction de l'*Echo du Havre* du 15 et du *Journal* et du *Nouvelliste de Rouen* du 16.

12

1863. — 24 janvier. — Découverte à Ancretteville.

1864. — 30 avril. — Fouilles de l'abbé Cochet à Collerville — L. Nicolle.

1864. — 27 octobre. — Appel à l'abbé Cochet sur une découverte à Lillebonne.

## 448. — Journal de Graville

1851. — 19 et 22 juin. — Compte-rendu de l'ouvrage de l'abbé Lecomte, Messire de Clieu. Reproduction d'un article de la *Revue de Rouen*. Voir aussi la *Vigie de Dieppe* des 6, 10 et 13.

## 449. — Journal du Havre

1842. — 8 octobre. — Renseignements de l'abbé Cochet sur l'inondation d'Etretat.

## 450. — Journal de Neufchâtel

1848. — 23 mai et 6 juin. — Notice sur l'Eglise prieurale de Sigy.

1848. — 13 juin. — Lettre du Saint-Père à M. l'abbé Cochet.

1849. — 6, 13 et 20 février. — Notice sur l'ancienne Abbaye de Bellozane.

1849. — 3 et 24 avril, 1er, 15, 22 et 29 mai. — Le Manoir des Archevêques de Rouen sur l'Aliermont.

1849. — 30 Octobre. — Au profit de l'Eglise des Petites-Ventes.

1849. — 30 octobre, 6 et 13 novembre. — Les Eglises de l'arrondissement de Dieppe. — Eglises rurales.

1851. — 4 et 11 février. — Villas romaines et Cimetières Mérovingiens de la Seine-Inférieure.

1852. — 18 et 25 mai et Ier juin. — Note sur cinq monnaies d'or trouvées dans le Cimetière Mérovingien de Lucy, près Neufchâtel, en 1851.

1855. — 7 août et 11 septembre. — Tombeaux de la vallée de l'Eaulne. (Cet article concerne l'abbé Cochet à propos des cinq monnaies mérovingiennes de Lucy.)

1855 — 21 août. — Epigraphie de la Seine-Inférieure.

1857. — 1er Décembre — Découverte d'antiquités au Havre. Cet article qui est de l'abbé Decorde, concerne l'abbé Cochet.

1858. — 17 août. — Découverte et exploration d'un cimetière romain du Haut-Empire, à Barentin, arrondissement de Rouen.

1858. — 31 août. — Article sur l'abbé Decorde.

1859. — 27 septembre. — Découverte et exploration d'un cimetière gallo-romain à Beaubec-la-Rosière.

1860. — 3 janvier. — Encastrement d'une statue sépulcrale du XIIIe siècle dans l'Eglise du Mesnil-Mauger. (Anonyme).

1861. — 2 avril. — Antiquités chrétiennes découvertes à l'Abbaye d'Aumale en 1859.

1862. — 28 janvier et 27 mai. — Découvertes archéologiques à Fontaine, près Blangy. Fouilles faites sous la surveillance de M. l'abbé Cochet. — Cet article est signé Parisy-Dumanoir.

1862. — 1er et 8 juillet et 14 octobre.— Découvertes archéologiques à Foucarmont.

1863. — 6 octobre. — Découverte d'un Cimetière Gaulois dans la basse-forêt d'Eu.

1866. — 24 avril. — Les fouilles de Douvrend, près Dieppe, en 1865.

1866. — 19 juin. — Antiquités franques trouvées à Sommery, arrondissement de Neufchâtel.

1867. — 2 juillet. — M. Mathon et le Musée de Neufchâtel.

1868. — 27 octobre. — Encastrement de dalles tumulaires à Bosc-Béranger et à Héricourt-en-Caux.

1869. — 19 octobre. — Exploration de maisons romaines dans la forêt d'Eawy.

1869 — 16 novembre. — Antiquités Mérovingiennes découvertes à Nesle-Hodeng, en octobre 1869.

1873 — 8 juillet. — Les Œuvres de M. l'abbé Cochet. Reproduction d'un article de l'*Univers*, signé :.Loth.

1873. — 7 et 21 octobre. — Cimetière Gaulois, à Bellozane, près Gournay.

1873. — 15 novembre. — Fouilles d'une Villa Romaine à Saint-Martin-Osmonville.

1874 — 23 juin. — L'Eglise de Brémontier.

1874. — 8 septembre. — Un four à briques romaines.

1875. — 8 juin. — Article nécrologique sur M. l'abbé Cochet.

1875. — 10 août. — Bibliographie, par P. Delesques.

## 451. — Journal de Rouen

1853. — 27 août. — Cimetière Romain de Lillebonne.

1867. — 8 janvier. — Lettre de l'abbé Cochet, datée de Dieppe, 6 janvier. A propos de l'attaque d'André Durand au sujet des travaux de la Cathédrale.

1875. — 7 avril. — Découvertes romaines à Incheville.

## 452. — Mémorial de Fécamp

1841. — 26 mai. — D. Fillastre (extrait).

1849. — 28 avril. — Fouilles à Cany chez les Souday. Cet Article a été reproduit le même jour dans le *Progressif Cauchois*, le *Mémorial de Rouen*. l'*Impartial de Rouen*, article signé Léonce de Glanville, et le *Journal de Rouen* du 30 avril.

### 453. — Mémorial de Rouen

1844. — 7 juin. — Société libre d'Emulation. L'abbé Cochet et son Mémoire sur la vigne.

1847. — 22 octobre. — Extrait du Rapport au Préfet sur les fouilles de Londinières.

1849. — 30 avril. — Fouilles à Cany chez les Souday. Reproduction du *Journal de Fécamp*, du 28.

1853. — 27 août. — Cimetière Romain de Lillebonne.

### 454. — Nouvelliste de Rouen

1862. — 3 juillet. — Découverte Archéologique à Tourville-la-Rivière.

1874. — 12 décembre. — Dalles tumulaires cédées par M. Dégenétais.

### 455. — Phare de Dieppe

*Articles ayant rapport à l'abbé Cochet :*

1842. — 23 mars. — Nomination de l'abbé au Collège de Rouen. — Voir aussi le *Journal de l'Arrondissement du Havre*, même date, et le *Courrier de Dieppe*, 25 mars.

1842. — 4 mai. — Citation d'un rapport pour la Société de S.-F.-Régis.

### 456. — Progressif Cauchois

1842. — 4 février. — Fouilles d'Etretat.

1842. — 7 septembre. — Fouilles du Château-Gaillard. Cet article a été reproduit par le *Courrier de Dieppe* du 9 septembre.

1842. — 8 octobre. — Anciennes Industries du Département de la Seine-Inférieure. Les Salines.

1843 — 27 septembre. — Fouilles à Bordeaux-Saint-Clair.

1851. — 8 janvier. — Décoration du père de l'abbé Cochet. Signé Paul Vasselin.

### 457. — Revue du Havre

1842. — 31 janvier. — Lettre sur les fouilles d'Etretat.

1842. — 13 septembre. — Bénédiction d'un Tableau de St-François-Régis, avec allocution de l'abbé Cochet. Reproduction d'un article du *Courrier de Dieppe* du 2 août.

1843. — 6 juin. — Notice sur D. Fillastre.

— 149 —

1847. — 28 novembre. — Nouvelles fouilles à Londinières en novembre. Reproduction d'un article de la *Vigie de Dieppe* du 19.

1850. — 16 mai. — Bénédiction des Cloches d'Etretat. Citation du sermon de l'abbé Cochet

*Articles ayant rapport à l'abbé Cochet :*

1840. — 25 octobre. — Départ du Havre de l'abbé Cochet. Article de Morlent.

1840. — 1er novembre. — Regrets de n'avoir pu l'obtenir pour Curé à Etretat.

**458. — La Semaine Religieuse du Diocèse de Rouen**

1867. — Tom. I.  n° 12. — 18 mai. — Dalle tumulaire découverte dans l'église Saint-Jacques de Dieppe, pp. 195 et 196.

»  »  n° 41. — 7 décembre. — La Chapelle de Saint-Joseph à Saint-Rémy de Dieppe, p. 678

1868. — Tom. II.  n° 7. — 11 avril. — A propos de l'allocation accordée par le Conseil général de la Seine-Inférieure pour l'entretien des monuments historiques de ce département, pp. 108 à 110.

1869. — Tom. III. n° 6. — 10 avril et n° 8. — 24 avril. — Secours aux Eglises Monumentales du Diocèse de Rouen, pp. 138 à 140 et pp. 176 à 180.

»  »  n° 31. — 2 octobre et n° 36. — 6 novembre. — Dalles tumulaires et inscriptions commémoratives découvertes aux anciens Dominicains de Rouen, en 1869, pp. 733 et 734 et pp. 850 à 853.

1870. —  »  n° 46. — 15 janvier. — La Sœur Marie-Jeanne Fleury. (Notice nécrologique), pp. 1094 à 1097.

»  »  n° 48. — 29 janvier et n° 49. — 5 février. — Lettre sur les Confessionnaux au Moyen-Age, pp. 1133 à 1136 et 1157 à 1160.

»  Tom. IV. n° 4. — 26 mars. — Découverte d'une Mosaïque à Lillebonne, pp. 93 et 94.

»  »  n° 13. — 28 mai. — La Tour d'Etretat, pp 310 à 312.

»  »  n° 36. — 5 novembre. — Le Saint-Sépulcre des anciens Dominicains de Rouen, pp. 856 et 857.

1871. —  »  n° 43. — 21 janvier. — M. l'abbé Letheux, curé-doyen d'Envermeu. (Notice nécrologique), pp. 1028 à 1031.

»  Tom. V. n° 3. — 18 février. — Une Pierre-Limite de l'abbaye de Saint-Ouen, pp 39 à 41.

»  »  n° 12. — 22 avril. — M. Paray, clerc du trésor de Saint-Rémy de Dieppe, pp. 254 et 255.

1871. — Tom. V. n° 31. — 26 août. — Les porches de nos Eglises à propos du porche de Bosc-Bordel (Seine-Inférieure), pp. 702 à 706 et pp. 730 à 733.

» » n° 46 — 9 décembre. — M. l'abbé Masson. (Notice nécrologique, pp. 1075 à 1077.

1872. — Tom. VI. n° 42. — 19 octobre. — Fouilles dans la Crypte de Saint-Gervais de Rouen, pp. 996 et 997.

» » n° 48. — 30 novembre. — Plaques de plomb provenant de l'Eglise des anciens Dominicains de Rouen, pp. 1140 et 1141.

1873. — Tom VII. n° 1. — 4 janvier. — L'Eglise de Saint-Jacques de Dieppe, pp 7 à 9.

» » n° 14. — 5 avril — Plaques en plomb provenant de l'Eglise des Dominicains de Rouen. pp. 334 à 336

» » n° 18. — 3 mai et n° 19. — 10 mai. — M. l'abbé Bénard, curé-doyen de Notre-Dame du Havre, chanoine honoraire. (Notice nécrologique), pp. 417 à 419 et pp. 440 à 443

1874. — Tom.VIII. n° 43 — 24 octobre. — Eglise Saint-Rémi de Dieppe, pp. 1032 et 1033.

1875. — Tom. IX. n° 19. — 8 mai. — Acquisition du battant de la cloche de Georges-d'Amboise par le Musée des Antiquités de la ville de Rouen, pp. 444 et 445.

1876. — Tom. X. n° 27. — 1er juillet ; n° 28. — 8 juillet ; n° 29. — 15 juillet ; n° 30. — 22 juillet ; n° 31 ; — 29 juillet ; n° 32. — 5 août ; n° 33. — 12 août. — M. l'abbé Cochet. (Notice nécrologique. — Cette Notice qui n'est pas signée est de l'abbé Julien Loth. Voir le n° 431), pp. 653 à 658 ; pp. 676 à 680 ; pp. 700 à 706 ; pp. 724 à 729 ; pp. 748 à 753 ; pp. 772 à 776 ; pp. 796 à 801.

### 459. — Univers (Table manuscrite de l') par l'abbé Gasse

1852. — 9 octobre. — Fouilles de Fécamp.

1857. — 22 juin. — Le Filleul des Guerrots, le Florian de la Normandie.

1861. — 18 octobre. — Mascaret à Caudebec-en-Caux.

### 460. — La Vérité, de Rouen

1839. — 4 mai. — N° 16. — 1re année. — Eglise de Saint-Jean-d'Abbetot.

### 461. — La Vigie de Dieppe

1845. — 19 septembre. — Découverte d'un Cimetière Romain à Neuville-le-Pollet.

1846. — 2 juin. — Fouilles de Sainte-Marguerite, près Dieppe.
1846. — 18 août. — Inauguration du buste de Bouzard sur la jetée de Dieppe.
1846. — 22 septembre. — Inscriptions sur les maisons de l'abbé Guibert et de Cousin-Despréaux. — Notice sur l'abbé Guibert. — Reproduction de la *Revue de Rouen* du mois de janvier 1842.
1846. — 20 novembre. — Messire Philippe de Montigny, gouverneur de Dieppe.
1846. — 1er décembre. — Michel Borlé, sculpteur dieppois.
1847. — 15 janvier. — Tombeau en pierre découvert au chemin de fer de Dieppe. (non signé).
1847. — 22 janvier. — Sépultures antiques trouvées au chemin de fer de Dieppe. (non signé).
1847. — 2 février. — Honneurs rendus aux Dieppois célèbres. — Descroizilles.
1847. — 23 février. — Souvenirs d'un vieux Dieppois. — L'abbé Briche.
1847. — 16 avril. — Thomas Bouchard. (non signé).
1847. — 23 avril. — Fauconneau trouvé en mer.
1847. — 30 avril. — Sépultures anciennes trouvées à Saint-Pierre-d'Epinay, dans les travaux du chemin de fer de Dieppe. — Extrait de la *Revue de Rouen*.
1847. — 7 mai. — Chapelle de Notre-Dame-des-Vertus.
1847. — 23 juillet. — L'abbé Gossier (notice biographique). Non signé.
1847. — 14, 17 et 24 septembre. — Noël de la Morinière (notice biographique). Non signé.
1847. — 17 septembre. — Le chœur de Saint-Jacques. Non signé.
1847. — 12 octobre. — Fouilles de Londinières. Cet article a été reproduit par le *Moniteur* du 16 et par l'*Univers* du 19.
1847. — 19 novembre. — Nouvelles fouilles à Londinières en novembre. Cet article a été reproduit dans la *Revue du Havre* du 28.
1847. — 24 décembre. — L'abbé Auvray. (Notice biographique). Non signé.

*Article ayant rapport à l'abbé Cochet :*

1847. — 7 décembre. — Fouilles de l'abbé Cochet aux environs de Dieppe, par E. Léger, architecte. Cet article a été reproduit dans le *Mémorial de Rouen* du 15 décembre.
1848. — 14 janvier. — Biographie dieppoise. Crignon, Felle et Derriennes.
1848. — 28 janvier, 4, 15 et 25 février, 3 et 17 mars. — Etudes historiques sur Richard Simon.
1848. — 3 mars. — Le Parc aux huitres d'Etretat. (Non signé). Reproduction de la *Revue de Rouen*.
1848. — 24 mars. — Destruction de la butte du Moulin-à-Vent.
1848. — 12 et 23 mai. — Le prêtre Véron, fondateur de l'Hospice de Dieppe. (Les deux articles sont signés C. T.).

1848. — 14 et 25 juillet, 8 et 15 août. — Pierre Graillon, sculpteur né à Dieppe.

1848. — 22 août, 12 septembre, 24 novembre, 1er et 15 décembre. — Histoire de l'Imprimerie à Dieppe. Ces articles sont signés C. T.

1849. — 19 janvier. — Une inscription à Richard Simon. (Non signé).

1849. — 23 et 30 mars — Le Manoir des Archevêques de Rouen sur l'Alihermont.

1849. — 1er mai. — Cimetière Gallo-Romain découvert à Cany.

1849. — 29 mai et 1er juin. — Biographie Dieppoise. Le père Crasset, jésuite. (Extr. de la *Revue de Rouen*).

1849. — 11 septembre. — Mademoiselle de Rassent ou la Miraculée d'Archelles.

1849. — 25 décembre. — L'Eglise du Pollet.

1850. — 8 mars. — Exploration du Cimetière romain de Neuville. — Inscription de J. Ango.

1850. — 13 septembre. — Sur un Vitrail neuf de l'église Saint-Rémi. — Paru aussi dans la *Revue du Havre*, le 19 septembre. Cet article est une réimpression de celui publié dans l'*Art en Province*.

1850. — 17 septembre. — Fouilles d'Envermeu en 1850.

1850. — 1er octobre. — Exploration du Cimetière Mérovingien de Londinières. Voir aussi le *Journal de Neufchâtel*, même date.

1850. — 1er novembre. — Tombeau en pierre trouvé dans le Grand-Val près Etretat.

1850. — 31 décembre. — Inscription trouvée dans les démolitions de l'église des Carmes de Dieppe.

1851. — 29 avril. — Bibliographie. Essais de l'abbé Decorde.

1851. — 11 mars. — Fouille d'Envermeu. Cet article a été reproduit dans l'*Impartial de Rouen* du 13.

1851. — 6, 10 et 13 juin. — Compte-Rendu de l'Ouvrage de l'abbé Lecomte. Messire de Clieu.

1851. — 19 novembre. — Sur un Vitrail neuf de l'Eglise Saint-Jacques de Dieppe.

1851. — 26 décembre. — Rapport sur les fouilles du bois des Loges. (Emprunt à la *Revue de Rouen*).

1852. — 26 mars. — Compte-Rendu de l'Histoire des Miracles par M. de Glanville.

1852. — 30 juin. — Exploration à Etretat. Reproduction d'un article du *Courrier du Havre* du 8.

1852. — 21 septembre. — Fouilles de Fécamp. Découverte d'un Cimetière Gallo-Romain.

1852. — 3 décembre. — Bibliographie. Petite Géographie par Morlent.

1853. — 12 avril. — M. l'abbé Mermilliod.

1853. — 28 juin. — L'Eglise Saint-Jacques de Dieppe, sa décoration et ses verrières. Signé C. T.

1853. — 22 juillet. — Antiquités romaines découvertes à Lillebonne.

1853. — 22 novembre. — L'Abbaye de S¹-Victor-en-Caux. — Crèche de S¹-Vincent-de-Paul. Signé C. T.

1853. — 16 décembre — Cimetière franc mérovingien d'Envermeu.

1854. — 7 février. — Découverte à Saint-Aubin-sur-Scie.

1854. — 2 mars et 11 avril. — Note sur un Tombeau en pierre trouvé à Ouville-la-Rivière.

1854. — 11 août — Le nouveau Vitrail du Rosaire à Saint-Jacques de Dieppe.

1854. — 26 décembre. — Notice nécrologique sur Ed. Jean. Signé C. T.

1855. — 16 janvier. — La Porte d'Etoutteville.

1855. — 26 janvier. — Mᵐᵉ d'Etrépagny (notice nécrologique)

1855. — 6 février. — Mort de M. de Bréauté.

1855. — 25 mai. — Restauration de la Croix de la Moinerie, citation de la Notice de l'abbé Cochet.

1855. — 10 juillet. — Sépultures chrétiennes trouvées à Bouteilles, près Dieppe.

1855. — 18 juillet. — Sépultures chrétiennes de la période anglo normande, trouvées à Bouteilles, en 1855.

1855. — 24 juillet. — Vases découverts à Fréfossé.

1855. — 27 juillet et 7 août. — Notice biographique sur M. Nell de Bréauté.

1855. — 21 août. — Découverte de peinture murale à S¹-Ouen de Rouen.

1855. — 31 août. — L'Eglise S¹-Jacques de Dieppe, sa décoration et ses verrières.

1855. — 14 décembre. — Monnaies d'or anglo-franç. trouvées à Arques et à Bruneval.

1856. — 29 février. — Une Cachette du XVIᵉ siècle.

1856. — 21 mars. — Squelette debout à Fécamp.

1856. — 8 avril. — Sépultures gallo-romaines découvertes à S¹-Martin-en-Campagne.

1856. — 27 mai. — Arques et Archelles.

1856. — 22 et 25 juillet — Note sur des Tombeaux chrétiens trouvés à Bouteilles en 1856.

1856. — 23 septembre. — Découvertes de Villas en Angleterre.

1856. — 3, 7 et 14 octobre. — Notice sur des Antiquités romaines découvertes dans la Seine-Inférieure en 1856.

1856. — 21 octobre. — Découverte épigraphique au Pont-de-l'Arche.

1857. — 6 janvier. — Benoit-Vallin. (Article nécrologique).

1857. — 24 février. — Antiquités franques découvertes à Envermeu, article de l'abbé Corblet.

1857. — juin. — M. Le Filleul des Guerrots (article nécrologique).

1858. — 5 mars. — Traduction du Bref de Pie IX à l'abbé Cochet, 30 décembre 1857.

1858. — 23 avril. — La Flèche de la Cathédrale de Rouen. Cet article a été reproduit dans le *Journal de Rouen* du 25.

1858. — 30 avril. — M. Levasseur (nouvelles locales). — La nouvelle Croix de pierre de Brachy.

1858. — 23 juillet. — Découverte d'un Cimetière Romain à Barentin.

1858. — 13 août. — Monuments historiques. Rapport du Préfet au Conseil d'arrondissement.

1858. — 24 août. — Nomination de l'abbé Decorde à la Commission des Antiquités.

1858. — 19 octobre. — Démolition de la Chapelle des Grèves, au Pollet.

1858. — 2 novembre. — L'abbé Cochet, son article dans le Vaperean. — *Dictionnaire des Contemporains.*

1859. — 4 février. (Supplément). — Mort de M. Désiré Lebeuf.

1859. — 4 mars. — Note sur les restes d'un Palais de Charles-le-Chauve à Pitres (Eure).

1859. — 12 avril. — Guillaume de Saane.

1859. — 9 mai. — Fouilles de Bernay. Réimpr. à Londres.

1859. — 19 juillet. — Nouvelle découverte d'Antiquités à Pitres (Eure) en 1859. (Extrait d'une lettre à la Société de l'Eure).

1859. — 8 novembre. — Bouteilles, son importance et son rôle au Moyen-Age.

1859. — 22 novembre. — M. Amédée Féret. (Article nécrologique).

1859. — 31 décembre. — M. Abraham Vasse. Article signé C. T.

1860. — 6 janvier. — Nécrologie Diocésaine et Biographie Normande. M. l'abbé Langlois.

1860. — 9 mars. — Examen par l'abbé Cochet d'une découverte faite à Etalondes.

1860. — 27 mars. — De l'Eglise Saint-Rémy, à propos du nouveau Vitrail des Prophètes.

1860. — 8 mai. — Le nouveau Calvaire d'Offranville.

1860. — 30 novembre. — Société des Antiquaires de Normandie. Discours de Mgr de Bonnechose et toast de M. Puiseux. (Cet article est signé C. T.).

1860. — 7 décembre. — Inauguration et Bénédiction du Nouvel Hospice de Dieppe et de sa Chapelle. Cet article a été inséré dans l'*Almanach de Dieppe* pour 1861, pp. 423 à 438.

1860. — 18 décembre. — M. l'abbé Baudry. (Cet article est signé C T.).

1860. — 25 décembre. — Hachettes diluviennes. — Extrait d'une lettre adressée à M. le professeur Charma, secrétaire de la Société des Antiquaires de Normandie, à Caen. (Reproduction d'un article de la *Picardie*).

1861. — 5 mars. — Les Vitraux du Tréport

1861. — 2 avril. — M. l'abbé Desliens, curé d'Eletot. (Article nécrologique, signé L'abbé C. T.).

1861. — 2 avril. — La Pierre tombale d'Antoine Legendre, curé d'Hénouville et ami du grand Corneille. Extrait du deuxième numéro du *Bulletin de la Société des Antiquaires de Normandie.*

1861. — 2 août. — Découvertes d'Antiquités chrétiennes à Auffay.

1861. — 3 septembre. — Nouvelles Antiquités chrétiennes trouvées à Auffay.

1862. — 7 janvier. — M. le général de Crény. (Article anonyme, reproduit par le *Journal de Rouen* du 8).

1862. — 18 avril. — Le Baptistère de Bacqueville.

1862. — 30 mai. — Les Ruines de l'Eglise du Petit-Apperille.

1862 — 30 mai. — Découverte du Cœur de Charles V, dit le Sage, dans la Cathédrale de Rouen.

1862. — 27 juin. — Une Croix de Mission à Sainte-Marguerite-sur-Mer. (Article signé C. T.).

1862. — 3 octobre. — L'Eglise de Longueville.

1863. — 20 mars. — M. Lenormand, du Bosc-le-Hard. (A propos de sa nomination au grade de chevalier de la Légion d'honneur. — M. Lenormand était maire de cette commune.

1863. — 5 mai. — Rétablissement de l'inscription commémorative de la Bataille d'Arques.

1863. — 21 juillet. — L'Eglise du Petit-Apperille. (Article anonyme).

1863. — 14 août. — M. l'abbé Leguest. (Article nécrologique).

1865. — 25 avril. — Communication de l'abbé Cochet au Congrès des Sociétés Savantes.

1866. — 20 novembre. — Inhumation de M. le Curé du Tréport. (Article signé C. T.).

1871. — 16 avril. — La Tour d'Etretat.

1872. — 1er novembre. — Rapport sur le Prix de Vertu (Boucher de Perthes).

1874. — 9 octobre. — Bibliographie et Histoire. Instruction, etc., publié par le Dr de Berin. (Article anonyme).

1875. — 12 janvier. — S. Lefebvre. (Article nécrologique, signé C. T.).

## VI. — ICONOGRAPHIE DES PORTRAITS DE L'ABBÉ COCHET

462. — 1º In-8º. Carbonneau, sc. Ce portrait a d'abord été publié dans la *Normandie Souterraine* (2ᵉ édition. 1855) ; ensuite dans la *Galerie Dieppoise*. 1862 ; — dans le *Bulletin d'Etretat*. nº 11. jeudi 11 septembre 1862 ; — dans la 4ᵐᵉ et dans la 5ᵐᵉ édit. de *Etretat. Dieppe*. 1862 et 1869 ; — et en dernier lieu dans la Notice intitulée : *L'abbé Cochet au Havre*, par Léon Braquehais. *Rouen et Havre*. 1889.

2º In-4º. Lith. par Morel.

3º In-8º. Lith. par Duchesne, imp. Lemercier et Cⁱᵉ. Paris. dans la *Notice Biographique* par Michel-Hardy. 1875.

4º In-8º en photog. L'abbé Cochet à 57 ans d'après la photographie de E. Letellier, dans la Notice de Brianchon : *L'abbé Cochet, ecclésiologique et antiquaire chrétien*. Dieppe. 1877.

463. — Buste et Médaille.

La reproduction du Buste et de la Médaille de l'abbé Cochet se trouve dans l'Ouvrage de M. Brianchon : *Le Monument de l'abbé Cochet. Tombeau. Buste. Médaille. Rouen. 1879. In-8º.*

# VII. — OUVRAGES INÉDITS

### 464. — Premier Mémoire Archéologique

*A Monsieur Emmanuel Gaillard*

Monsieur,

Vous avez dit dans vos *Essais Archéologiques* sur notre pays : « Je désirerais que ma voix pût retentir jusque dans les plus faibles hameaux. » Elle y a retenti, Monsieur ; et c'est pour y répondre, que j'élève aujourd'hui la mienne du sein de mon humble village. L'amour de la patrie m'inspire cette démarche, et un si beau motif trouvera sans doute grâce devant vos yeux.

Dans votre ouvrage, Monsieur, vous signalez Etretat comme un point qui a pu être occupé par les anciens dominateurs du monde. Cette opinion, adoptée aujourd'hui par tous les hommes de la science, est d'ailleurs appuyée par des monuments incontestables. C'est de ces monuments que je viens vous entretenir en ce moment ; c'est sur eux que j'appelle votre attention ; et s'ils pouvaient vous paraître dénués d'intérêt, c'est à moi seul qu'il faudrait imputer ce malheur.

Le premier de tous et le plus anciennement découvert est une vieille inscription sur laquelle on lisait ces mots latins : OPPIDUM ET CIVITAS (1). Nous avons beaucoup cherché à nous procurer cet ancien monument ; mais il parait perdu une seconde fois. Mais vous, Monsieur, vous serait-il bien aisé de nous expliquer comment cette inscription toute romaine s'est trouvée échouée sur le rivage ?

Le second est un aqueduc ou cloaque : car il ne pouvait avoir qu'une de ces deux destinations ; mais le soin avec lequel il était fabriqué me ferait croire que c'était une fontaine. Le fond du canal est formé avec une couche de ciment très rouge.

---

(1) Pour le dire en toute franchise, cette inscription ne semble être autre chose qu'une niche de quelque mauvais plaisant qui l'aura forgée pour ravir d'aise l'archéologue novice. Au reste l'abbé Cochet a fait lui-même, à diverses reprises, la critique de l'œuvre de ses vingt-deux ans, dans sa brochure sur Etretat. — L'ABBÉ A. TOUGARD.

De ce même ciment sont enduites les deux murailles collatérales, qui forment la caisse de l'aqueduc, et le haut est couvert avec de grosses pierres calcaires, encore brutes à l'extérieur, quoique taillées en nacelle à l'intérieur. Ce canal peut avoir dix pouces de haut sur un pied de large ; sa longueur n'est pas connue ; il paraît se prolonger fort avant dans le vallon. On en a retrouvé des fragments à plus de huit cents pas de distance des premiers. Etait-ce le même ? En était-ce un autre ? Je ne le sais ; mais tout porte à croire que c'était le même : le genre de construction, le plan, la direction, etc.

Le troisième monument est des plus importants. Ce sont les restes de vieilles et fortes murailles, dans l'intervalle desquelles l'on a trouvé de grandes et larges tuiles servant de pavé sans doute ; car elles étaient posées horizontalement au-dessus d'une couche de gros ciment rouge, dans lequel elles paraissaient maçonnées. Ces tuiles ont tout ce que les antiquaires exigent pour caractériser une brique romaine, et elles ressemblent complètement à celles que l'on voit à Lillebonne dans les débris du théâtre ou des thermes. Elles ont quatorze à quinze pouces de long sur dix ou douze de large, et à peu près un pouce d'épaisseur, telles enfin que les désigne l'*Annuaire* de 1823, telles que les signale M. A. Le Prevost dans son ouvrage sur le département de l'Eure. J'ajouterai que deux côtés de ces tuiles sont munis d'un rebord très bien marqué. Or la présence de ces rebords, reconnaissable, dit M. A. Le Prevost, jusque dans les moindres fragments, suffit pour indiquer, de la manière la plus incontestable, une tuile romaine. Donc, etc. Maintenant je vais vous faire part de diverses circonstances qui donnent à cette découverte un caractère particulier.

Immédiatement au-dessus de la ligne des pavés, on voyait une couche de terre grisâtre et cendrée, dans laquelle on trouvait beaucoup de charbons (on peut encore reconnaître aujourd'hui ce terrain charbonné, attendu que les fouilles n'ont pas été continuées). Ce sont là des preuves non équivoques de l'incendie qui aura détruit cet édifice ; mais ce n'est pas tout. Au-dessus de ces cendres, à la hauteur d'un pied, se trouvaient rangés à la file un grand nombre de cadavres, et des ossements bien conservés. Comment, direz-vous, ces cadavres se trouvaient-ils là ? Comment n'ont-ils pas été dévorés par les flammes ? Cette chose qui, au premier abord, paraît extraordinaire, va bientôt s'expliquer toute seule. Il est bien démontré par le charbon et les cendres que l'édifice qui existait en ces lieux a été détruit par un incendie ; il n'est pas moins certain que les inondations de terre ou de mer auxquelles Etretat est très exposé, ou quelque autre catastrophe, auront recouvert de terre les ruines de l'édifice, comme à Lillebonne le théâtre lui-même était profondément enseveli. Ajoutons maintenant que ces murailles et ces tuiles ont été trouvées auprès d'une ancienne chapelle qui existait avant la Révolution, et qui portait le nom de S.-Valery ; que cette chapelle était l'église de la paroisse, et que ses alentours servaient de cimetière. Alors il deviendra certain que les corps dont nous parlons ont été déposés là postérieurement et sur des débris dont on ignorait complètement l'existence. C'est à propos de ces ruines antiques que quelques personnes ont supposé que la chapelle de S.-Valery, qui est fort ancienne, s'était élevée sur les débris d'un temple d'idoles. Il se pourrait, en effet, que ce monument romain dont nous parlons plus haut ait été un fanum, qui peut-être fut changé en église, lorsque le christianisme s'introduisit dans les Gaules ; ou bien si les premiers hommes qui repeuplèrent Etretat après la catastrophe, ayant une connaissance vague de l'ancien temple, et poussés d'ailleurs par leurs vieux préjugés, choisirent de préférence ce lieu pour y élever une maison de prières ; et c'est ainsi qu'ils bâtirent leur chapelle sur les débris demi-ensevelis du fanum.

Le quatrième enfin est une voie romaine qui allait de Lillebonne à Etretat. Une foule de personnes de ce village m'ont assuré qu'elles l'avaient souvent entendu dire à leurs ancêtres. A Goderville, à Bretteville, qui sont les seuls endroits où j'aie pu consulter la tradition, tous les paysans appellent le chemin qui va de Lillebonne à Etretat le chemin de César. Je crois que cette tradition rustique n'est point du tout à mépriser ; je la regarde même comme d'un grand poids dans cette affaire. Car, je le demande, où ces pauvres gens ont-ils été pêcher une dénomination aussi étrangère à leurs mœurs ? Quel est l'homme qui a pu imaginer de donner ce nom à un chemin ordinaire ? A quel dessein l'aurait-il fait ? Et d'ailleurs à qui aurait-il pu persuader sa chimère ? Au paysan, le plus grossier, il est vrai, mais en même temps le plus défiant des hommes, par cela même qu'il croit qu'on veut surprendre sa bonne foi. Enfin son sentiment particulier n'aurait pu prévaloir sur le sentiment général, et la force de la tradition paternelle aurait bientôt repris ses droits, si même elle avait pu les perdre un seul instant.

Un habitant de Goderville, homme instruit et amateur des antiquités (1), parlant de ce chemin, m'a assuré que c'était véritablement une voie romaine qui allait de la Seine à l'Océan. Il s'en était convaincu, disait-il, tant par la tradition populaire que par la nature intrinsèque du chemin : car il a tous les caractères que les antiquaires exigent ordinairement des voies romaines, caractères infaillibles puisqu'ils sont fondés sur des expériences multipliées, et sur l'analogie générale des choses. Le chemin dont nous parlons est de la nature de ceux que les gens de la campagne appellent *perrés* ou *ferrés*, Il est pavé dans toute sa longueur avec de gros silex aux veines rouges ; et si ce caractère paraît lui manquer en quelques endroits, c'est qu'il a été détruit par les riverains, comme à Goderville par exemple, dans un endroit que notre antiquaire lui-même avait vu fouiller, et où le chemin avait seize à dix-huit pieds de largeur. Il en serait ainsi, m'a-t-il dit, sur toute la route, si les paysans n'eussent pas anticipé et rendu peu à peu à l'agriculture le terrain que le commerce lui avait enlevé. Nous n'ajouterons pas que ce chemin est d'une solidité à toute épreuve, puisque, après dix-huit siècles, il paraît encore neuf aux endroits où il n'a pas été défoncé par la main des hommes.

Sa direction est presque droite ; il suit la plaine qui vient se perdre à Etretat.

(1) Vraisemblablement le docteur Robin. — A. T.

Tels sont, si je ne me trompe, les caractères voulus par M. A. Le Prevost pour qualifier une voie romaine. Je pourrais ajouter encore une autre preuve qui a bien aussi sa force. L'on trouve sur une partie ferrée de ce chemin un hameau appelé la Chaussée, dépendant de Bretteville, d'où le village a tiré lui-même le nom de Bretteville-la-Chaussée. Ce nom de Chaussée ne me parait pas du tout indifférent : il indique en général un reste de voie romaine. C'est ce que l'on a observé sur le chemin qui conduit de Lillebonne à Caudebec, qui est aussi de ce genre et qui porte ce nom (Voy. Morlent, *Le Havre et ses environs* et *l'Annuaire* de 1823).

Je dis plus. Je soutiens que ce chemin, dans les espaces qui me sont familiers, a toutes les notes d'une voie gauloise ; et ici, Monsieur, c'est votre propre autorité que j'invoque. « Pour savoir, dites-vous, ce que sont devenus les chemins des Gaulois, promenons nos regards à travers nos grandes et belles plaines, et remarquons l'arrangement qui semble avoir présidé au placement des clochers et la continuité du rideau formé par les villages qui s'allongent les uns au bout des autres. Ces longues files, souvent parallèles et parfois entrecoupées, ne sont-ce pas des rues ? Et ces rues, qui ne les croirait autant de voies gauloises bordées jadis par de simples manses devenues aujourd'hui des hameaux ou des paroisses populeuses ? » Ces règles posées, j'en fais l'application. Gerville, Les Loges, Bordeaux-S.-Clair, sont tous villages placés sur ces plaines, et qui s'allongent les uns au bout des autres, sur un double rideau de maisons et de cours, rangées le long d'un grand chemin remparé de silex. Ces deux lignes parallèles de manses, de villas ou de métairies, règnent sans aucune interruption pendant l'espace de plus de deux lieues. Le chemin est échelonné de place en place de châteaux, de clochers, de croix et de vieilles maisons du genre de celles que l'on appelle anglaises. Telle est la nature des lieux.

Je veux maintenant citer plusieurs monuments historiques qui déposent en faveur de mon assertion. Sur une carte de Normandie de 1780, faite par le sieur Duperrier, on trouve un grand chemin qui va de Lillebonne à Etretat. Assurément il ne devait exister entre ces deux endroits aucune communication de ce genre : car Lillebonne, à cette époque, n'était qu'un faible village, sans aucune importance, et qui avait perdu jusqu'au souvenir de sa grandeur passée ; et Etretat, nous en sommes bien informés, ne comptait pas cinq cents habitants.

Qu'est-ce donc qui pouvait engager Duperrier à tracer un grand chemin, un chemin de première classe, entre deux bourgades également ignorées ? Je le dis, sans crainte d'être démenti : la force seule de la tradition a pu engager le géographe à agir ainsi. Le chemin ne devait pas être beaucoup mieux conservé qu'aujourd'hui ; et, l'eût-il été un peu davantage, il n'eût jamais suffi pour être distingué d'une manière si éclatante. Il faut donc toujours recourir à la tradition, à moins que l'on ne suppose que Duperrier a tracé cette route sur la foi de quelque géographe ou de quelque auteur plus ancien et que nous avons perdu ; mais cette supposition, qui recule la question sans la résoudre, ne fait toutefois que confirmer encore ce que nous avons dit. Je pourrais citer un autre ouvrage intitulé : *Le Tour de*

*France* : ROUEN, LE HAVRE, DIEPPE, composé par un ancien rédacteur du *Phare du Havre* (1) ; si je n'avais craint d'être trop long, j'aurais extrait le passage où il parle de nos antiquités et, entre autres, de la voie romaine qui allait de Lillebonne à Etretat. Mais vous pourrez vous-même consulter le livre, que vous connaissez peut-être déjà, et vous assurer de la créance qu'il mérite.

A tout cela je pourrais ajouter encore qu'on ne saurait fouiller la terre à Etretat sans trouver des fondations, des armes, des cadavres et des débris de toute espèce. Interrogez le laboureur, qui promène en chantant sa charrue dans la vallée ; il vous dira qu'en traçant ses sillons le soc de sa charrue heurte contre des murailles, et que sa herse entraîne mille fois le casque, l'épée, la lance et la dépouille mortelle des guerriers. Interrogez le fossoyeur, qui creusa les puits et les canaux du village ; il dira que mille fois sa bêche s'est brisée contre la pierre enduite d'un fort ciment ; qu'en telle année l'un trouva des médailles, l'autre des tuiles romaines, celui-ci les ustensiles du ménage, celui-là un terrain plein de cendres et de charbons ; tous enfin n'ont qu'une voix pour vous dire qu'Etretat est plein de maçonneries, de décombres et de ruines ; qu'une ville importante fut autrefois bâtie dans ces lieux. Se pourrait-il qu'une opinion si universelle fût une chimère ? Ce cri d'une ville entière serait-il un mensonge ? Quoi ! grands et petits, jeunes et vieux, savants et ignorants, tous seraient livrés à une erreur commune ! Erreur étrange, que celle qui aurait pu se faire adopter si aisément et sur un point, ce semble, sur lequel il ne devrait s'en glisser aucune. Car de quoi s'agit-il ? Non pas de savoir quelle ville a été bâtie dans ces lieux, quel peuple est passé là ; chose obscure et livrée à la dispute des savants ; mais bien de savoir si l'on trouve à Etretat des ruines qui annoncent une haute importance. Or pour cela il ne faut avoir que des yeux, et sur ce point il n'y a pas de dissidence dans le pays.

Mais quelles conséquences tirer de tout ceci ? Il me semble qu'on peut en conclure, sans trop de témérité, qu'une station romaine fut placée dans ces lieux. Quel fut son nom ? Je ne le sais. Je laisse à vous, Monsieur, à vous qui êtes initié dans les mystères des anciens temps, à décider si Etretat n'est pas le *Catorocinum* (*sic*. — Emm. Gaillard a mis en marge : *Caracotinum*) des anciens, que les modernes cherchent encore. Là-dessus je ne vous suggérerai qu'une réflexion ; je la tire de l'itinéraire d'Antonin. Ce livre dit : *A Carocotino* (sic) *ad Juliobonam decem millia*. Je ne sais pas au juste quelle était la valeur des milles romaines (*sic*), et je pense que sur ce sujet il y a quelque division parmi les savants. Mais pour savoir d'une manière infaillible de quelle mesure l'itinéraire voulait parler, prenons la distance qu'il met entre des points connus et non contestés. Il ajoute : *Juliobona ad Lotum, sex millia ; a Loto ad Rothomagum tredecim millia* (*Lotum*, selon les savants, était une ville bâtie entre Caudebec et S.-Wandrille) ; mais de *Juliobona* à *Rothomagus* qui est bien certainement notre ville de Rouen,

---

(1) Placide Justin, né à Caudebec, publia son *Tour de France* en 1827.

l'itinéraire compte dix-neuf milles ; et on compte aujourd'hui onze de nos lieues. Maintenant, dix mille, qui sont plus de la moitié de dix-neuf, donneront à peu près six lieues d'aujourd'hui qui est la distance qui se trouve entre Lillebonne et Etretat. Ainsi, Monsieur, il me semble que le seul auteur qui parle un peu clairement de *Catorocinum* nous est assez favorable ; et si Etretat fut un point occupé par les Romains, comme nous le prétendons et comme les monuments le démontrent assez, n'aurait-il pas bien pu s'appeler *Catorocinum* ?

Mais on dira : quelle analogie entre ces deux dénominations ? Il n'y en a aucune sans doute ; mais lorsque Etretat était ville romaine, il devait certes porter un autre nom ; car celui qu'il porte aujourd'hui est moderne et vient des Saxons ou des Normands ; il signifie simplement « la Vallée de l'Ouest » *(Oistre-Tal)*, Estretale, comme on l'appelait jadis. Voyez Gérar Mercator, *Atlas Universel*, 1613 ; Tassin, *Cartes particulières de France*, 1636. Ainsi la cité romaine aurait fort bien pu porter le nom de *Catorocinum*, comme tout autre qu'elle portait sans doute et qui est complètement perdu.

Je finis, Monsieur, en vous priant instamment de vouloir bien me communiquer les inductions que vous pourrez tirer de mes données, les recherches que vous pourriez déjà avoir faites sur Etretat, enfin toutes les connaissances que vous pourriez avoir puisées sur ce sujet tant dans vos excursions scientifiques que dans l'étude de vos auteurs. Vous ferez infiniment plaisir à un jeune homme, jaloux de la gloire de sa patrie, et qui sent pour l'étude de ses antiquités tout l'attrait que vous peignez si bien à la fin de vos estimables *Essais*.

Agréez les sentiments du profond respect avec lequel j'ai l'honneur d'être votre très humble et très obéissant serviteur,

COCHET.

Rouen, 10 janvier 1834.

*P.-S.* — Si vous me faites l'honneur de me répondre, vous pourrez adresser votre lettre au Séminaire de cette ville, où je suis en ce moment pour continuer mes études théologiques (1).

---

(1) Ce Mémoire décida la vocation archéologique de L'abbé Cochet par la réponse qu'y fit Emmanuel Gaillard le 16 janvier, et la correspondance régulière qui s'établit entre lui et l'antiquaire novice. Ses lettres ont été publiées par la *Revue Catholique de Normandie* (III, 132-163 ; 231-251), avec tirage à part sous le titre de : *L'Abbé Cochet et quelques-uns de ses Correspondants.* Evreux, 1894; in-8°. — Il amena aussi deux mois après la nomination de l'abbé Cochet au titre de Correspondant de la Commission départementale des Antiquités. — L'ABBÉ A. TOUGARD.

### 465. — Bénédiction des Cloches.

*Ce sermon a été prêché le 12 Novembre 1840, dans l'église de Martigny
et le 6 Septembre 1841 dans l'église de Varengeville.*

C'est à une fête de famille, M. F., que la Religion vous invite aujourd'hui ; car cette cloche c'est la fille de vos sueurs et de votre piété, puisque donnée autrefois par vos pères elle a été refondue par les enfants. Je vous la présente donc aujourd'hui comme une mère pleine de tendresse qui protègera de son ombre fidèle la tombe des aïeux et le berceau des enfants. Comme une sœur charitable qui viendra s'asseoir avec vous au festin nuptial et pleurer à vos côtés sur le cercueil des morts ; comme une compagne inséparable qui sera la confidente de vos joies et de vos chagrins. Car vous le savez, M. F., la cloche du village annonce aux habitants la tristesse et le bonheur, la vie et la mort. Pères et mères qui m'entendez, cette cloche annoncera la naissance de vos enfants et chacun de ses sons remplira de joie vos cœurs maternels. Plus tard elle vous appellera à une touchante cérémonie lorsque le Seigneur recevra vos enfants à sa table et que revêtus de la robe de l'innocence ils viendront renouveler eux-mêmes les promesses de leur baptême.

Lorsque le jeune homme quitte son père et sa mère pour s'attacher à sa femme, la cloche annonce à la paroisse cette heureuse alliance qui met le comble à leur bonheur et qui promet des Saints à l'Eglise.

Lorsque l'Ange de la mort vient fermer vos yeux fatigués, lorsque Dieu rappelle à lui cette âme qu'il avait confiée à un corps de boue, pendant qu'une famille en pleurs est agenouillée autour d'un cercueil, la cloche alors partage le deuil de la famille, elle se voile d'un crêpe funèbre et par de lugubres accents elle invite les enfants de la paroisse à prier pour ceux qui ne sont plus ; sa voix mélancolique comme celle d'une mère affligée, pénètre les cœurs les plus durs et depuis l'enfant jusqu'au vieillard il n'est personne qui ne s'arrête et qui ne redise la prière des trépassés.

Pécheurs endurcis qui m'écoutez combien de fois le tintement de l'agonie n'est-il pas venu glacer d'effroi vos cœurs impénitents : combien de fois le glas de la mort n'est-il pas venu troubler le calme de votre âme et réveiller les remords de votre conscience ? Il est tel parmi vous peut-être qui, sur le point de commettre un péché mortel s'est arrêté au bruit de la cloche qui sonnait un trépas de son frère ou qui s'est dit à lui-même et moi aussi je dois bientôt mourir.

Pécheurs qui ne voulez pas vous convertir je vous le déclare il y en a plusieurs parmi vous pour qui cette cloche sera la voix de l'Ange qui les ramènera au Seigneur. Vous, par exemple, mon cher frère, qui après une jeunesse vertueuse avez abandonné vos devoirs, que de fois, au bruit d'une joyeuse sonnerie de fête, vous avez senti dans votre cœur combien il était amer d'avoir abandonné le Seigneur votre Dieu. Alors vous avez pleuré vos péchés qui vous empêchaient de prendre part à la joie des fidèles. Eh bien, cette cloche que nous bénissons aujourd'hui augmentera vos remords et vous ramènera aux pieds des autels.

Et vous cloche de cette église qui allez bientôt recevoir l'onction sainte, soyez longtemps pour le peuple la voix de l'Ange qui l'appelle à la prière et aux sacrifices. Que vos sons pieux retentissent longtemps dans ce hameau pour la consolation des forts et pour la conversion des pécheurs. Puissiez-vous pendant bien des siècles présider au berceau de l'enfance, à la couche nuptiale et au lit du mourant. Puissiez-vous ne jamais annoncer par de lugubres accents l'incendie de la chaumière ni la cruelle invasion des ennemis. Préservez toujours ce village des coups de la tempête et de la fureur des vents. Détournez les orages qui menacent sa frêle existence, mais surtout que votre voix sacrée dissipe les puissances de l'Enfer et le protège contre les ennemis de son salut.

Et vous, nobles cœurs, qui avez bien voulu devenir les parrains et marraines, agréez ici l'hommage de notre reconnaissance. Déjà cette Eglise est ornée par vos soins, déjà les autels sont parés par votre munificence. Depuis longtemps votre nom est écrit dans le cœur des pauvres de cette paroisse, mais aujourd'hui ce peuple a voulu le graver sur le bronze de ses cloches afin que ses derniers neveux en venant prier dans cette église puissent y lire les noms de leurs bienfaiteurs. Chacun de ces noms rappellera une bonne action de votre vie ; chacun de ces noms rappellera au dernier enfant de la paroisse la mémoire de vos bienfaits ; chacun de ces noms sera une prière qui montera pour vous vers les Cieux et après avoir été bénis par les pauvres sur la terre, vous serez bénis éternellement dans le Ciel par notre Père Céleste, ce que je vous souhaite.

### 466. — Sermon

*prêché le jour de Pâques 1841 dans l'Eglise Saint-Remy de Dieppe, par M. l'abbé Cochet, Vicaire.*

#### EXORDE

*Ergo ne putandum est quod vere Deus habitat super terram ?*
Est-il donc croyable que Dieu ait vraiment habité la terre ?

au troisième livre des Rois, chap. 8, ver. 27.

Tel est, M. F. le cri que l'incrédulité fait entendre de toutes parts. Ce n'est pas moi qui viendrais répéter ici ses séditieuses clameurs, si, de l'école des philosophes, elles n'avaient pénétré jusqu'au fond des campagnes. L'homme des champs dit insolemment au Ministre de l'Evangile où est le Dieu que vous annoncez ? quels miracles attestent sa présence parmi nous ? Oh ! si le Tout-Puissant descendait un moment des collines éternelles, la terre ne tressaillerait-elle pas à son aspect ? les Vertus des cieux ne seraient-elles pas ébranlées, et la nature se lèverait tout entière pour saluer la venue de son auteur. Eh bien : M. F. c'est à ces signes que vous reconnaitrez le Dieu que je vous annonce. Oui, les éléments ont confessé sa présence parmi les enfants des hommes ; les cieux le reconnurent quand ils entendirent le cantique des anges et qu'ils virent briller l'étoile lumineuse de Jacob. La mer le reconnut quand sa parole puissante gourmandait ses flots mutinés et que ses pieds se frayaient un chemin sur sa surface. Et toi, terre, par tes convulsions n'as-tu pas publié la mort de ton Créateur, et le soleil en deuil voila ses clartés pour se dérober au spectacle de ses douleurs. Aux derniers accents de sa voix, les rochers se fendirent et le temple de Jérusalem chancela sur sa base séculaire. L'enfer lui-même rendit les victimes qu'il avait dévorées et celui dont les éléments les plus insensibles annoncent si solennellement la divinité, des hommes aussi infidèles que les Juifs refusent de le reconnaitre. Les rochers se brisent et leurs cœurs ne se briseront pas ; ils ont ouï parler de sa naissance ;

mais comme Hérode, ils cherchent de vains prétextes pour ne pas l'adorer.
Contents de régner sur la terre, ils ne veulent nullement régner dans le ciel. Loin
de chercher Jésus pour le faire roi, ils s'écrient comme la foule deicide : *Nous ne
voulons pas que celui-ci règne sur nous*, Nolumus hunc regnare super nos ;
*Etouffez cette voix qui nous importune ; Otez ce maître austère qui n'enseigne
que les souffrances. Cachez cette Croix qui ne prêche que la mort.* Tolle
Crucifige.

Essayons, s'il se peut, de faire taire ces insolentes clameurs, renversons cette
Babel que des insensés élèvent contre les Cieux : foudroyons ces géants qui
disputent à l'Eternel l'Empire du Tonnerre. Que n'ai-je pour cela la parole des
Apôtres qui faisaient pâlir les légions du Tartare et crouler les Dieux sur leurs
autels ! Que n'ai-je la voix des pères de l'Eglise dont le souffle terrassait les
impies des anciens jours ! Jeune et sans éloquence, comment pourrai-je plaider
une cause que n'abordèrent qu'en tremblant les docteurs et les pontifes ; la voix
du jeune Lévite pourra-t-elle couvrir ces bruyantes trompettes qui retentissent
dans le camp des Madianites et des Philistins, cependant Dieu choisit parfois les
faibles de ce monde pour confondre ce qu'il y a de plus fort. Le plus petit des
enfants d'Israël a bien pu couper la tête au plus superbe des Géants. Adressons-
nous donc à Celui qui ouvre la bouche des muets et qui rend discrète la langue
des enfants.

Seigneur, mon Dieu, vous qui aimez à confier à des vases fragiles les richesses
de votre puissance, déliez ma langue comme vous avez délié celle de Zacharie.
Faites qu'aujourd'hui on puisse dire comme au jour de votre naissance que vous
avez tiré votre gloire de la bouche des enfants et des petits qui sont à la mamelle.
C'est ce que nous vous demandons par l'intercession de Marie.


### Ave Maria


#### PREMIÈRE PARTIE


L'histoire de la raison humaine avant que Jésus-Christ vint l'éclairer n'est que
le récit déplorable des plus monstrueuses absurdités. L'univers, dit Bossuet, n'était
qu'un temple d'idoles où tout était Dieu excepté Dieu lui-même. Aussi quand le
christianisme apparut sur la terre, il cria aux païens : Fermez les portes de vos
temples. Savez-vous, M. F., ce que renfermaient ces temples, superbes monuments
de la richesse des nations, aujourd'hui cachés sous la fange des étangs ou les
cendres des incendies. Prenez une bêche et suivez-moi sur les débris de la Grèce
et de l'Italie.

Fouillez au hasard les ruines d'Athènes ou de Palmyre ; fouillez les limons
d'Assyrie ou la lave brûlante d'Herculanum. Qu'y trouvez-vous ? Des Panthéons

ou respire l'ombre fétide encore des plus infâmes divinités, des couteaux sanglants qui servirent à égorger des victimes humaines, des ossements brûlés, restés impurs des Hécatombes que l'on immolait à des bœufs et à des serpents, des autels brisés où l'on sacrifiait aux Dieux du vol et de l'impudicité. Changez de terrain. Allez à Delphes, à Tyr, à Carthage, à Babylone et fouillez encore plus avant : qu'y trouvez-vous ? un trépied d'or où une forcenée rendait des oracles aux Rois et aux Nations ; des chaînes d'or qui lient une statue d'Hercule, une table de marbre ou une ville entière servait des festins à un Dieu de boue ; une Junon dont les bras d'airain ont écrasé des milliers d'enfants ; partout enfin vous ne tirez de la terre que des Dieux de bois, d'or ou d'argent encore noircis par la fumée des sacrifices ; et dans ces vastes décombres, cherchez un temple à l'innocence, à la chasteté, à la justice ; à l'amour des pauvres, à la fidélité conjugale, à la vertu enfin et vous ne l'y trouverez pas. Mais, direz-vous, c'étaient là les Dieux de la populace. Le.....(1) approchait avec autant de mépris de l'autel de Jupiter d'Olympe que de Jupiter du Capitole et les Sages riaient des augures, des sacrifices et de ces fêtes de Bacchus et de Saturne où tout un peuple se roulait ivre dans les bourbiers du chemin.

Eh bien ! laissons le bandeau sur les yeux du vulgaire ; entrons dans les écoles de la philosophie, écoutons ces orateurs si vantés, ces philosophes profonds ; ces poëtes divins. C'est là, dites-vous, que la vérité bannie du reste des humains a porté ses derniers pas. Rome, ouvre-nous ton forum et tes portiques ; Athènes, laisse-nous pénétrer dans ton Lycée et ton Académie, et toi, Alexandrie, phare de l'Orient déploie devant nous ton immense bibliothèque si fastueusement appelée la médecine des âmes. Consultez maintenant les innombrables écrits qu'elle renferme, prenez au hasard les livres d'Aristote ou de Pythagore, de Sénèque ou de Cicéron. Qu'y voyez-vous ? qu'y entendez-vous sur la nature de l'âme, sur celle de Dieu, sur l'origine de l'homme et sur le souverain bien ? Ici, le monde est le résultat fortuit des atômes ; ici, c'est une fusée volante échappée du soleil par le froissement des astres. Dieu, dit Platon, habite un palais de nuages impénétrables aux yeux des mortels. C'est un fainéant, dit Epicure, qui dort dans les bras de la volupté. Le char de Jupiter, s'écrie Homère, est enchaîné au palais des destins. Quel chaos ! quelle confusion de langage ! après d'immenses recherches, des puissants génies ne sont parvenus qu'à s'envelopper de ténèbres plus épaisses. C'est là tout le fruit qu'ils ont apporté de leurs voyages en Egypte et en Syrie, de leurs interminables débats au portique et à l'Académie et de leurs éternelles méditations sur les Catacombes.

Cependant il est un phénomène qui n'a point échappé à la sagacité des philosophes. C'est le double combat de la chair et de l'esprit qu'ils ont tous éprouvé sans le connaître. En se repliant sur eux-mêmes, ils ont aperçu dans l'homme une matière primitive riche de savoir, d'innocence et de bonheur, mais

(1) Ce mot est illisible dans le Manuscrit.

dégradée par une chute effrayante, ravagée par une bête féroce, flétrie par un souffle empoisonné, et parmi ces débris du naufrage, ils voyaient flotter à la surface des eaux le souvenir d'une céleste origine, et cette loi honteuse des *membres*, des pensées de grandeur et de gloire, et ce vil entraînement des sens qui tient l'homme penché vers la terre. Epouvantés d'un si effroyable désordre, ils s'écriaient : Qui viendra relever les ruines de ce temple ? Quel astre dissipera ces ténèbres de la nature ? Quel envoyé des cieux dévoilera ce mystère impénétrable ? Ainsi parlaient les sages de la terre, quand le désiré des nations apparut. A la vue de ce soleil des intelligences, les ténèbres et les superstitions de l'ancien monde disparurent comme de légères couches de neige qui se fondent aux rayons de l'astre du jour. Le Verbe créa de nouveau la terre, d'une main il sépare la vertu du vice, le mensonge de la vérité, et de l'autre il élève au-delà des rivages du temps le phare de l'immortalité. Il brise de ses mains le sceptre de la tyrannie et les chaînes de l'esclave ; il trace de ses doigts un code de morale si parfait que les plus grands génies, après de longues méditations, n'ont rien trouvé à y ajouter. Ouvrez donc cette loi divine qui ne fut tracée ni sur l'airain, ni sur le marbre, ni même sur la pierre comme celle du Sinaï, mais écrite en lettres de feu dans le cœur de ses apôtres. Connaissez-vous une nation sur la terre qui possède un livre pareil à celui-là ? Aimez Dieu par dessus toutes choses et votre prochain comme vous-même. Faites du bien à vos ennemis ; aimez ceux qui vous haïssent ; bénissez ceux qui vous persécutent. Les sages de la terre commandaient la guerre aux barbares et aux étrangers. *Jésus-Christ* appelle tous les hommes ses frères ; il annonce la paix et ne déclare la guerre qu'aux crimes et aux passions. La philosophie avait défié le vice et avili la vertu : quel vice n'est pas flétri dans l'évangile ? Quelle vertu n'y est pas exaltée ? Le genre humain gémissait esclave ; les philosophes criaient à la tyrannie : frappe du glaive ; à l'univers : courbe la tête. Le Christ dit aux rois : soyez justes ; aux peuples : soyez libres ; à tous : soyez égaux. Mais, en quels lieux publiera-t-il les grandes leçons qui doivent changer la face de la terre ? Sera-ce du haut du Sinaï, tout embrasé des feux de l'éternel ? Sera-ce du haut du temple de Jérusalem au son de la trompette et au bruit des tambours ? Tous les docteurs ont leurs chaires et les philosophes leurs portiques pour débiter leurs frivoles maximes ; mais le fils de l'homme n'a pas où reposer sa tête et jette aux vents de la Judée une semence digne de l'Aréopage et du Sénat romain. Il prêche sur le bord d'un lac et auprès d'une fontaine, sur la montagne comme dans la plaine, au désert comme dans le temple ; mais cette morale sublime, ces dogmes mystérieux, vous croyez peut-être qu'ils les environnera de tous les charmes de l'éloquence humaine ? Vous croyez qu'il dérobera à Mercure ces chaînes d'or qui lient à sa bouche des flots d'auditeurs ; à Orphée la lyre harmonieuse qui façonnait au joug, des peuples indomptés. Détrompez-vous, il n'enseigne qu'avec simplicité et sous les images les plus naïves. Le lys des champs, le grain semé par le laboureur, l'arbre dépouillé de ses feuilles, la vigne chargée de raisins, le festin du père de famille, voilà ses ornements les plus pompeux ;

voilà tout cet évangile qui a été pour la terre une autre nouvelle dans le déluge des opinions humaines. Tout simple qu'il est, il guida le genre humain dans les déserts de la vie et nul ne pourra dire les bienfaits sans nombre qui signalèrent son passage parmi nous. En effet, est-il une larme qu'il n'essuie, une aumône qu'il ne commande, une ignorance qu'il n'éclaire, un crime qu'il ne pardonne, une maladie qu'il ne guérisse, une plaie qu'il ne cicatrise. Combien de coupables y ont trouvé l'innocence, d'aveugles la lumière, de muets la parole, de sourds l'intelligence, d'infirmes la guérison, de mourants la vie ? Combien de riches y ont appris la miséricorde, de malheureux l'espérance, d'indigents le sacrifice, d'ignorants la science, de maîtres la justice, d'esclaves la liberté ? Si vous demandez à chaque obole, à chaque larme qui console, à chaque généreux pardon, à chaque vertu qu'on nomme : En quel nom consolez-vous l'homme ? ils vous répondront : au nom de Jésus-Christ. C'est en son nom que les apôtres guérissaient les maladies, que les martyrs d'Alexandrie mouraient pour les pestiférés, et que Laurent allait sur les grabats essuyer les larmes de ses frères. C'est en son nom que St-Martin couvrait les nuds, il pansait les blessés, que Saint-Vincent recueillait les enfants délaissés par leurs mères, et que le religieux du St-Bernard allait sur les neiges de la montagne chercher les voyageurs égarés. C'est en son nom que François visitait les prisonniers, que Jean rachetait les captifs de la Barbarie et que les chevaliers de Jérusalem protégeaient les pélerins des Sts lieux. C'est en son nom encore que les trapistes défrichent nos landes stériles, que le frère des écoles enseigne à l'enfant la science, que la fille de la charité donne au malade un lit pour mourir, que le prêtre évangélise les pauvres, et que le missionnaire va porter chez les barbares le flambeau des arts et de la civilisation. C'est à lui que les pères de l'Eglise ont offert leur divine éloquence, à lui que d'innombrables sociétés ont consacré leurs veilles savantes, à lui enfin que les beaux-arts ont dédié leurs chefs-d'œuvre immortels pendant 18 siècles, combien de commentateurs, d'interprètes, d'historiens, de traducteurs ont expliqué cette loi de grâce et de charité. Combien d'orateurs, de poètes, de philosophes ont exalté les merveilles de sa puissance ; c'est à peine si le monde peut contenir les livres inspirés par l'Evangile et pour couronner ce triomphe admirable, la musique y mêla ses accords, la peinture apporta ses tableaux, et l'architecture élança dans les airs ses sublimes créations. Interrogez donc les statues des temples et les images des autels, interrogez les brillants monastères et les humbles chapelles, les vastes basiliques et les gigantesques cathédrales, interrogez la pierre des tombeaux et le marbre des tribunes, la clef des voûtes et le pavé des sanctuaires, le fût des colonnes et le fronton des portiques, partout vous trouverez écrit jusque sur la poussière des ruines : *Jésus hominum salvator* : *Jésus sauveur des hommes.* J † H † S. Eh bien ! cet homme qui sauva le monde, cet homme que la terre adore, je le livre entre vos mains, je le cite à votre tribunal comme un criminel devant son juge. Oserez-vous répondre avec les Juifs qu'il est digne de mort : *Reus est mortis.* Eh bien ! j'y consens, si vous pouvez le convaincre de péché, nous le crucifierons ensemble s'il s'élève un seul témoin contre lui. Soulevez donc la poussière des siècles, creusez la terre, réveillez la cendre des morts, demandez à la science et au génie, à l'histoire et à la fable. Géants de l'ancien monde, est-il une seule des paroles de l'évangile qui soit passée ? Le cri des siècles vous répond par la bouche de ses persécuteurs : *Il a vaincu le Galiléen.*

## DEUXIÈME PARTIE

Mais c'est peu pour Jésus que ces sublimes enseignements. Moïse avait révélé Dieu et sa loi, l'homme et son sauveur ; Salomon avait parlé le langage de la sagesse et de la science, Elie et Jean-Baptiste avaient pratiqué cette morale sévère qui enfanta depuis les Macaire, les Pacome et les Siméon. Il était donc à craindre que le Juif aveugle ne le confondit avec quelqu'un de ces prophètes qui brillaient tour à tour dans Israël. Le Grec lui-même lui eût opposé Platon et son éloquence que l'on avait cru divine. On n'eût pas rougi d'assimiler le fils de Sophronisque au fils de Marie, et Rome eut poussé l'injure jusqu'à lui comparer un Caton suicide et un Cicéron athée. Mais le fils de l'homme a dans les trésors de sa science des secrets inconnus aux Grecs et aux Romains. Car lequel de ces hommes a jamais osé dire à ses concitoyens : Je serai livré aux nations ; je serai dépouillé et battu de verges et attaché à une croix, mais je ressusciterai après trois jours et je fonderai un empire qui n'aura d'autres limites que le monde, d'autre durée que le temps. Cet homme sans doute eut passé pour un insensé. Car quel autre qu'un Dieu pouvait faire de telles promesses aux hommes. Voilà pourtant ce que Jésus-Christ a fait et écoutez comment sa parole s'est accomplie. Je ne vous raconterai point l'ignominie de la croix et la gloire du sépulcre. Quel homme assez étranger dans Jérusalem n'a point entendu ces choses. Après l'explosion du Cénacle, suivez des yeux les apôtres se dispersant un bâton à la main pour prêcher l'évangile à toutes les nations de la terre. Pauvres ignorants, que ferez-vous au milieu des villes les plus savantes de l'univers : Timides bateliers, comment parlerez-vous sur ce forum toujours retentissant des triomphes des Césars ? Votre costume barbare, votre langage étranger vous rendront le jouet du peuple et la fable des grands. Ah ! retournez plutôt à Génésareth reprendre vos filets et conduire la barque de vos Pères. Cependant la tombe se refermait à peine sur le dernier d'entr'eux que le royaume du Christ s'étendait plus loin que cet empire qui se vantait d'être à lui seul tout l'univers.

L'empire Romain lève la tête et il aperçoit dans son sein un peuple nouveau dont les mœurs, les lois, l'origine et la destinée lui sont inconnues. A cette vue, il se lève de sa couche de voluptés où il commençait à dormir et celui que les cris des Germains ou les drapeaux des Parthes n'avait pu réveiller retrouve contre les chrétiens toute cette énergie qu'il déployait contre Mithridate, Annibal ou Antiochus. Le cri de *Mort aux chrétiens* poussé au Capitole retentit bientôt d'un bout de l'univers à l'autre. A ce cri, les vieilles nations répondirent en se levant comme un seul homme contre le Seigneur et contre son Christ. Ici, regardez-bien, le combat est à outrance. C'est l'hercule Chrétien qui lutte contre le fils de la terre. La lice est ouverte, les deux ennemis sont aux prises. De quel côté penchera la balance ? Dans le camp de Jupiter sont les Dieux, les César, les prêtres, les philosophes, les légions Romaines, les lions de l'Afrique et les tigres de l'Hyrcanie. Dans le camp du Christ on ne voit que des femmes, des enfants, des aveugles, des nuées de pauvres et d'infirmes que conduisent une douzaine de pêcheurs. Les païens sont armés de glaives et de haches tranchantes. Ils montent des coursiers fougueux et les aigles romaines les conduisent. Les chrétiens sont à genoux, l'évangile d'une main, une obole de l'autre et ils adorent une croix de bois où leur chef a reçu la mort. Ici, M. F., cachez votre visage pour ne pas voir le sang qui ruisselle par torrents et la terre qui n'est plus qu'un vaste tombeau de martyrs. Bouchez vos oreilles pour ne pas entendre le parlement des bourreaux qui égorgent, le rugissement des lions qui dévorent ou le craquement des os broyés sous la roue des chevalets.

Mais la famille du Christ est comme celle du pélican qui grandit à l'ombre de ses ailes, nourrie de sa chair et abreuvée de son sang. On a beau couper les rameaux de ce tronc sacré, sans cesse il voit éclore des rejetons toujours nouveaux et bientôt ce grain est devenu un grand arbre qui étend ses branches jusqu'aux extrémités de la terre et à l'ombre desquels viennent s'asseoir les peuples et les rois.

L'Eglise se repose à peine sur un lit de palmes et de lauriers, qu'elle entend sonner de nouveau la trompette des combats. Les portes de l'enfer se sont ouvertes et elles ont vomi sur la terre une nuée de monstres cent fois plus cruels que les Néron et les Domitien. Tantôt c'étaient des ennemis qui l'attaquaient de front, aujourd'hui ce sont ses enfants qui lui déchirent ses entrailles. Au glaive de la persécution, elle opposa le glaive invincible des martyrs ; aux ténèbres de l'erreur, elle opposa des anges de lumière. L'hérésie lève l'étendard ; paraissez docteurs de l'Eglise, Hilaire, Ambroise, Athanase, prenez vos flèches et percez de mille traits le sacrilège Arius. Augustin, étouffe dans tes bras un serpent de Numidie qui désole l'Afrique et les Espagne, et vous, Cyrille, Chrysostome, foudroyez Eutychès et Nestorius qui dépeuplent la Grèce et l'Asie-Mineure.

Mais l'Orient se couvre de nuages, des coups de tonnerre retentissent au loin dans les plaines brûlantes de l'Arabie. La foudre de Mahomet frappe ces belles églises fondées par les Apôtres, arrosées par le sang des Martyrs, éclairées par les Docteurs. Que reste-t-il de ces églises de Jérusalem, d'Antioche, de Carthage, d'Alexandrie d'où la foi s'est levée sur nos têtes comme le soleil ? Que reste-t-il de ces trônes d'or où Cyprien, Origène, Clément, Théodore faisaient entendre ces éloquents discours que l'univers admire. Le vaisseau de l'église a fait un triste naufrage dans ces contrées, mais ne craignez pas pour cela qu'il périsse. Il tournera sa course vers le nord et c'est là que de nouvelles destinées l'attendent ; c'est là que de nouveaux enfants vont naître à cette autre Rachel ; voyez venir à elle comme de timides agneaux ces loups ravissants qui ne cherchaient qu'à dévorer. Les hommes du nord embrassent ses mamelles avec l'ardeur des enfants qui sucent le lait de leurs mères. Une armée de conquérants est allée dompter ces invincibles tribus que la puissance romaine n'a pu abattre. Marche, Auguste, vers ces sauvages bretons que l'on croit les derniers des hommes. Va planter la croix sur ces tours orgueilleuses où Rome n'a pu planter ses étendards, et toi, Etienne roi des Sarmates, viens déposer aux pieds du Pontife ta couronne et tes erreurs. Féroce Danois, longtemps engraissé de notre substance, riche des dépouilles des églises et des monastères, tombe aux pieds de ce prêtre dont le sang t'abreuva si longtemps. Courbe la tête, fier Sycambre, et reçois sur ton col indompté le joug de l'évangile. Sauvages Suédois, vos forêts seront franchies et vos glaces ne vous protègeront pas. Habitants de la froide Norwège, regardez vers la mer qui sont ces vaisseaux croisés qui viennent vers vous.

Mais deux bêtes fauves sorties des forêts de la Gaule et de la Germanie viennent ravager cette vigne féconde qui portait des fruits si abondants. La terre des saints n'est plus que le repaire des serpents et des basilics. Le fleuve de la Grâce détourne son cours pour arroser de nouvelles terres et le soleil de l'Evangile n'éclairant plus ces régions glacées va briller sur un nouveau monde d'où sa splendeur nous éblouit encore. Dans sa vieillesse décrépite, l'épouse peut se glorifier d'avoir donné à l'époux plus d'enfants qu'aux jours de sa jeunesse et de sa plus grande fécondité. Hier encore, vous en souvient-t-il, vieillards à cheveux blancs qui m'écoutez : hier, ces noirs ennemis ont poussé contre elle d'épais bataillons, ils ont battu ses murs et chanté l'hymne de la victoire sur le cadavre de ses prêtres égorgés. Qu'a fait l'Eglise, elle a levé son étendard vainqueur de 18 siècles et ils ont disparu comme la poussière à la face des vents. *Tanquam pulvis ante faciem venti.* Aujourd'hui levez les yeux et contemplez avec admiration cette église toujours attaquée et toujours victorieuse, toujours humiliée et toujours triomphante ; elle a traversé les siècles avec une majesté divine, elle est parvenue jusqu'à nous marquée du sceau de son immortelle destinée et nos derniers neveux la verront un jour assise sur nos tombeaux la tête couronnée de cicatrices et de victoires et portant sur son front cet écriteau : *Je fus la seule à qui il fut promis que les portes de l'enfer ne prévaudraient point contre elle.*

## PÉRORAISON

Je m'arrête, M. F. car un long discours ne suffirait pas pour énumérer les actions du Sauveur et l'éloquence humaine ne ferait qu'en ternir l'éclat. Lisez vous-mêmes, lisez les pages touchantes où est écrite cette histoire admirable. Ouvrez le Saint-Evangile. Méditez le jour et la nuit les leçons qu'il renferme et imitez toute votre vie les exemples qu'il propose : Songez-y bien : c'est le tribunal de votre juge, c'est la loi qui vous condamne ou vous absout. Allez souvent vous contempler dans ce miroir de justice et de vérité et essayez de copier avec fidélité le modèle qu'on vous propose : n'écoutez pas les Juifs charnels qui vous disent que sa parole est dure. *Durus est hic sermo*, écoutez plutôt ce qu'en disent les saints qui l'ont pratiqué, écoutez ceux qui ont porté sur la terre le joug du Seigneur. Interrogez les martyrs au milieu des tourments de la mort, interrogez les vierges de l'hospice et du cloître, ces anges qui veillent jour et nuit autour du lit du paralytique et du mourant, interrogez le solitaire qui vit sur son rocher dans les austérités de la pénitence ; interrogez enfin ces milliers de bienheureux qui ont passé de la terre au ciel ; Elus du Seigneur, que dites-vous de l'Evangile : Enfants des hommes, nous répondront ils, c'est un livre qui a des paroles de vie ; c'est un joug suave et léger ; c'est une loi plus douce que le miel ; c'est une eau salutaire qui jaillit à la vie éternelle, buvez-y M. F. et vous serez bientôt enivrés d'un torrent de délices, portez ce joug et vous l'échangerez bientôt contre un poids éternel de gloire. Combattez un moment et vous remporterez une couronne immortelle que je vous souhaite.

*Ainsi soit-il.*

467. — **Inauguration d'un Tableau de Saint-François-Régis
à Saint-Rémy de Dieppe.**

*Le 27 Juillet 1842*

Il y a un an à pareille époque je vous entretenais d'une bonne œuvre de votre ville sur laquelle le suffrage d'une société savante vient de jeter un nouveau reflet de gloire : je veux parler de la maison des Orphelines placée aussi sous le patronnage de St-François-Régis. — Ce jour, qui fut un des plus beaux de ma vie, est resté gravé dans mon souvenir comme un bouquet d'une agréable odeur que je me plais à savourer sans cesse. En vous parlant de cette œuvre sainte mon cœur palpitait alors et ce ne fut qu'à travers l'émotion la plus profonde que j'achevai mon discours.

En le terminant une pensée touchante vint traverser mon esprit et en vous l'adressant cette pensée je ne m'imaginais pas qu'elle pût germer parmi vous, je vous parlai d'une autre œuvre de Saint-Régis que j'avais laissée sur un autre rivage et rien ne me faisait présumer que dans peu de temps vous la posséderiez, vous, avec de si heureux développements.

Je dois vous confesser aujourd'hui ma faute, alors je désespérais de votre ville que j'ai si bien comprise et tant aimée depuis. Je ne savais pas alors tout ce qu'il y avait ici de force pour le bien, tout ce qu'il y avait encore d'énergie puissante pour la reconstruction de l'édifice religieux et moral de la Société. Ici il y a de la foi dans les âmes, il y a sur cette terre là pensée chrétienne des anciens temps qui semble sommeiller parfois mais qui se réveille forte et vivace lorsqu'on la travaille et que par la parole on la fait fermenter.

Car cette ville, il faut bien le dire puisque cela fait sa gloire, elle est restée fidèle à ses anciennes croyances, à ses anciennes mœurs, à ses anciennes habitudes. Elle présente au milieu de notre civilisation moderne l'étonnant spectacle d'une ville qui n'a pas changé. Cette ville n'a point comme tant d'autres fléchi le genou devant le veau d'or, les pères n'ont point sacrifié leurs fils au dieu menteur du commerce, que l'antiquité peignit avec des ailes, et les mères n'ont point immolé leurs enfants dans les bras meurtriers de l'industrie cette moderne Junon qui les dévore par milliers.

Toutefois, malgré la vigilance des pasteurs, malgré la piété des pères, le vice s'était glissé parmi les enfants, comme un serpent qui rampe, il avait pénétré jusqu'au sein de quelques familles pauvres où il semblait avoir fixé son séjour et s'être ainsi acquis des générations infidèles au milieu d'une population fidèle et chrétienne. Aussi, lorsque les pasteurs, ouvrant les yeux sur le troupeau, ont aperçu une génération entière qui leur échappait, lorsque parcourant les registres ils ont vu tant d'hommes, tant d'enfants qui manquaient à l'appel, lorsque parcourant les rues et les maisons de leur paroisse ils ont aperçu tant de brèches, tant d'absences ; lorsqu'ils ont vu la lèpre du concubinage s'avancer silencieusement jusqu'au cœur du troupeau fidèle, alors ils ont jeté un cri d'alarme et ce cri a été entendu, et les hommes de cœur se sont groupés, se sont saintement croisés contre cette nouvelle invasion de l'infidélité. — Et maintenant ils travaillent, maintenant ils veillent ; véritables chevaliers priants, ils combattent avec la plume et avec la parole et avec l'obole de la Charité le nouveau fléau qui menaçait de saper la société chrétienne dans sa base. Du reste ç'a été une bonne idée de s'associer pour le bien, de s'associer pour combattre le mal, de s'associer enfin pour faire la guerre à son ennemi.

Il y a maintenant association pour tout ; il y a association pour le travail, pour le commerce, pour l'industrie ; il y a association pour les voyages, pour la science, pour les lettres, pour les études, pour les progrès des arts ; il y a association même pour le plaisir, pour les réjouissances publiques. Que dis-je ? il y a même association pour le mal, car, qu'est-ce qui n'a pas entendu sans frémir la révélation de tant de sociétés secrètes pour le renversement de l'ordre et pour la ruine de la société, et si le génie de la science, si le génie du mal peut compter des sociétés, pourquoi donc la religion, qui est le génie du bien par excellence, ne pourrait-elle pas compter les siennes ?

De tous temps elle a eu des associations, de tous temps elle a eu ses sociétés pieuses pour le progrès de la vertu dans les âmes, mais jamais, et en aucun siècle, elle n'a eu plus d'associations de charité ; plus de sociétés bienfaisantes, plus de ces réunions dévouées aux bonnes œuvres.

Comparons un moment l'état ancien à l'état présent, parcourons les chapelles de vos églises de Dieppe, celles de Saint-Rémy, si vous voulez, en particulier, vous les trouverez toutes dédiées à quelque saint en particulier qui était le patron d'une confrérie ou d'un corps de métier, ainsi St-Eloi était le patron des maréchaux, St-Pierre le patron des capitaines de navires, etc. Toutes ces associations pieuses, toutes ces corporations y avaient établi leur siège, toutes y avaient leur autel, leur bannière, leurs bancs, leurs fêtes et leurs pains bénits.

La révolution détruisit les corporations et aujourd'hui il n'en reste plus que le souvenir ; d'autres sociétés charitables pour les salles d'asile, pour les écoles chré-

14

tiennes, pour les naufrages, pour les orphelines, pour le mariage des pauvres, sont destinées à remplacer dans leurs chapelles les anciennes confréries. La Société St-Régis aura pris, sous ce rapport, une glorieuse initiative, elle aura donné un exemple qui ne sera pas perdu pour cette ville et peut-être même pour tout le diocèse ; car dans le diocèse, dans toute la France, il y a des sociétés charitables de St-Régis, mais aucune encore, à ce que je sache, ne possède sa chapelle et son tableau.

Chaque siècle a eu ses hommes, ses institutions, ses idées ; chaque siècle a eu sa foi, son génie, sa pensée et des établissements résultant de ses croyances. Ainsi le XIIIᵉ siècle, appelé le siècle chrétien par excellence, tout empreint de la pensée chrétienne, a pu mettre au service de cette pensée les hommes et les choses ; voilà ce qui explique tant d'institutions monastiques, tant de monuments, tant d'églises, tant de chapelles, tant de basiliques, tant d'abbayes, tant de cathédrales. Tout le monde alors travaillait pour Dieu, car Dieu dominait toute la société.

Aujourd'hui le siècle est bien différent ; la matière domine malheureusement le monde, il a donc fallu que la pensée chrétienne prît pour ainsi dire une nouvelle incarnation ; il a fallu qu'elle se fît chair ; qu'elle se fît matière ; c'est-à-dire qu'elle se transformât en mille bonnes œuvres matérielles dans la seule pensée de conduire les hommes à Dieu. C'est là une nouvelle ère dont Saint-Vincent-de-Paul est le chef et qui produisit de son temps St-François-Régis et Madᵉ de Miramion, St-François de Sales et Madᵉ de Chantal, l'abbé de la Salle et les écoles chrétiennes, l'abbé Sicard et les sourds-muets. Il semble que la religion ait dit : hommes grossiers et charnels, vous avez répudié la foi et rejeté toute croyance spirituelle, vous ne goûtez que la matière, vous n'aimez que la matière, vous n'estimez que la matière ; eh bien je vous poursuivrai jusque dans la matière, je m'abaisserai jusqu'au monde matériel : ou plutôt je l'élèverai jusqu'à moi et je le sanctifierai et en le touchant je le bénirai : vous verrez que là encore mon action est puissante, vous verrez que ce que le monde ne peut faire je puis encore l'exécuter, vous verrez que la charité enfante des œuvres dont la conception vous étonne et dont l'exécution vous paraît impossible.

Parmi les saints dont le nom sert comme de drapeau à toutes ces œuvres charitables on doit citer en première ligne celui de St-François-Régis. Il y a trois ans ce Saint était à peine connu à Dieppe et voilà qu'aujourd'hui il est patron de deux œuvres de bienfaisance qui sont les plus belles fleurs écloses à Dieppe dans ces dernières années. Voilà qu'aujourd'hui des chapelles lui sont consacrées, des images lui sont dédiées et que des fêtes sont établies en son honneur.

Chaque siècle a eu ses saints qu'il a fêtés, qu'il a préconisés comme ses héros, comme ses représentants, comme l'expression de ses idées. Les premiers âges chrétiens avaient les martyrs car alors dans l'église tous les chrétiens finissaient par le martyre, c'était sur leurs tombeaux que l'église offrait ses sacrifices, élevait ses temples et ses autels.

Plus tard les évêques missionnaires parcoururent le pays pour le civiliser et le convertir et ce fût à ces pélerins apostoliques, comme St-Rémy, St-Valery, etc., que l'on consacra des églises parce qu'alors ils parurent comme les apôtres de la contrée.

Après le temps des pontifes vinrent les ermites, les moines, les religieux de tous les ordres qui se résument tous dans St-Bernard, St-Dominique, St-Bruno et St-François-d'Assises.

Une des plus belles cérémonies qui ait eu lieu à Dieppe dans le siècle dernier ce fut la translation des reliques de St-François de Sales. Alors c'était le sièle des âmes pieuses, des saintes associations de prières, des doctrines mystiques, des saintes congrégations du Carmel et du Sacré-Cœur de Jésus De nos jours la sympathie de cette ville est acquise à un saint du même nom qui apparaît parmi nous avec la double couronne de père des orphelins et de père des enfants illégitimes.

J'avoue qu'entre ces deux titres il me serait difficile de décider lequel est le plus grand, car pour moi le titre d'enfant illégitime est mille fois plus affreux, mille fois plus déplorable que celui d'orphelin. Le nom d'orphelin excite la pitié et l'intérêt, le nom d'enfant illégitime excite la honte et le mépris. L'idée de l'orphelin rappelle des malheurs dignes de compassion, l'idée d'enfant illégitime rappelle une faute ou un vice que chacun déteste. — L'un montre la mort frappant une victime et couvrant d'un voile funèbre le berceau de l'enfance, l'autre montre le désordre s'appesantissant sur sa proie pour la couvrir d'un voile de déshonneur et d'ignominie.

Ce qui rend la vie de l'orphelin si triste, c'est le tombeau, c'est la mort qui se montre toujours à l'horizon de la vie ; mais n'a-t-on pas connu des infortunés qui ne sachant comment effacer de leur front la tache odieuse de l'illégitimité allaient se jeter dans le sein de la mort comme dans le sein de l'oubli. On en a connu qui sur le point d'entrer dans de nobles familles, de contracter des alliances honorables furent ignominieusement chassés parce qu'en perçant le voile mystérieux de leur naissance, on découvrit une tache originelle.

Tout le monde ne peut pas fonder des hôpitaux, des maisons de refuge, des asiles pour la vieillesse et des écoles pour l'enfance. Tout le monde ne peut pas comme le prêtre de Mesnières réunir dans un manoir féodal une génération d'orphelins : tout le monde ne peut pas comme un autre prêtre né dans cette ville réunir dans un populeux quartier une colonie d'orphelines sous la protection des anges, du ciel et de la terre. En un mot il n'est pas donné à tous d'être un autre Vincent de Paul, il faut pour cela une rare éloquence, une volonté constante, un zèle qui ne se rebute jamais, une foi qui transporte les montagnes et une charité qui puisse embraser le monde.

Mais ce que tout le monde peut faire, c'est de dire une prière, de faire une aumône, de prononcer une parole, d'écrire une lettre, de lever un acte et mille autres choses semblables, car souvent par ces petites causes de grands effets se produisent, souvent par ces petits moyens de grands résultats s'obtiennent. Il faut donc que chacun se fasse missionnaire dans le rayon où il peut exercer son influence. Dieppe, ici je m'empresse de le dire, Dieppe a donné l'exemple à tout l'arrondissement, car certes il est beau de se mettre à la tête d'une œuvre de régénération pour une province entière. On a souvent reproché aux villes d'être des foyers de corruption, d'être des sources de désordre et des pierres de scandale pour les campagnes environnantes, ici, M. F., ce sera tout le contraire, ce sera la ville qui donnera l'exemple aux campagnes et qui étendra jusque sur elles ses bienfaits. Et comme les exemples ne remontent pas, mais qu'ils descendent toujours, on doit espérer que tous les membres suivront l'exemple du chef.

Et cet exemple il aura été donné par cette église de St-Rémy d'où sont sorties toutes les autres paroisses de Dieppe, d'où est sortie la ville tout entière.

Il convenait à cette église mère de prendre ici cette glorieuse initiative.

O église de St-Rémy ton souvenir vivra longtemps dans mon cœur, longtemps je regretterai la pompe de tes fêtes et la beauté de tes cérémonies ; longtemps le bruit de tes chants retentira dans mes oreilles ; longtemps le souvenir de tes enfants viendra troubler ma solitude. Tes enfants, O Eglise Sainte, je les aimais comme des fils que le ciel m'avait donnés ; aussi avec quel plaisir je montais dans cette chaire pour les instruire.

Mon cœur s'était attaché aux pierres mêmes de l'édifice. J'aimais tes grands arceaux, tes gigantesques colonnes, aussi bien longtemps ma pensée se plaira à errer sous le labyrinthe de tes nefs et de tes chapelles ; tes pierres je les savais toutes par cœur, je voulais raconter leur histoire. Ne pouvant relever tes murailles qui croulent, ne pouvant les couvrir de fresques et de peintures, je me plaisais à redire à tes enfants quels étaient les architectes, les sculpteurs et les peintres qui t'avaient embellie par leurs travaux. — Aussi je suis heureux aujourd'hui d'assister à l'inauguration de cette chapelle et je te laisserai plus consolée en pensant que vous avez au Ciel un protecteur de plus.

*Ce discours fut prononcé après l'évangile, au pied de l'autel St-Régis. — M. Doudement, doyen de Dieppe, faisait la bénédiction du tableau. — Quête par Madame Paul Delaroche.*

## VIII. — LISTE DES SOUSCRIPTEURS

Madame

Le Filleul des Guerrots, château des Guerrots, par Auffay.

Messieurs

Andrieu (l'abbé), chanoine à Rouen.

Argentin, conservateur de la Bibliothèque de Montivilliers.

Asher et Cie, libraires, à Berlin.

Baer (J.), libraire, à Francfort.

Bibliothèque Municipale de Montivilliers.

Bourdignon fils, libraire, au Havre.

Braquehais (Léon), sous-bibliothécaire de la Ville du Havre.

Bréard (Charles), à Versailles.

CHAUVET (Gustave), président de la Société archéologique et historique de la Charente, à Ruffec.

CHERFILS (Ch.), adjoint au maire du Havre.

COLLETTE (l'abbé A.), aumônier du Lycée de Rouen, à Rouen.

COMONT (l'abbé G.), curé de Varengeville-sur-Mer.

COMTE (Emile), filateur, à Albert.

COUTAN (docteur), à Rouen.

DEGLATIGNY (L.), à Rouen.

DELAROQUE (H.), libraire, à Paris.

DESNOYER, directeur du Musée historique, à Orléans.

DOMBRE (L.), libraire, au Havre.

DROUET, à Caudebec-lès-Elbeuf.

DULAU ET Cie, libraires, à Londres. (2 exempl.).

DUMONT (Ernest), libraire, à Paris.

FAUVEL père (docteur), au Havre.

FORGET, au Havre.

GAMBU (Paul), à Louviers.

GODREUIL, avocat de la marine, au Havre.

GOUELLAIN (Gustave), à Rouen.

GOUJON (Paul), à Notre-Dame-du-Vaudreuil.

GUIBON, à Dieppe.

HELBIG (Jules), directeur de la *Revue de l'Art Chrétien*, à Liège.

HENRY (Ch.), propriétaire, au Havre.

HIERSEMANN (Karl-W.), libraire, à Leipzig. (2 exempl.).

HUE (l'abbé), à Levallois-Perret.

JOIN-LAMBERT, à Paris.

LAMARTIN, libraire, à Bruxelles.

LEMARCHAND, à Clères.

LEMONNIER (l'abbé), curé-doyen de Gournay-en-Bray.

LEMONNIER (l'abbé), vicaire-général, à Rouen.

LESTRINGANT, libraire, à Rouen. (10 exempl.).

PELAY (Ed.), à Rouen.

PICARD (Alphonse) et fils, libraires, à Paris (8 exempl.).

RENAUD (l'abbé E.), curé-doyen, à Elbeuf.

ROLAND DE CADEHOL. directeur du *Journal du Havre*, au Havre.

SARRAZIN (Albert), avocat à la Cour, à Rouen.

VATIMESNIL (de), à Paris.

VIEILLARD (Emile), rentier, au Havre.

WALLON (H.), à Rouen.

# TABLE DES DIVISIONS

# TABLE DES MATIÈRES

## A

# C

# J

# L

## N

# P

Chaussée-Bois-Hulin, 189. — **Des sarcophages** des VIIᵉ au XVᵉ siècle dans le cimetière de l'Abbaye de Sᵗ-Ouen à Rouen, 401. — **Une sépulture romaine** à Lillebonne. 300. — **Les urnes gauloises** à Fresnay-sur-Mer, 266. — **Des vases de bronze** en Normandie, 263. — **Les villes de la seconde Lyonnaise**, 296. — **Un vitrail neuf** de l'Eglise Saint-Jacques de Dieppe, 93.

## T

**Taillandier** (M.). Article nécrologique, 324.

**Taillepied** (Noël) et le répertoire archéol. de l'Anjou, 273.

**Temple de Mercure**, à Berthouville, 186.

**Théâtre romain** de Sᵗ-André-sur-Cailly, 403.

**Thieury** (Jules). Le Tombeau de Childéric-Iᵉʳ, etc., 434. — Article nécrologique, 324.

**Tombes** du XVIᵉ siècle à Etran, 192.

**Tombeau de Childéric Iᵉʳ** (le), Roi des Francs, 10.

**Tombeaux** chrétiens de la Période Anglo-Normande, à Bouteilles, en 1855, 125. — **Franc en pierre** à Ourville-la-Rivière, 115. — **En pierre**, dans le Grand-Val, près Etretat, 76. — A Pavilly, 77. — Du roi Henri Court-Mantel et du duc de Bedford à la Cathédrale de Rouen, 334. — De Sᵗᵉ-Honorine, à Graville, 329 et 347. — (Translation du) de Claude Groulard et de Barbe Guiffard, 273.

**Tonneville** près Cherbourg. Coins en bronze, 231.

**Tougard** (l'abbé A.). Lettres d'érudition et de critique adressée par M. l'abbé P. Langlois à M. l'abbé Cochet, 435. — L'abbé Cochet et quelques-uns de ses correspondants, 436.

**Tourville-la-Rivière**, arrond. de Rouen. Sépultures romaines du IVᵉ et du Vᵉ siècle, 237.

**Translation** faite à Bernay des prétendus restes de Judith de Bretagne, 185. — Des tombeaux de Claude Groulard et de Barbe Guiffard, 273.

**Travaux de restauration** exécutés à nos monuments historiques. Saint-Ouen de Rouen. St-Jacques à Dieppe. Chapelle de la Sainte-Vierge à l'Abbaye de Fécamp, 90.

**Tréport**, arrond. de Dieppe. Cachette monétaire, 280. — Notice histor. et archéol. sur la Ville, l'Abbaye et l'Eglise, 172.

**Trésor romain** de Cailly, 402.

**Trouville-en-Caux**, arrond. du Havre. Coupe en verre, 196.

## U

**Univers** (l'), 459.

**Une pieuse servante** de **Pie VII**, 229.

**Urnes gauloises** à Fresnay-sur-Mer, 266.

# V

HAVRE

TYPOGRAPHIE DE ROLAND DE CADEHOL ET Cie

9, Quai d'Orléans, 9

—

Mai 1895

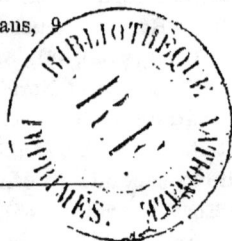

Imprimerie du Journal du Havre (Roland de Cadehol & C°), quai d'Orléans, 9.

www.ingramcontent.com/pod-product-compliance
Lightning Source LLC
Chambersburg PA
CBHW062216270326
41930CB00009B/1757

# iCanSir!

How a Breakthrough Mind-Body Technology
called Emotional Archaeology
can help you find hope and connection
in the cancer experience...

## No Matter What!

previously released as
*Jumper Cables for the Healing Soul*
How to Embrace the Moment, Celebrate the Past, and Welcome
the Future With Gratitude, Grit and Grace...No Matter What!

## By George P. Kansas

Copyright George P. Kansas, 2011, Delmar, New York

ISBN 978-0-9763573-3-9 Hardcover
ISBN 978-0-9763573-4-6 Ebook
ISBN 978-0-9763573-5-3 Softcover

Journeypress

**ℛiCanSir!**

2

## A thought before we begin.

You are the captain of your dream
Your friends and family are its crew.
Your predecessors; its benefactors
Your progeny; its beneficiaries
And the world; its commission

Its hull was fashioned from the character of your ancestors
Enthusiasm, Insight and Faith are its sails
Its masts are hewn from Courage
Its ropes and lines; spun from Experience
Its rudder; forged from Pain

When your dream lists, your crew helps to right it
When you stagger from the helm, your crew takes the wheel
When it takes on ballast, you bail and purge together
All know its purpose, so its compass is always true

Arm in arm, there is no sea we cannot cross,
No storm we cannot weather,
No maelstrom we cannot navigate;
On our cosmopolitan journey!

You are the captain of your dream.
Your dream awaits.
Welcome aboard!

# iCanSir!

## Dedications

This book is dedicated to my kids, Peter and Tessa, my entire loving family, Drs. Peter Burkart and Rachel Grimm, and the doctors, nurses and staff of the Cancer and Blood Disorders Center on D4E at Albany Medical Center Hospital. I literally wouldn't have been able to finish this book without each and every one of you!

## Expressions of Gratitude

Thank you, my wonderful children, Peter and Tessa. You awe me - non-stop - every single day! Thank you, Maria, for taking care of the kids and bringing me coffee and doughnuts (and chicken Marsala, and bacon sandwiches, and sausage, peppers and onions!). Thank you Elaine for reminding me that I had written the book on getting through a marathon[1] and – reading it myself - that's exactly what I did! Thank you, Dad, for our walk down New Scotland Ave. Like Mom, you eased my fears and didn't even know it. It meant the world to me.

Thank you to Dr. Peter T. Burkart, MD for saving my life. You've helped so many people live to serve their purpose. In doing so, you serve a wonderful purpose of your own. Mine can continue to be served because of your experience, compassion and judgment. I intend to be grateful for your skills for a very, very long time!

Thank you to Dr. Rachel Grimm, MD. You don't know how much I looked forward to our chats in the morning. You have a great attitude and you gave me permission to have mine!

Thank you to the whole gang of angels at D4E and NYOH. You're all awesome!

---

[1] For more information about this wonderful tool for the athletes in your life, please visit; www.georgepkansas.com

# ℞ iCanSir!

To all you folks out there who, like I used to, give blood so that people like me can stay alive a bit longer exactly when we need to!

To all my friends, thankfully too many to list, and just plain nice people who sent me cards, brought me food or just sat there as I slept. I am grateful. Deeply, deeply so.

To my dear friend Immaculée Ilibagiza; your grace and kindness means so much to me. I am so very grateful to you for your encouragement and assistance with this book. I'm even more so to God for sparing you so that you could teach the world about the power of forgiveness!

To my editor, Claire 'Denny' Hughes: I am grateful for your firm guidance and more so for the grace with which you wielded it.

# iCanSir!

## Table of Contents

# iCanSir!

## Prologue

I almost died.  Then I woke up.

This is what I learned.

# ꔥ iCanSir!

## Forward

Have you ever been unsure of yourself or your future? Have you ever been scared? Really scared? What about confused? Ever been confused?

Of course, right? Of course.

Have you ever feared death? Ever been so afraid to die or so afraid that you might die that you felt aware of panic overcoming you? Have you feared other things that have had the same effect on you? Ever felt this fear affect your ability to truly live?

Maybe you know what's up. Maybe not. Maybe you're waiting for the other shoe to drop. Maybe you're just confused. Maybe you're waiting for test results and you fear the unknown. Perhaps you're wallowing in a profound depression. Perhaps you're just lost. Drifting amidst the living, feeling like a purposeless soul with no direction, no passions to speak of and no vocabulary with which to describe your helplessness.

I know the feeling.

Sometimes you just don't know what to think. It can be scary, huh? I think that anyone who's struggled with either a disease like cancer or something else that threatens - in a very big way - the everyday way in which we approach our lives, can appreciate how disorienting such an experience can be. Many have been there. Far too many.

Me too. We've all been there to a certain degree at some point. It's the human condition. Having gone through it myself, felt those fears many times personally, I've had the combined blessings of - on the one hand - having the skills, training and experience to observe, analyze and articulate the lessons from these challenges and - on the other hand - having survived them to tell the tale. Along the way, having applied those skills, made those observations, sought the answers, I figured out a way to alleviate some of the deep distress that can come with some of these experiences.

Stumbled upon it might be a better way to put it than "figured it out". Upon stumbling, however, I discovered a way to turn fear into the actual constructive energy necessary for healing, growth and, well, love. I want so badly for you to know this, that I wrote this book for you. I've committed my professional life to sharing the messages in this book with audiences since I first could venture out of my house upon my recovery.

Most of this particular set of inspirations came during an ordeal with Leukemia that I experienced at forty. Having shared the ideas with all sorts of people, however, I've come to understand that it doesn't have to be cancer you're dealing with in order to benefit from these ideas. They apply to break-ups, career changes, bad relationships, parenting... you name it. Why? Because fear impacts all of us and potentially in all situations. Managing that fear is important.

There are a handful of ideas I'm going to share with you in this book. The ideas are essentially centuries old but until my cancer experience, I had never heard them put quite this way. When I experienced this understanding, suddenly I was able to articulate these ideas a bit differently than I had heard them before. Specifically, I understand them now as they related to health and how we manifest healing and balance in our lives. The first idea is spelled out in this forward so I won't mention it in this paragraph.

For the sake of giving you a heads up on what you'll encounter further along, and sort of as a primer for how to best use this book, I'll tell you a bit more about what you'll see later on. In subsequent chapters I'll explain how I came to understand that no matter what you're dealing with, there's stuff to find humor in, stuff to be grateful for, stuff to forgive yourself and others for and how important all of that is. I'll tell you how I came to understand that the 'cancer was me'.

# iCanSir!

I'll explain what the heck that means and why I was glad I made that realization. No one had ever explained it that way, I just sort of figured it out and I'm pretty sure it saved my life.

I'll show you how, whether you're well or unwell, that idea can change your life. I'll also explain how I came to understand that maybe it's time we change the metaphor of healing from one of war to one of peace. You'll read about my experience with both, and how I'm certain the use of a peaceful, forgiving method of healing was the more beneficial and helpful of the two. I'll get into how to meditate and use that skill to become mindful of the answers you're seeking. I'll help you figure out the differences among what you want to do, what you have to do and what you were born to do. And finally, you'll get started on establishing habits that will help you make the most of the rest of your life. It's a tall order but I'm confident that if you join me for this part of the journey, you'll be proud you did.

At forty years old, my first day in the hospital one day in February, was also the first day I was directly confronted with the fear of impending, imminent personal mortality. Finding out I was sick and needed medical attention would have been one thing, but discovering that this illness could be deadly as well and becoming aware of these ideas on the same weekend was kind of a heavy trip. On the other hand, having to deal with the big idea of mortality in a compressed time frame forced me to keep my focus. On the whole, I'm grateful that I had to get my arms around both illness as well as death at the same time. I figure that all of life isn't going to be happy, happy. But I've always tried to look at it the right way. When I've done that, I've noticed I could feel the pain and be grateful anyway.

During these times, inspirations have reliably swept over me. As you will read, during my cancer experience - true to form - the universe struck me with a series of inspirations.

The first of these key ideas – if we can get enough people to embrace – will change the world. I didn't make it up. My illness just made me aware of it.

That idea is this:

## Our adversities may be different.
## They don't separate us.

While I first sat in my bed as a newly admitted patient, suddenly I had peace and quiet. An interesting respite from a hectic and busy life of accomplishment. What would have ordinarily driven me crazy - a complete lack of frenetic activity around me - suddenly felt oddly reassuring. Suddenly I had time to meditate. My caregivers were insisting on my rest and non-disturbance. It was as if the universe was telling me (more like scolding me) "Hey you, Mr. Get it Done, Now. Take a moment and reflect!"

I first invested that time simply absorbing my situation. Literally looking around my room. Noticing the window view, the television and video cassette recorder. The screens and draw curtains for privacy. The bathroom, the chairs for visitors, the radiator/air conditioning unit. Finally, I took in the bed. What was to become my home for nearly a month. My tiny little universe had shrunken even smaller. I thought, Wow, you know? If you take everybody and stick them in a bed, tethered to a transfusion machine, bedridden and completely dependent upon the care and support of others, we're all pretty much the same. Strip away the "stuff" and "jobs" and pretty quickly we become very, very similar. Very little actually separates us. Suddenly, far more things about me became exactly the same as most of the things about the other people around me. My fellow hospital mates. My new neighborhood.

As I thought about that idea and let it sink in, I became very aware of how much time and energy we spend in identifying ways to separate ourselves from one another. From the color of our skin (just a few cells thick) to the number of commas on our bank statement (just a few drops of ink), many of the ways we fabricate to separate ourselves from one another became suddenly obvious to me.

As I thought about how dependence linked me to everyone else in the hospital, I realized how – absent the perspective of involuntary dependence – we concentrate, on a day-to-day basis, more on how we are different from most other people. What set me apart? What made me unique and special? I realized that I wasn't really alone in that mentality. I had been thinking like that despite the benefit of a lot of experiences having taught me the value of interdependence, and the importance of a balance among self-reliance and community. I realized that if I had once again become caught up in that, by comparison, generally we must all lean quite far toward the "separation" end of the spectrum. That simply must not be healthy.

Rather than invest that energy in figuring out how we're connected, we simply focus on what separates us. And it's killing us. It's probably easier to do in the short run, but that doesn't mean it's good for us. I mean, if you think about it, as I thought about it, if you put all of us in hospital beds, stripped us of our strength and vitality, make us all helpless and dependent on others to care for us, we'd all be the same then wouldn't we? So why should the addition of a little health and vitality and interdependence change things so dramatically? I don't think it should. When I was lying in bed, I figured it was a shame that we let it.

I had a rare form of cancer. It could have been a different type of cancer. It could have been any number of things. You may have had a severe injury. You may feel depressed. You actually may be depressed. You may be recovering from a dependency. You may be scared. You may be drifting in limbo. You may be suffering terribly. You may be broke. You may be involved in a relationship that is, it is clear to everyone but you, not healthy for you. You may be caring for someone who is unable to take care of themselves. You may feel incredibly despondent.    You may feel absolutely without cause or purpose.

The end result is while I'm writing this, I can't know what you're going through.   Each of us has our own challenges.   But the fact that those challenges differ, doesn't mean that we don't share something.

### The fact that we're each of us unique, doesn't mean that we're not all of us connected.

It could be the suffering that connects us.  It could be the celebration. I don't know for sure.  I just know we're connected by something.  I call it energy.  In my speeches – audiences for which are as diverse as America itself – I refer to it as the energy of the universe.  I've heard it called lots of things.  I've even heard it called God.  If it is God, I think that's the best definition of God I've heard yet; the universal energy that animates and connects all of us.  Getting hung up on what words we use to describe it, however, is part of our problem.   For millennia, we've started wars over what we call and how we interpret this energy.  The bottom line is that right now, you're at a place where you're open to the idea that what we call it is far less important than putting it to work for you!   You just wouldn't be reading this right now if that weren't so.

No matter what we call it, this energy connects us.    Quantum physicists tell us that this energy not only connects us but also comprises us and every other thing.   Everything in the universe is made up of energy.   Each "particle" of energy vibrates at a certain frequency.  The frequency at which it's vibrating and the frequency at which we're vibrating will determine how we perceive it.   Since everything is made of this same energy, including the "stuff" that "separates" us, then we must be connected in some way to everyone and everything.   That's the quantum physics lesson for this chapter. You don't have to understand this to believe it.  Energy connects us. All of us.

Why I bring this idea of connection up at this point is because no matter what the specific challenges you may be dealing with, this information will work for you. It will work for you because it worked for me and has worked for thousands of people whom I've had the honor of working with or the pleasure of reading about. My own experience confirms this. Since we have more in common than not, it will work for you too. No matter who you are, or what your situation. Put it to work and it will work!

So while technically this may be considered a "cancer book" (whatever that is or is supposed to be), it's really an "any type of adversity that affects one's health" book. And when I say "health" I'm referring, of course, to physical health, yes, but I'm also referring to emotional and even spiritual health. Which is to say that really, this is an "anything you could possibly be experiencing" type book.

I don't pretend to know all the answers. I am not even sure I am asking the appropriate questions half of the time. I think that if you are looking at these words right now, either you think you may, or someone you know thinks you may, be able to relate to and benefit from what I have to say here.

At the time I started writing this book, my leukemia was a cancer of the blood and bone marrow (the part of your body which is responsible for making new blood). This leukemia inhibited an important biological process in my body that biologists and doctors call hematopoesis or new blood production.

By the time this book was finished, that cancer had left my body. The leukemia I was diagnosed with proved itself to be manageable. I am fortunate. As I write this, I am in remission. Although I've learned that things can change in a moment, currently things look good. A year ago and a year out from my first treatment, my doctors told me I'd never have a "normal" hemoglobin level or a "normal" immune system. Today, as I polish the words for this introductory chapter, my hemoglobin level is that of a performance athlete and my immune cell counts are in the "normal" range.  For now, I live to fight the proverbial good fight another day.

Whether I have or had cancer, however, is not as important as what I'm about to tell you.  What's critical for you to understand is this:

> The ideas I am going to discuss with you in this book, all stem from a series of experiences I had <u>before</u> I found out what my diagnosis was.

> This is important because at the time these ideas came to me, I was certain in my belief that my death was imminent.

I <u>thought</u> what I had was worse than the leukemia I eventually was told I <u>actually</u> had.  Reading this now, that distinction may not make that much difference to you.  I understand that.  I make the point, however, because it makes the inspirations of which I became mindful more credible.  This material doesn't stem from a positive attitude derived from the good news of the possibility of a favorable outcome or remission.  This information was valid and inspirational when I thought that news would never come.  These ideas came to me when I thought - <u>as I imagine many of you might as you're reading this right now</u> – that such news might never be mine to receive.

Which means that I'm certain that the same information will be helpful to you regardless of what the doctors or your advisors are telling you about how the future might look for you.

<u>It means that no matter what you're facing, no matter what your diagnosis is, no matter what your "official" prognosis is, I'm going to encourage you from the very center of my soul to experiment with the information contained in this book.</u>

# � iCanSir!

It will help you deal with what you're dealing with. It will make you a better, more receptive, more participative patient or caregiver. And don't tell your doctors this but it will even help you help your doctors to be better doctors!

My experience with audiences since my cancer has proven to me that it most certainly will help regardless of what step along the path you find yourself today.

The information that came to me in those moments – the information that you'll leave this book knowing - was dramatic, incredibly liberating and completely affirming. I want – in the most intense way – for all people to know the kind of clarity I knew that evening. People with cancer. People without cancer. People with children. People without children. People with careers. People without careers. All people.

On February 6, 2005, as I pondered my own death, and the days subsequent to that, I had the presence of mind to journal it carefully. I'm glad I did because since then, armed with this detailed information, I have helped hundreds of people. With this book I hope to leverage that to thousands and even hundreds of thousands of people. Maybe even millions! That's what I was born to do.

This is the story of a brief period of my life, which includes my first experiences with a serious illness of my own, and the resulting lessons that I gleaned from it. As you must know from your own experiences, it was a hard, painful journey. As a result, some of the language I use might be a bit raw for some people. I offer no apology. Most of the survivors I've worked with appreciate the candor. They usually tell me that it gives them permission to express some of the raw emotions they feel. Sometimes the "vocabulary of survivorship", as I call it, is peaceful, sweet and touching. Sometimes it's just as violent, ugly and merciless as the disease or negativity you're encountering.

# ☙ iCanSir!

I hope that you don't let the particular language distract you from the intention.   My intention is for these ideas to help you maintain perspective. My intention is for that to be true no matter how much of life remains.   We have no idea – none of us – how much that is. Whether we're healthy or not, none of us knows. I hope that such perspective may help you to live a life that is closer to the one you may envision for yourself in the quiet, true moments of your mind.   I truly wish that for you.

I believe that if more of the world could listen to the honest sound of their true self,

if we could see a clearer vision of who we truly are,

if we could feel that perfect feeling deep down inside ourselves, we would be able to manage our suffering much more effectively.

We might even reduce it a bit.

We might even know peace.

Wouldn't that be so very nice?

## Chapter One
## "Always…"

While preparing this manuscript, I read a lot about the ancient battle of Thermopylae (in ancient Greece). Maybe it's my Spartan heritage, but my interest coincides with the recent release of a movie depicting the legendary and epic battle. According to historians and Greek lore, at this pivotal battle a relatively small force of 300 Spartans led a group of a few thousand other Greeks to delay the progress across Europe of as many as 600,000 soldiers fighting for the Persian Empire. Many historians credit this battle as having significantly shaped the course of history and paved the way for the further development of western civilization.

Never having been a real history buff, it was difficult for me to get my head around a lot of the references I uncovered in my reading. Fortunately, the books I've been reading have included lots and lots of background information relative to the state of the world in the decades both before and after this pivotal battle. As much as the story of the battle itself, it is this background information that enabled me to understand a little better the true impact of this event. The context, you see, is what has made all the difference.

Likewise, in order to really get what I'm going to convey in this book – and I really want you to get what I'm going to convey – it will help you to have a bit of my background. As with most big ideas, the context will make a difference. If you have an understanding of a series of strange events, you'll appreciate the impact of the inspirations that have come to me as a result of them. If you appreciate them, you'll apply them. If you apply them, your life will improve.

One of the biggest events in my life was the death of my mom. It was a heavy trip to say the least. To get the full effect of that experience and why and how I was poised as I was to receive the full impact of this event, I'll give you a little of the back story behind the back story.

In 1995 I was blessed with the sole legal responsibility of caring for my two children, Peter and Tessa. These two gifts from the universe are the center of things for me. My responsibility to them has shaped my decisions for most of my adult life but most especially for the past 13 years. Honestly, this will probably always be so to a certain degree. Why this is important to my mom's death is because my mother played a critical role in my being able to deal with the many challenges of single parenthood. As I worked during those first couple of years as a single dad, my mother helped me with much of the details of day-to-day child rearing. Transitioning from a practicing attorney and consultant with three offices to a stay-at-home dad working from a home office, was three full-time jobs rolled into one! In short, I couldn't have done it without the support of my whole family. My mom, however, was the key player, without a doubt. On top of the already healthy foundation she had given me as a great role model, my mom undertook many a day's care giving, especially of my little daughter.

Fast-forward five years or so. Peter was ten, almost eleven and Tessa was six, almost seven. My mother was diagnosed with cancer. What started as a tiny spot on her pancreas rapidly worsened. Now, you know what an unpleasant disease cancer can be. I'm sure there is not a particularly "worse" kind of cancer. Having said that, my mom's cancer experience was characterized by severe pain, few - if any - encouraging moments and an overall sense of decline with very little relief from what appeared to be an inevitable and painful death. Now, I'm an optimist and am highly skilled at finding the silver lining. It was difficult to find in those moments. Most of the lessons I gleaned from this experience, I gleaned, after my mom's death. You see moms are moms always, not just while they're alive!

As trying as those last six months were, they were punctuated by some pretty amazing and deep connections. My sisters and I had taken a lot of time off and incurred a lot of personal debt in order to be able to take care of my mom while she was at home. As difficult as it was to do, this allowed for some great memories to be created. Two favorites stand out. The first is a little light moment that I was able to share with my mother with hardly a word being spoken. One afternoon, I was hanging out with Mom in my childhood home. She on the couch and me on the arm-chair. Off the top of my head, I thought to ask if she'd like a shampoo. This isn't something I'd ever done for her nor would it be something I would have ordinarily even thought of. With a big smile she said that would be nice. I got a big bowl and a pitcher of hot water, a couple of towels and a bottle of my mom's shampoo.

After preparing the area with towels for the inevitable spillage I began by simply pouring some warm water slowly over the back of Mom's head as she leaned over the bowl which I had set up on the table at the side of the couch. Once her hair was wet I gently lathered in the shampoo and gently massaged my mom's scalp. I could feel her shrinking, once strong, muscles relaxing underneath my strong hands. She didn't have to say a word. I could tell that although this was something she would have never asked me to do, she was enjoying this moment. It was a rare moment between my mom and I.

How many times had she bathed me? How many times had she scrubbed my filthy body of the dirt my hyperactive antics and embedded upon me as a wild kid? What a handful I must have been! Yet she handled it. Now, as her frail little body slowly gave way to time and cancer, I returned the favor. What a tiny little thing to be able to do for her, but it gave me such great joy.

The second big moment for us would be the last. Over the months Mom gradually became so weak that walking up the stairs was a major effort. One that it was decided we'd better save for bathing since everything else was really available on the ground floor. Everything, that is, but a bed. So, we got a hospital bed and put in smack in the middle of the family room! How's that for service?

# iCanSir!

One day in January, I sat on the edge of that bed while Mom lay there. My dad and my two sisters stood nearby. Mom had become weaker still, with just moments of lucid time each day. We were upset. For the first time since my high school graduation, it was just my sisters and I and my parents in our home. No spouses, no children, just the five of us.

My mom had struggled to rid her body of pancreatic cancer for five months. During that time she'd suffered all manner of excruciating pain, loss of motor function, hallucinations and difficulty breathing. Like this day, there were times when she'd barely be conscious and then for only minutes in a day. There were times when she was conscious that I secretly wished she wasn't just so that she wouldn't have to endure the mind bending pain the cancer's pressure on her nerve endings were causing her.

But on this day – what was to be her last full day - she was lucid. She was clearly having trouble staying awake and her breathing was labored but she was aware. She was mindful of my father at her side and her children at her feet (literally). We did most of the talking. She did a lot of nodding. Her breathing was labored but occasionally she'd deliberately take an extra deep breath so that she could wheeze a response to a particular point in the conversation. She was trying so hard for our sake. I remember being aware that these were our last moments with Mom. I was also aware that I was aware. It was intense.

A lot of the talk was meant to comfort my mom. To let her know we were there and we were willing to do anything for her. Anything to ease her burden. Anything to ease her pain. When she was well, my sisters and I had usually let her know that we were glad and grateful to have had such a great mom. My dad had always made it clear that he was very much in love with my mom. Flowers, nice gifts, trips, etc. We were a pretty tight family. With all of our faults, failing to express and demonstrate loving emotions didn't seem to be one of them.

21

Despite that, I had always wanted to – when the time came – let her know "one last time" that she'd done a great job as a mom and, for what it was worth from my point of view, a wife. I wanted to let her know how deeply impressed I had always been by her. I wanted to let her know how proud I was to be her son. That day, at her bedside, I tried to do that.

After choking out the most difficult compliments I would ever pay, I got up and went into an adjoining room. My sisters followed me, leaving my father and mother to be by themselves for a moment. They could tell I needed some comforting. By the time we made it into the other room, I was crying. My sisters asked what in particular was upsetting me. They hadn't seen me cry over mom's illness yet. I guess they wondered what finally tipped the scales. I told them that I felt the need to tell her more. I felt the need to tell her that I was proud of her for having done such a great job. To tell her that I was awed by the fight she'd put up. That she'd taught us all she needed to teach us. That we'd be good parents and good siblings and continue to be good children to Dad. I guess I just wanted to let her know that her work was done and from our point of view, done very well.

My sisters insisted I do just that. "If you don't" they urged, "you'll always wish you had." So, I took a few deep breaths, settled down and did just that.

We went back into our family room (great name for a room when you think about it), just the five of us again. I explained to Mom that I had to say it again. I told her that I felt she needed to know that she'd done such a wonderful job as a mother. I explained that she had taught us all that we needed to know to take it from here. That she needn't worry about us any longer. That we'd be fine.

She looked with her wise, deep brown eyes into mine. She looked at me with neither confidence and certainty nor fear and trepidation. She looked at me with a sad peace. Sadness, I think, not relating to her death necessarily but rather to the many days we would not invest together as a result of it. I was sad for the same reason.

Her gaze pierced me to my very soul. She drew her labored breath. She said, "Take care of your daughter!" I drew a short breath and – although with difficulty - I held my composure. I was so deeply touched by her maternal concern for my little baby girl. "Take care of your son!" Again, it was all I could do to hold myself together.

"Of course," I said. "I'll take care of the kids" I assured her. "Don't worry about anything, I'll take care of everyone." I was reassuring myself as well. It may have been bravado, but it kept me together for a few seconds longer. I was sincere, though, in my assertion. I was deriving confidence from her power!

"I want to ask you just one favor." I asked, somehow knowing this would be the last I'd ever speak with the woman who'd borne me, changed my diapers, nourished me, body and soul. The woman who'd invested half her life in nurturing mine was dying and I knew it. At the same time, she had such a knowing look in her eyes. Such a knowing demeanor about her. As if she knew exactly where she was going and when and how and why.

Her eyes never wavered from mine and my gaze would not falter either. "Keep an eye on us?" I asked.

She blinked with the most precious, sweet slowness as she drew yet another breath. I could almost feel the pain she was enduring as each breath crowded her internal organs, tumors and nerves and yet, the pain seemed to be leaving her, or perhaps guiding her. Her calm and peacefulness humbled me. My attention was rapt.

Again her deep, knowing eyes pierced mine. She drew me ever so gently toward her so that my ear was just an inch away from her lips. "Always..." she whispered as she slowly exhaled her shallow breath. I lifted my head to look her in her eyes. She had the sweetest, most subtle, most reassuring smile on her face.  It was a different smile than the one I had grown up with.  It was her "cancer smile" as I'd grown to think of it.  It was the smile that she was capable of while enduring pain that would cripple a weaker person.  Harder for her to deliver but just as wonderful for me to behold.  What a doll she was to do and say that.  Such a good mother, right to the very end.

It struck me that such a deep, strong and piercing message could come from the shallow breath of such a weakened body.  It struck me that, in the final analysis, there was nothing weak about my mother in that moment.  In fact, the strength of the universe was hers in the very moment she imparted that secret unto me.  The strength of the gods of Olympus itself was hers, mine and ours together.

In that moment, in that tiny word, in that wisp of a breath and that deep gaze, my fear of death was vanquished.  "Always!"

Not uttering another word out of fear of tarnishing this perfectly executed goodbye, I kissed my mother on the cheek and forehead and patted her hand ever so gently.  My goodbye to my mother had been, in my mind, perfect.

I said goodbye to my dad and my sisters and I walked out through the garage.  I remember being so very mindful of the fact that my Mother's body would die that night.  I had carried on my last conversation with my Mother's physical presence.  I also knew in my bones, however, that I would have many more with her in my consciousness. She had promised me after all. "Always!"

I am as certain as I can be that, in that moment, my Mother had a very clear sense of what was awaiting her.  In fact, I'd go so far as to say that she knew exactly what was happening and how and why.  I've got a feeling she pretty much had all the answers in that moment.

I mentioned context.  I've explained this to you for two reasons.  The first reason is that it has proven to really reach people as a very inspiring story about the kind of peace we're capable of knowing in our last hours. That might bring you some peace of your own no matter what the immediate future may look like for you because – after all – none of us know exactly when "our time" will be. It certainly has given me an incredible amount of peace.

The second reason is really to give you a big piece of background so that you'll understand where I was coming from as the additional stories you're about to read unfold.

This one word and, of course, the gaze that had accompanied it, transformed my entire outlook on death. It affected how I looked at mortality, the condition of my soul, how death might greet me, how I might - from then on - approach my life. As you read this book, my hope is that it will have an effect on the way you approach your life too. Your illness, your wellness, your relationships, the whole package. Keep this in mind as you read on.

As I encountered serious illness in my own life, this is the context with which my experience was surrounded.

"Always!"

Has a nice ring to it!

## Chapter Two
## "You should be unconscious!"

For months, my heart pounded at the slightest exertion. Even the deepest breathing wasn't satisfying my body's need for vital oxygen. I was actually hearing my heartbeat in my ear drums - literally, all of the time. I was panting like a dog. Taking off my clothes to crawl into bed made my heart scream at me. And I didn't know why.

The winter before, while skiing in the Wasatch Mountains of Utah with my father, I had experienced my first bout with altitude sickness. This despite the fact that I'd been active at high altitudes all over the world without ever having had a problem since I'd been ten years old. Altitude sickness affects people in different ways. The most common symptoms are shortness of breath, chest pain, weakness, nausea and dizziness. I experienced all of them.

I'd had a physical exam around my birthday the previous summer that showed no signs of any problem. Of course, the prescription for my annual complete blood count and cholesterol check remained unfulfilled because I didn't want to hear anyone tell me that I had to watch my cholesterol. I know, I know. Stupid! Just wait, it gets worse. Much worse. My behavior over the subsequent 12 months redefined "stupid".

Later that year, in spring, I had experienced some shortness of breath while running around the neighborhood. During the next summer, while playing on the beach on Cape Cod with my kids and nephews, I noticed I would get out of breath, tiring very quickly and experiencing the sensation of my heart pounding so hard that I could hear it in my ear drums. This is called palpitation. Since then – after months of gradually worsening palpitation - I had been "toughing it out", chocking it up to having hit my fortieth year and being "out of shape". In my bones, I knew it wasn't so, but denial is a powerful thing.

# iCanSir!

As if those hints weren't direct enough, my then new boutique record label – Yodeling Loon Records  - was working on a record with a group of great local musicians.  My "loons" as I called them.  We'd been working into the wee hours for weeks in an effort to get a CD finished in time for a pre-Christmas release.  As it turned out we just couldn't pull it off between all the different musicians' schedules and available studio time.   Coming home from the studio at 3 a.m. a couple of nights a week hadn't been out of the ordinary for me.  I was really pushing it.

Each morning I would wake up and the kids would have to hoist me out of bed.  "C'mon dad, you've got to get up and make our lunches. You've got to wake up."  They'd admonish me as they – literally – dragged my exhausted butt out of bed.  I just thought this was what it meant to burn the candle at both ends.  I knew I had to slow down but I was having so much fun tackling all of these projects that were important to me.

The straw that broke the camel's back, however, came on January 30, 2005 when my kids, my sister, my nephews, my dad and my step-mother went skiing.  Now, we are usually an aggressive bunch on the slopes.  We ski as we live.  With gusto!  After skiing for about 6 hours we were ready to call it a day.  Usually for the last few runs of the day I'll open it up and let my skis really run.  I'll go as fast as I can in a real down-hill style after I've let the family get down the mountain a bit ahead of me.  As I whizzed past the kids my heart became louder and louder in my ears.

Finally, I stopped.  My chest felt like it was on fire.  The pain in my heart and lungs was excruciating.  I doubled over.  Barely standing.  I was reeling in pain.  My chest was tightening by the second, my heart was pounding and my lungs felt as though flame had engulfed them. Each breath drew in a searing heat that scorched my insides.  I didn't know what was going on.  I assumed I was having a heart attack.

My dad and sister – both physicians – were concerned (needless to say). After a few minutes of sucking wind (as we used to call it at football practice) I settled down. Just standing there, my heart slowed down, I caught my breath, the pain subsided. Hey, I figured, I was still standing. What more do I have to worry about?

My sister, Maria, and Dad decided enough was enough. Time to go home. So I gradually and gently glided down to the bottom without a lot of exertion. I felt fine again. The pain was gone and my heart was back to its previous level of pounding in my ears. But this time, not so loud and hard that I was worried about it. I even carried my nephew out to the car with him over one shoulder and our skis and poles over the other. Then I drove home.

Maria insisted that I meet with a colleague of hers in Albany. A heart specialist. So I accepted her invitation to make an appointment for me. She did so and by noon the next day, I had an appointment for Tuesday, February 1.

Well, as you'll come to learn more about, I had created an organization called Rock2Rebuild a few weeks earlier in response to the horrible tragedy of the tsunami in south Asia. Hundreds of thousands of people were dead and tens of thousands of children were orphaned, homeless and in serious jeopardy from starvation, disease and predation. I was a man on a mission. A few days after the disaster, I recruited a colleague of mine in the music business, Jeff Mirel, to rally local music lovers to employ what we knew – music - in aid of these kids. We had a major concert event planned at Albany's historic Palace Theatre for February 11, just ten days away. I had a long list of things "To Do".

I skipped the appointment my sister had made special arrangements for me to get. I skipped it. Let me repeat that. I had what I thought was a heart attack on Sunday and on Tuesday I skipped a doctors appointment that my sister made special arrangements for me to get. I know, I know: Stupid! What did I tell you?

# iCanSir!

I emphasize this because I think we can all relate to this just a little bit.  O.K.  Maybe not to this extremely stupid extent, but be honest, how many times have you made a decision that was contrary to your health and well-being because you were busy with things on your TO DO list!?

My sister was fuming.

Maria: "I've made another appointment for you with the heart doctor. If you miss that appointment, I'll kill you myself!"

On February 3rd, I was at Dr. Lou Papandrea's office in Albany.  He ran tests.  EKG, EEG, Echo, blah, blah, blah.  I didn't go to medical school.  He ran tests.  Dr. P tells me that from the outside, I appear to be a "normal", healthy, fit, 40-year-old male (there was that 40 thing again!).  BUT, clearly, the symptoms I was describing were anything but "normal".  He explained that the only way to be sure that my heart wasn't suffering from a blockage of some sort was to go into my arteries and take a look.

I said that I thought that made sense.  A little scary but sensible.  He explained he'd like to schedule a procedure in which he would explore the arteries supplying blood to the muscles of my heart and if necessary install devices designed to hold them open.  The procedure is called a cardiac catheterization and these devices are called stents. They're installed by the thousands every day across North America.

"Well, I've got a big concert coming up in 8 days, is there any way we could do this stent thing after that?" I asked.

"George," he looked at me with mild disgust (the way I remember the school librarian looking over her bifocals at me when I'd disrupted things.  You don't recall that look?  O.K. I guess that was just me.). "I'd do this procedure TODAY if I could get you into the O.R. today!"

I accepted his advice, had my blood drawn in the lab for the anesthesiologist's purposes and met with the nurse to go over the instructions for taking blood thinners, etc. for the next morning's 7 AM procedure.

About two hours later (honestly, it could have been five minutes, it could have been half a day, time was a bit distorted at this point) my cell phone beeped to let me know that my current concert-planning phone-call was being interrupted by another incoming call. I was directly in front of the Albany Medical Center Hospital. I recognized the phone number as that of my new cardiologist and took the call.

"George, it's Lou…Papandrea."

"I've got good news and some concerns. Your heart's fine. What I can't figure out is why – according to your blood tests – you have about 20% of the effective blood that you should have. In fact, usually the people with these kinds of numbers I've seen have been unconscious."

"Ooooh Kaaay?"

"You need to get to a hospital and get some transfusions and we need to figure out what's causing these numbers. We need to find you a hematologist."

"Is this something I have to do today or can I do this next week? After the concert?"

"George," Lou punctuated, the frustration in his voice more than evident, "If you're alive in a week, you can get the transfusions in a week."

"Gotcha! I'm on my way home. I gotta get my kids squared away and I'll get right on it. Transfusions and a hematologist! Thank you Doctor!"

## ℞ iCanSir!

I called my dad. "Do we know any hematologists?"...

At about 3 PM that same day, I was admitted through the emergency department to the Albany Medical Center Hospital about 8 miles from my kids and my home. My body had been living on borrowed time. The banker had come calling to collect.

No wonder my heart and lungs had become used to screaming for oxygen, my organs were like the littlest kids in a family of ten growing boys around the dining table, fighting for every scrap of nourishment. Literally!

From that moment, my blood was tested daily. Sometimes multiple times in a day. I kept track of my blood counts and other things on whatever scrap paper was handy. This was my first entry.

Thursday, 3 February, 2005
Hemoglobin 4.4
Hematocrit 12
WBC 2.2
Platelets 30[2]

Diagnosis: Pancytopenia
Cause: Unknown
Plan: Transfuse, examine cells
Journal Entry that day: Journal Entry? Are you kidding me? I could barely keep my eyes open. Do you honestly think I was about to start a journal? ;-) Actually, I recognized early on that a journal would be a really good idea but I just wasn't ready that first day. I would start my daily log the next day.

---

[2] For the curious: "Normal" values for these might be: Hemoglobin – 12-15, Hematocrit around 40, WBC – 3-5000, Platelets - 70

# ⚸ iCanSir!

Now during this whole thing Rock2Rebuild[3] was well under way in planning the Palace concert. I had also just completed the recording, mixing and packaging of my record label's first compilation CD[4]. I was managing the growth of my law practice, my consulting firm, Leadership Motivation, LLC. and trying to complete a second book about goal setting. All this craziness on top of raising my two great kids, which is <u>really</u> my full time career! I was working long, hard hours and I was tapped out! I was exhausted constantly. By the time I got to the hospital it was all I could do to stay awake at 3 o'clock in the afternoon.

After just 2 transfusions[5], however, I felt like superman! Contrasted to just days before, I was operating on at least 4 cylinders and I felt wonderful. They told me I still had no immune system so I had to be careful about walking around the hospital too much. So, I waited until the wee hours when it was quiet and I could make tracks. I didn't want to be like the character "Papillion" and have the four walls of my room make me crazy! I was determined to stay as active as possible and get out and around whenever I could.

At midnight or so, I'd walk around the hospital. It's absolutely huge. The whole building has five or six wings to it so a person could walk for a week and not see the whole thing. Each time I'd walk, I'd explore a bit farther and then return to my room. Each time returning under the "Cancer and Blood Disorders Center" sign that hung from the ceiling in the hallway outside my room. There was another sign

---

[3] Take a look: www.rock2rebuild.org.

[4] Decaffeinated is a project of which I am very proud. A group of incredibly talented local musicians (singer, songwriters) and I got together and made a nice collection of tunes inspired by the "coffee house" environment. This wonderful and thoroughly listenable collection is available at www.yodelingloonrecords.com.

[5] 2 of the 8 transfusions that I was to receive during my month-long stay in the Bone Marrow Transplant Unit (BMTU as I came to know it).

nearby which also read "BMTU", Bone Marrow Transplant Unit. This sign designated the five or six private rooms along their own little hallway, each with special equipment to accommodate the extra precautions necessary for someone whose immune systems were in rough shape (like mine).

Just as my vital signs had been figuratively everywhere the week before, these material signs were literally everywhere. Just as my symptoms had been in my face for over a year, these signs were right in front of me! But I still didn't get it.

Friday, 4 February, 2005
Diagnosis: One of a family of 100 or so lympho-proliferative blood disorders
Plan: Continue transfusions, establish diagnosis
Cause: Unknown

Quote of the day:

## "Lymphoproliferatives respond nicely to treatment."
Dr. Peter Burkart

Journal Entry:

I gratefully accept this blood as a gift from the universe and send energy of gratitude to those people who brought this new life to me.[6] I understand that just as surely as my body can – for whatever reason, "willy nilly" – shut

---

[6] I kept a list of people who I'd imagined had donated their blood for me. People in the rock world like David Lee Roth, Mick Jagger, Keith Richards, Neil Peart, Pete Townsend, Steven Tyler, Joe Perry...you get the picture. It was a real who's who of rock!

down the production of important cells, it can with equally apparent caprice restart that production. I intend for my marrow right here, right now to produce those healthy cells.

I am on a mission to help my loved ones and as many other people as possible to morally & ethically accomplish the great things we're meant to.

I am creating balance in my life! I am producing health, strength and power! I take care, take risks and enjoy!

I live with vigor!

For three days and three nights I walked underneath those signs and not once had it dawned upon me that I had anything other than a case of "tired blood". Whatever the hell that meant. No one had ever said "tired blood" to me or anything like that, I just figured since I was so tired all the time and everything seemed to be pointing to my blood, it sort of made sense. It's a damn good thing I didn't go to medical school after all. "A couple of transfusions and I would be fine", I told myself under my still labored breath. I honestly thought that the only reason they put me in the BMTU (Bone Marrow Transplant Unit) was because that's where my old family friend and now hematologist, Dr. Peter Burkart, usually happened to be as a faculty member and attending physician. Heck, until they told me about my compromised immune system, I thought I had a private room because they'd rolled out the red carpet for Dr. Kansas' kid! Even then, I just thought that there happened to be a room available there in what I knew to be a very busy hospital.

I honestly figured that after a quick oil change, I'd be back out on the road!

34

# iCanSir!

## Chapter Three
## A side-bar on humor.[7]

It was Friday.  I had only been in the hospital one night at this point.  Although I'd been there less than 24 hours, I'd been stuck with a needle at least a dozen times already.  Intravenous tubes for nutrition, hydration and transfusion had all been hooked up.  I was wondering when they were going to come in and change my transmission fluid!

At this point, you may recall, we knew that I was dealing with some type of lympho-proliforative disorder.  That's something that had permeated my lymph system and disrupted the normal operation of my blood supply.  The hows and whys, we didn't yet know.  I mentioned that there are a hundred (give or take) potential such disorders.  The next step was to narrow it down.  Doctors are an amazing bunch of scientists.  As a scientist myself (you didn't know I was a double-major in college, did you?[8]) I was fascinated by the step-by-step approach my team took to identify what was making me so sick.  It also helped me to prepare as I understood what each step was designed to do.  I think it's a good thing to have a grip on the plan.  It helps the patient to be involved and understand what's going on.

So they'd done a bunch of blood tests.  They'd done blood counts and cell analysis from which they'd determined that my red blood cells

---

[7]A "side-bar" is a term of the legal arts describing when a lawyer or lawyers are called to or asked to approach the judge for a brief conference out of hearing of the jury and court stenographer.  The discussion is off the record and therefore physically accomplished on the side of the judges bench.  Thus, it is called a "side-bar".  My Editor, Denny, tells me that this is also a common expression used by authors to describe this type of story.  I never knew that.

[8]I graduated from Hartwick College with two majors, one in Business/ Entrepreneurship and one in Ecology/Natural History.  The science part of it was a holdover from my first year in college as a pre-med student.

were misshapen and not fully developed. They'd determined that I had way too many white blood cells that were crowding out my red ones. Red blood cells are responsible for carrying oxygen through your body. That explains my not being able to get enough air. When you heart doesn't get enough oxygen, it pumps faster. That explains the heart pounding.

Next, we had to determine what was causing all of this disruption. Since it was a blood issue, and blood is created in the bone marrow, the bone marrow was our next stop. Now, this was something I didn't know. Your bone marrow does most of its blood production in the pelvis, the hands and the spine. I had always thought it was in your arm and leg bones but apparently this is no longer thought to be true. Anyhow, the pelvis was our next stop. Oh, lucky me.

Did I mention that Albany Medical Center is a teaching hospital? It happens also to be where both my father and my sister graduated from medical school. Well, being a guest in a teaching hospital means that if it's o.k. with you, they'll march a whole troupe of medical students, interns and residents through your room (and your body) so that they can learn from your experience too. I was all for this. Knowing how important it is for doctors of the next generation to have a sense of what the patient is going through and how that patient's attitude can make all the difference, I figured "I'm gonna teach these people something!"

So on Friday morning Dr. B came in with a half dozen medical students. I'm my usual gregarious self and greeted them all with a bright "Good morning!" I'm pretty sure that I was the only one who'd greeted them this way that morning because they all looked at me like I was an alien. Now they'd all heard that I was a motivational speaker and now a record producer and concert promoter so I think there might have been some undeserved mystique about my room but not being one to burst their collective bubble, I played the role of the eccentric rock'n'roller wonderfully. Earrings in place and attitude in mind, I was ready to teach these "kids" a thing or two.

# iCanSir!

Dr. B explained to me that in order to get a picture of what was going on in my pelvis (excuuuuuse me?) they needed to do what is called a bone marrow biopsy. Sounds innocuous enough. "O.K. so what's that entail?" I wondered out loud. Dr. B described the procedure in which they drill a small hole in my pelvis at the rearward portion of my hip, take a plug of bone for testing, insert a needle and draw out a sample of marrow for testing. As he described the procedure, the blood (ironically enough) drained from my face. The rock star attitude along with it.

Yikes, that sounded like it might hurt. They offered morphine to help the pain. Well, rock'n'roll attitude or not, I'm not real big on getting high unless it involves a helicopter and a pair of skis. I passed on the morphine. It wasn't machismo. It's just that I'm very sensitive to exogenous chemicals of any kind in my body. Even allergy medicine messes me up.

My sister had come to visit earlier that morning so she was still with me when Dr. B and his entourage ("my team" as I like to egocentrically call them) came in. She encouraged me to take the pain meds as she had witnessed and even performed these bone marrow biopsies before. I trusted my gut and declined again and we were ready to go.

They had me flatten my adjustable bed out, roll over onto my belly and pull my pajama pants down to expose my buttocks. I was lying there with my bare behind sticking out like, well, bare buttocks. My sister took my hand as I prepared for the local anesthetic. This would, I would soon find out, numb the skin for the incision but would do nothing for the part about drilling into my pelvic bone.

"No pictures please" I blurted to the gathering crowd around my backside. The room erupted in hysterics. Who was this crazy man and why was he joking at a time like this? Let me tell you, it's exactly times like this to break out your best material. I was scared to death. I'm not going down without getting a laugh first!

Dr. B started the procedure. The first step was the injection of the local anesthetic to numb the skin for the incision. So far, so good. Next was the incision. Only about an inch or so cut on the top of my buttock. I couldn't really feel anything then other than some pressure. Next came the insertion of the core auger into this new cut on the top of my rear. A little pressure. Core drilling. "O.K. now THIS f*#king HURTS!" This guy is putting his whole body into it. With all his weight, Dr. B is drilling into my pelvis. The sound is so very deeply disturbing. I hear this squeaking sound as the auger drills into my bone. It reminds me of when a wood screw goes into a board and starts to get really tight toward the end. I'm breathing really deep now and clutching Maria's hand and the bed side with my sweaty hands and my backside is getting a tan from the overhead light.

Man was I glad Maria was there. I'm still not sure but I may have broken her fingers in my clutch. I was squeezing her hand so tight I thought for sure I'd break something.

Dr. B inserts the needle into the cavity inside my pelvic bone and begins drawing the sample. The pain at this point is pretty much lingering from the drilling I'd just taken (literally!). I feel some clicking and some strange vibrations and then, "All set!" I hear Dr. B say. Music to my ears. Music. Music. Yeah, good time to make a music reference, maybe sell some CDs.

"O.K. now, since we're all so close, there's no excuse for everyone in this room not to go to my concert next week." Again, the room erupts in laughter as I blot the sweat from my forehead and dry my hands. As the blood returned to my sister's hand, my humor had set everyone at ease (including me). I'd shown that even when there are a lot of unknowns in the air, I could always choose my approach. I could have freaked out, taken the morphine and been high all day or I could buck up, feel the pain, enjoy the moment and make everyone laugh with my hairy butt in the air in the process. The choice was mine.

Now I'm not advocating that you decline pain medication if your pain is unbearable. I'm just saying that you can decide ahead of time what pain you're willing to bear in order to be sober enough to crack jokes. In fact, something I didn't know before this experience, scientists have proven that laughter enhances immune function and releases your body's own natural pain killers called endorphins. Without even knowing it I was applying natures oldest pain remedy. By cracking wise with my team, I was teaching them and healing me at the same time.

Of course, I've also spoken with hundreds of people who advocate taking the opportunity to use the great drugs that you might ordinarily be disinclined to use. Be it out of decorum, respect for the law, a sense of responsibility, there are people who would not partake in drugs. Given the opportunity to do so legally, however, they're all for it. Hey, more power to 'em. It just goes to show you that there are as many ways to approach something as there are people. What I advocate is that you do what you feel right about. If you want to try to tough it out to see what the pain will do to or for you, give it a try. If you don't, that's fine too. As long as you pay attention to what's happening, you can learn from it.

Often times we take life so very seriously. Sometimes that's fine. It's important when you're standing in front of a judge or an IRS auditor. The danger comes when we start to take ourselves too seriously. Life is a dangerous, exciting and funny adventure. If we don't balance our sense of humor and awe against our sense of self-importance, we'll burn out from the pressure of it. The flip side is true. When we keep things in perspective with humor and sharing with others, we can strike a healthy balance among the things we've got to handle and how we handle it.

Just for giggles, take a moment to list five funny things you saw, said, heard, did or thought today?

_____

_____

_____

_____

_____


Saturday, 5 February, 2005
Journal Entry:

I have at least 2 books still in me. @ least 3 CDs still to produce. Thousands of speeches yet to give and most importantly 2 wonderful children to raise to be healthy, self actualized, interdependent people.

Golden List: (stuff I'm grateful for)

| | |
|---|---|
| Peter & Tessa | Mom & Dad |
| Kids, smiles, hugs | Maria & Elaine |
| Health, Family | Resourcefulness |
| Sense of humor | Love, Wit |
| Creativity, Freedom | Connectivity, Support |

My friends:
Stephen B., Tom C., Rick W., Jonathan P.,
Jim B., Frank F., Bruce K., T-Bone, Eric H. & Krissy G.,
Roberto, Ant, Wolff...

## Chapter Four
## Somebody thinks I have cancer?!

On Sunday, my family visited early. Maria brought my kids to see me. With my surgical mask on, we walked around the hospital together. We may have even stepped outside through the impressive original front entrance of the Albany Medical Center Hospital for a breath of fresh air. It's called the "crescent" entrance, by the way, because the architectural feature which characterizes it is a half circle lined with pillars, marble stairs running the entire length from one side of the semi-circle to the other. It's been overtaken by modern features such as a disabled access ramp on one side, an overhead bridge from the parking garage across the street and the enormous brick wall of the hospital's magnetic imaging center on the other. Nonetheless, it is the original entrance to one of the country's oldest teaching hospitals and when visiting, I still always like to enter the hospital through this historic doorway.

On this day, My dad and I took a walk together as well. It was a lovely walk up New Scotland Avenue that I hope I shall never forget. The road is significant for several reasons. The first is that just days ago it was where I was driving when Dr. Lou informed me of my situation. It's also special because Albany Law School, my alma mater, is directly across the street from the hospital. I walked this road many times as a younger man. This walk, on this day, was special. I remember asking my Dad if he thought I was going to die? Without really answering my question, we discussed the situation. We talked about the kids. The walk was just enough to wind me.

Then I had the day to myself. I figured it would be a good time to catch up on the sleep that my body had long been craving.

I woke up from a sound, four-hour nap and I decided to commit a few hours to quiet meditation. I started with my usual meditation techniques. First I breathe deeply. I allow my mind to go through its sort of manic reflections of the stuff on its plate. This usually lasts only a minute or so as the breathing begins to have its calming effect. I allow the various things that concern me to pop into my consciousness without getting too worried about them. I know that those things will be here for me when I come back from my mental vacation. I know that soon enough I will be beyond all of these worries as I allow my peace-inducing breathing to take over.

After the "trailer" is over, I continue as many belly breaths as I can focus on before my mind begins to wander. When I've breathed deeply a bit and I notice the first signs of my mind wandering, I begin to think about what "nothing" looks like. I imagine my eyes watching a movie screen set up in the front of my head. I imagine what "nothing" being projected onto that screen would look like. If you've never done it, it's easier than you might imagine. It just takes a little practice.

I usually do this for as long as I need to really settle myself down. Sometimes just a minute or two will get me right back into a nice state for productivity or focus or conversation or writing or sex or whatever I am shifting gears to do.

On this day, I put in a good couple hours or so of this. "Nothing, nothing, nothing." Two hours of solid breathing. Inhaling peace and calm and serenity and exhaling agitation and stress and anxiety. In and out. In and out. Like the wonderful rhythm of the ocean or a gentle mountain breeze or lovers intertwined. Nice and easy and calm. Nothing gets me in the zone like taking the time to do this. It's the best investment I can make in myself. On this day, I was – in my mind – far from the confines of my hospital room. I had transcended – as I had done a thousand times before – the physical limitations of my now diseased body and was soaring in the ether tethered only by my love of my children and life.

Through the ether as I traveled, I was reminded of the signs in my life. Here and there ideas like altitude sickness, getting out of breath walking up the stairs, and more recent messages like "20% blood", "you should be unconscious" and "you were the one skiing with a 4 hemoglobin?" echoed in my ears. Images like the Bone Marrow Transplant Unit and the Blood Disorder and Cancer Center signs flashed like slides on the screen in my head. Punctuating the peace and calm were profound and not-so-subtle hints that things were not well within my physical body.

Then, after what felt like many relaxing hours of this wonderful transcendence, through the mist of "nothingness" I had conjured, the universe sent me a message. It hit me. It hit me like the proverbial "ton of bricks". My eyes snapped open and I froze. I think if the nurses had come into my room at that moment, they would have seen the iconic light bulb illuminated and suspended above my head.

"Somebody thinks I have cancer?!"

I may even have said it out loud. I'm sure I must have at least whispered it to myself.

Not really knowing what else to do at that point, I thought on it and thought on it. I got quiet again and just breathed. I let myself open to the sounds of the universe. I listened for the humming, felt for the vibration, made myself open to the inspiration.

After I had meditated on my situation, I sat there and let it sink in. I came to understand that it was me this time who faced a challenge. At that moment, I didn't know exactly what the challenge was going to be called, but I knew a challenge lay ahead of me.

I knew it was me, this time, whom I needed to coach. After over ten years of coaching people in how to perform at higher levels in all areas of their lives, in a matter of a few short hours, I had become my own client. It wasn't a stranger who had come to me with a life challenge to figure out. It was me.

iCanSir!

As I mentioned in Chapter 1 - "Always", just a few years before, my mother had been diagnosed, was treated for and succumbed to a very aggressive form of cancer. In a few short months she found out, fought hard and died. It was almost 5 months from the date of her diagnosis to her death. As it was for my mother, of course, it was a profound experience for my whole family and me. I'd read that it's normal for survivors and family members of beloved cancer patients to experience a sort of "diagnostic panic" when they sense something's wrong for years after the initial cancer experience.

You have a bout of gas and you think, "I have colon cancer!" Or you get a headache and right away it's a tumor. You have a stitch in your side and you think "My God, it's my pancreas!" On the one hand it's ridiculous. I mean, four years ago, I didn't even know where the hell my pancreas was. On the other hand, it happens to a lot of people. Something is off, you think "it's cancer". The ironic thing is that often times when people are diagnosed with advanced cancer, it turns out that they had ignored symptoms because they didn't want to be hypochondriacs.

As soon as I put these signs together and figured out that I might have cancer, the first thing I thought was that it was "Mom's cancer". It made sense to me, given my frame of mind and the goings-on of the past several months (exhaustion, discomfort, etc.).

It may seem a little crazy, perhaps, that I didn't get scared. I didn't panic.

Because I had invested the previous ten years or so of my life to understanding what it took to know peace and had never been afraid to really take an honest look inside, I knew that I had to come to terms with it. I had read enough books and worked with enough people to know that the longer I wasted my time fussing over what to worry about, the longer I'd be postponing my own recovery. I dedicated the next few hours to meditating on my life and how it might end - and how soon!

iCanSir!

Into the evening, I continued my peaceful meditation. In and out. Deep, deep breaths. In with the peace and calm and healing energy and out with the toxic and stress and negative energy. I was amazed at my ability to remain focused on my inner self for such a long period of time. Of all the years I had been meditating, I had never focused my peace and breathing for such an extended effort. The results were well worth it.

I decided that I had three potentialities to accept.

One was that the worst-case scenario was a terminal diagnosis in which case I may expire in six months just as my mother had done a few years earlier. A second was that I was absolutely fine. The third was that I was seriously ill, I had cancer of some kind, and that I would survive but with a tough road ahead of me.

I decided that if I could come to grips with each of those scenarios - and truly accept them, and fast - I could accomplish anything. I figured the sooner I could free myself from denial and accept these possibilities, the sooner I could be honest with myself about a plan.

I set to meditating on each of these new potentialities. I focused on understanding this new set of possibilities. I sought to embrace my new paradigm.

I knew that the Jumper Cables for the Soul® program I had taught to thousands of people over the years would help. I didn't exactly know how, but I knew it would. I figured, why the hell had I been investing so much time and energy into it if it wouldn't help me NOW?

So, I took myself through my own program. The one I've been teaching and working at and fine-tuning for over a decade. The same program essentially that you're going through in this book. I gave myself my own Jumper Cables for the Soul® speech. I applied it to myself. I heard my words from a new perspective (as a client this time).

I'm going to take you through the extremely condensed version of this program in this chapter. These first steps are the foundation upon which I built my recover and upon which you can build yours. I came to some important observations after completing this while in the hospital and it will help you understand why I was able to do that once you've done it at least once. The whole process will take you less than 10 minutes.[9]

I recalled the many times I'd asked my audiences to take one minute to write all of the things they would seek to accomplish if they absolutely knew that failure was not possible. What would they reach for if they knew their success was guaranteed? I call this our Lottery List. What would you do if money was no obstacle? We've all gone through these scenarios, haven't we? What would you do if you knew you'd earn what you needed to earn and learn what you needed to learn?

Right now, take one minute to write as many items as you can think of, that you would seek to see, be, do or have in your lifetime as though you absolutely could not fail. As though your success was guaranteed. Remember, it doesn't have to be perfect. You can edit this list later as I'll ask you to do many times over the next several weeks.[10] Just put 60 seconds on the clock, put your pencil to paper and start writing. Go!

_____

_____

_____

[9] In fact, the trademark for the original program I taught ten years ago was *Eight minutes to change your life!*

[10] Once you've accomplished this list and the lists following it, I'll ask you to repeat this exercise everyday for a week, every week for a month and every month for the rest of your life.

iCanSir!

_____
_____
_____
_____

Excellent!  Well done!

Now, take another minute to write all of those things you would seek to see, be, do or have over the next three years as though your success was guaranteed.  This time, though, there's a catch.  This time, I'm asking you to write all of those wonderful things you'd seek to see, be, do or have AND you knew today that at the end of those three years you would be struck by a bus and killed (yikes!).  I call this one the City Bus List.

_____
_____
_____
_____
_____
_____

Excellent again!  Well done!  I've found that this one gets us to sharpen our pencils.  If you're like most people, the priorities may have changed a bit.  In my audience workshops I ask folks to show hands to let me know who had priorities change from the first list to the second.  For a lot of people the second list is simply shorter.  That's o.k. too.  There are no wrong answers.  That's why I call these simply lists, not tests!  See?  Easy!

When my mom was ill, there came a point in her therapy when she decided to leave the hospital.  It was right before Christmas and she came to a decision to go home, stop her treatment, invest whatever time she had left to being with her family in her home and enjoy the holidays as best she could.  We knew what she wanted and to the extent that we had any right to, we got our minds around it and "gave her permission" to make that decision.

The day Mom was ready to go home, I waited with her in her hospital room while my dad finalized the discharge papers. I'll cherish those moments we invested together that day at St. Peter's Hospital in Albany. My mom sat on the edge of her bed and she looked at me and said words that echo in my head.

She said "George, don't put things off!"

To this day, when I find myself hesitating to do something I know to be the right thing to do, I hear her words. They inspire me to take action. For years I wasn't sure exactly why she told me this other than to inspire me. Then one day during a seminar it hit me. I used to ask my audiences to write all of the things they'd hope to accomplish over the next 90 days. This was very effective for years. Then one day, after this incident, I realized how much more powerful it would be if we added the little twinge of potential regret. By putting ourselves at the edge of the bed right now, and asking ourselves to look back 90 days instead of forward, we sharpen the pencil even more!

Now - quickly - answer this question. Put yourself sitting on the edge of your bed, believing your time on this earth was rapidly drawing to a close (at this point in my experience it wasn't that hard to do) what would you look back on the past 90 days and wish you had done?

Write all of those things here:

_____

_____

_____

_____

_____

_____

Now, if you're like 99% of the people in my audiences, I'll wager that on this list, you had items that fit one of three categories: 1) Doing something with another person. 2) Saying something to another person. Or 3) Doing something you consider crazy (like jumping out of an airplane)![11]

As I sat there on my bed recalling the many talks my Mother and I had during her final weeks and how they had inspired me, I completed this exercise for the umteenth time. The answers came out of me as naturally as my own name.

The reality of this was that I realized that I had made some outstanding choices in my life. I may not have been rich as some people may measure it. I may not have done everything right as a dad and as a former husband, as a son, a brother, or even boyfriend to the "ex"es since my marriage failed 10 years ago. But as a dad, my most important role, I had done the right thing more often than not. I took stock of my life. On the whole, I was pleased with what I saw. Not every little detail, of course, but overall, I was pleased.

If, while reading this, you can't say that now, don't worry. By the time you you're finished with this book, you'll be on the way to saying so.

---

[11] About five weeks later, upon leaving the hospital and then driving my car for the first time in weeks, the very first song I heard while driving was Tim McGraw's "Live like you were dying!" To this day, it's one of my favorite songs. A kind of anthem for me. The lyrics are right on track. The song tells the story of a man who learns the power of leading his life as though he was dying. If you don't own it, I encourage you to buy it and listen to it. As an independent record producer who has worked with many talented musicians, I feel strongly about paying for the music I enjoy. So don't bootleg, please buy it! Whatever riches come to Tim McGraw for making such a song, he's earned every cent of it!

The reality was that when I asked these questions in what I thought was the context of my imminent death, the answers were not haunting and remorseful but rather they were liberating and truly inspired. I have to say that this was one of the top six most profound moments of my life so far.[12]

I came to the conclusion that if I was going to expire in 6 months I could do so in peace, knowing that - although I really, really, really, really, really, really didn't want to - I could, because I had set an outstanding example for my children.

This freed me to make an amazing decision.

My work was not yet finished. I simply couldn't quit yet. Understand that I didn't say to myself, "I'm not going to die" or anything quite that dramatic. How could I know that? How can any of us know? I did say, however, that I was not done yet. I could know that!

I had work yet to do. I didn't know how long I had to do it but I knew I had it to do. Whatever remaining time I had - one day, one month, one year - didn't matter. The time I did have, would be committed to doing what I'd been doing. Teaching my kids, helping people, changing the world.

In fact, my personal mission statement had been for years "to enthusiastically guide my children, my loved ones and as many other people as possible to morally and ethically accomplish the great things they're meant to."

------

[12] I have to say that the other five are probably in chronological order 1) the birth of my son, 2) the birth of my daughter, 3) the day I became sole custodial parent of my kids, 4) the last conversation I had with my Mom and 5) the moment immediately before finishing my first marathon race just 23 months after my diagnosis.

I was determined to continue this "work" with every breath I had left. Be it 1 or 1 billion breaths. I had to create a mindset to give my body the best chance to heal so that I could teach my children some more for as long as I could. I had to give myself the best chance of healing so I could continue this work. Getting my mind in the right frame of mind was my first priority. After a long, deep look into the recesses of my mind through meditation, the result was the most incredible, powerful, balanced, certain peace I'd ever experienced. That's the peace I want you to be able to find too. I want the world to know it. I think that's my mission here. I reach for and teach that incredible, overwhelming, calming and reassuring peace. If that kind of certainty is what you think you crave, read on. If not, read on anyway. You'll learn something. I promise.

Here's what I wrote in my makeshift journal at the end of all this pondering.

Journal Entry:

I can stand up - and through each of my cells figuratively stand up - and say NO you do not belong here. Cancer cells you are disrupting the natural order of things. I am in charge here. You are here uninvited. I stare you down with certainty. I show no fear because I feel none. I am right. I express no fear, no hesitancy because I experience none. These healthy and unhealthy cells are within my dominion. I will evict the unhealthy ones. You will not win because it is simply not the order of things. It is the order of things for me to know health and you are put on notice. I have the God energy on my side and you will perish. I will prevail because my will prevails. Bottom line – I am better than you. You may be strong, but I am resourceful. You may be clever, but I am intelligent. You may be wily, but I am agile. You may be one tough motherf*#ker but I am the baddest motherf*#ker any cancer cell has ever seen. I'll beat you. You can go quietly or you can go with a fight but GO... YOU... WILL!

Yeah, there may be a bit of denial in there. Maybe. But it's pretty powerful stuff for a start. For me, it created a very clear image. Wouldn't it be great if everyone receiving a diagnosis that isn't so good could feel this way going into it? It is possible. You see, I'm not any different than you or anyone. I just prepared myself a little unconventionally. You can too.

Doctors are amazing. The drugs are amazing. The nurses are amazing! But you know what? So is my body. So is yours. So are all of ours! Our minds are even more amazing than that! I believe that my decision to be certain in at least the idea that no matter how much time I had I knew what I was going to do with it had something to do with my impressive recovery.

In fact, there exist tons and tons of good science in the field of healing and in the area of quantum physics that support the concept that just the idea of my being well, helped to make me well. More on this later.

The end to this long chapter, my friend, is this...

The next day Maria came to visit. She brought a donut and a decaffeinated cup of coffee for me and we sat and talked. She said to me, "Why is this happening to you, George?"

Without a moment's hesitation I answered her. "Because I can handle it, Maria" was my reply with an almost stoic certainty.

# iCanSir!

"Because I can handle it." I echoed.

Although you may not be mindful of it right now, you can handle it too! You wouldn't be reading this book right now if that weren't true.

🎗 iCanSir!

## Chapter Five
## A diagnosis by any other name…

I sincerely believe, deep, deep in my bones, that what befalls us, befalls each of us for our own reasons. Of course, along with this belief – in order to maintain our sanity – must necessarily come the realization that it may not ever make absolute sense to us during our physical lifetime. In fact, it often doesn't.

It certainly seems impossible to explain why horrible things happen to children, for instance. In the struggle to understand it, however, we may yet get a glimpse of that magical stuff of the universe. That of which we are truly made.

Put another way, the key isn't in the understanding, it's in the trying to get it. It's not in the goal, it's in the pursuit of the dream.

Aristotle is quoted as having said that "the unexamined life is one not worth living." In my experience, it is certainly true that the human condition is improved when it is examined. When approached with mindfulness, that condition is one of what I call "emotional archaeology". Digging and sweeping. Digging and sweeping. In an intermittent and never ending search to uncover the origins of the ideas that drive our own behavior, our personal existence, our unique truth.

I made some observations during my digging and sweeping that may guide you in yours. This digging and sweeping really opened my eyes to what was going on inside my body. The approach I took to my treatment was a direct result of these discoveries or observations. I'm sure this made a difference. I believe that the certainty I was able to garner as a direct result of all of this digging and sweeping is what made it possible for me to survive. I'm certain that it helped. It certainly didn't hurt! Everyone who really knows me and who really knows what I went through and how I have lived my life certainly believes that it did. Hell, my doctors even said my attitude had a lot to do with my recovery. I guess it's true then.

I mentioned earlier that I knew that I had to come to grips with some profound realities. I knew I had to do it but I didn't know how. Through the course of that digging and sweeping, I came across these "hows". You are benefiting from my experience by skipping directly to those hows by applying what I've written here directly into your life. Know that it works. Is it curing your cancer? I truly wish I knew. Do I hope it helps you do this? Of course. I don't want anyone suffering from any member of this family of diseases any longer than is absolutely necessary for you to learn what it is the universe intends for you to learn.

So, what WILL it do? It will help you to weather the suffering you'll endure in your life. It will help you discover and maintain your inner certainty. It will help you help your family and loved ones deal with what you're dealing with too.

Yes, I know I said "necessary" up there about the suffering. It might not be a popular idea but some amount of suffering is necessary for us to learn what we need to learn. I've done some of mine and I'm certain I'll do more. You'll do yours. We all do our own suffering at one point or another.

It comes in varying degrees and at different times. It comes without warning, without preparation, without instructions. Now, however, you'll be armed with the benefit of my experience! You'll go in stronger, you'll deal with it smarter, you'll come out better! I know this takes courage. I won't play down how difficult it is to do the digging and sweeping. It's not only important, though, it's worth it! The joy and balance and peace and inspiration and understanding that come from this courageous and sometimes painful endeavor can be amazing. It can not only change your life but also multiply the impact you have on others. Again, I've been there. I know you may be thinking that this is just too big right now. I know it's scary. I really do. Keep going. Whatever it takes. Reach down into your soul and find the strength. If it's not there, keep going anyway. All the answers may not be at your fingertips right now. You can trust me when I say that right now, you don't need all the answers. Tomorrow may bring more answers: it may not. The answers, the information will come as you need it. You may think you need more right now. And you may. Try to stay calm and keep breathing. You'll be able to develop a plan as you gather your information.

So, I'd gone through "the lists" as you just did in the last chapter the exercise renewed my inspiration. I'd accepted the fact that I had some kind of cancer. I'd accepted the fact that it was a possibility that I would not see my 41st birthday just 6 months away. I'd accepted the fact that I'd need to make the absolute most of these days, many of which I'd likely invest[13] in the hospital, regardless of whatever outcome awaited me. Now, in the very short term, I would await the "official" diagnosis with as much patience and balance as possible - and try not to revert to a panic in the meantime.

On Monday, the day after I'd done all of this meditation and journaling, my dad and I had been hanging out talking about my thoughts from the night before. We discussed mom and the ideas I had come up with and what he thought about it. My dad told me that because of my symptoms and where I'd ended up in the hospital (BMTU), he had a sense of what was going on. Later on I found out Maria had felt the same thing. This, apparently, is what inspired her inquiry as to why it was happening to me. Both my dad and Maria had figured out the whole cancer connection days before I had. What I had to meditate to connect, they had connected almost immediately.

---

[13] A long time ago I learned the power of our vocabulary and its effect on our actions and outcomes. I stopped using the word "spent" when referring to my time and my life. I've found that I prefer investing my time rather than spending it. When you go to the store to spend your money, are you happier afterwards? When you invest in an enterprise that succeeds and it pays you dividends, doesn't that feel better?

Dr. Burkart came into my room. This time he had the lab results from the bone marrow biopsy. "Well George we've identified what it is that's been causing the problem with your blood," he started. "When we did the biopsy we weren't able to come up with a sample to test. It's what's called a 'dry tap'. With the bone marrow gone, there's not a whole lot there to test. But we've had a good look at your cells, and we've all taken a look at the slides. The combination of symptoms, combined with your enlarged spleen and the dry tap points to a disease called Hairy cell leukemia..."

Diagnosis:   Leukemic Reticular-endotheliosis
                     (Hairy Cell Leukemia)
Plan: Chemotherapy (7 day, 24 hour infusion of 49 milligrams of Leukostatin/Cladribine)
Comments to Doctor Burkart:

*"I never thought I'd be relieved to hear I have Leukemia"*

Journal Entry:

*It's not "I'm not going to die" or "this isn't going to kill me."*

*It's "I'm alive, I'm well, I am strong, I am resourceful. I can handle anything."*

It's called Hairy Cell Leukemia because under a microscope the tiny mutated white blood cells that end up overpopulating the blood and marrow (crowding out and choking off the production of healthy blood) look like tiny fuzzy tennis balls. It seems funny to me - and it seemed funny to me then - that I would end up with a disease that manifests itself in the form of blood cells masquerading as hairy balls? I don't know, maybe it's just me and my sick sense of humor.[14] Perhaps even more important than thinking this is funny, is understanding that by finding humor in it, by finding the 'silly' in it, I was able to accept it. By accepting it, I was able to begin the process of influencing my experience actively.

---

[14] There's actually another funny story about this ironic play on words involving an old friend, a speakerphone and a nurse. See the journal entries for Day 4 of the workbook portion of this book. Page 134.

iCanSir!

## Chapter Six
## No matter what…

Profound realization Number 1: I have cancer in my body. Like it or not, ready or not, I have cancer in my body. BUT, that's the only place it is.

Cancer. It's THE bad news. There is, however, definitely some good news, and I will share that with you in a few pages. It's best for you to get your head around the bad part first. The good news will mean more to you if you do. Unfortunately, there's no two ways about this realization. It sucks. It sucks to have cancer. Diagnosis sucks. Treatment sucks. Nausea, dizziness, diarrhea, it all sucks. Go ahead and say it out loud, it's o.k. Cancer sucks! It's really o.k. I'm giving you permission. Cancer sucks moose poop! Cancer _____ (fill in your own expletive here).

You've got to come to grips with this as quickly as possible. This chapter will help by helping you to understand the limitations of the diagnosis. It will also help if you can try not to beat yourself up for wanting to freak out in the first place. That part, at least, is a natural response to the stress of the news. But we can do better than that!

Psychologists tell us that it's "normal" to go through various stages before we accept this. It's "normal" to deny that you have anything wrong. It's "normal" to be angry. It's "normal" to negotiate with God over the outcome of your treatment. It's "normal" to get depressed.

Well, I've never been a big fan of "normal".[15] Don't misunderstand me. I'm a real believer in the good work of psychologists and believe that this information is very valuable in helping us understand the human condition. In fact, this book is meant to be but another set of

---

[15] Because we lived a little differently and my kids always expressed themselves creatively, they would be subject to the occasional jibe about being "weird". We had a standard family response to this. "Thanks, what's it like to be normal?"

## iCanSir!

observations to help us do that. It's just that despite the fact that there are lots and lots of people who have to deal with this disease, there's really nothing "normal" about being told you have cancer!

According to the dictionary, the definition of "normal" in its most common context is "conformity to a regular pattern". Now, cancer of some sort will affect one in three people. Meaning that out of every three people, one of them will either experience cancer personally or know someone closely who will experience it personally. Statistically, I'll concede that these numbers may reveal a "regular" pattern. To each of us as individuals, however, cancer's effects are not an everyday occurrence. Cancer's effects do NOT conform to our regular patterns as individuals.

So, I say...

To hell with normal.

Again, get your arms and mind around the idea that you have cancer. Now, I'm talking about accepting the <u>diagnosis</u>. I am NOT talking about accepting the whole package of what you "think" cancer is "supposed" to mean. For example: Accepting that the doctors just told you that you have cancer makes sense BUT you don't have to accept a death sentence. This will help.

**A diagnosis is merely a professional observation of the condition of your physical body at a given moment in time.**

Let's be honest, I had to ask myself whether I might die. Honestly, to be true to myself, I even had to answer that I might. Could I have died? Yes, of course. Was I prepared for it? To the extent that one can be, yes. "Could you die?" Yes. We're all going to die someday. Physically, at least. BUT, one could JUST AS EASILY ask the

60

question, "Could I live?" and the answer to that question would, of course, also be "Yes, I could live!" Of course.

So let's learn to ask the right questions, shall we? Instead of "could I die?" Let's learn to ask, "Could I live?" And while we're at it, let's learn to answer, "Yes, I can live!"

When you're car shopping, you don't go looking for a lemon, do you? I mean, taken to the absurd to prove the point, imagine the look on his/her face if you asked a car salesperson "Does it stall with predictability? Will it fail to start when I need it to? Will it leak oil reliably?" Crazy right? So why would we ask such crazy questions when our lives are on the line? If we were in our right mind, we wouldn't. So, let's get into our right mind.

We're getting closer to the good news. Right now, I'm just trying to get you to accept the diagnosis and nothing more or less. Accept it for what it is. A diagnosis is just an observation about the condition of your body at a particular point in time. That's all it is. Scientifically, that's all it is.

Say it out loud.

"My diagnosis is just an observation about the condition of my body at this point in time."

In fact, technically speaking, the diagnosis is just an observation about the condition of your body in the past. Up until the time of your examination or when the tests were performed. Even if you were just examined five minutes ago, the diagnosis is still just an assessment of what the condition of your body was, NOT what it can be!

There is, however, a huge difference between the condition of your body, and the condition of your mind. Huge difference. It is possible for your body to be in one condition and your mind to be in another.

It is possible for you to experience pain and at the same time be mindful of positive emotions.

If this doesn't make sense to you, let me ask you; Have you ever laughed so hard your belly hurt?  Have you ever had an orgasm and a back or leg muscle spasm/cramp at the same time?  See what I mean?

O.K. you've been patient and taken the bad news like a real trooper, so here's the good news.  Now say this out loud.

> ### "No matter what happens to my body, my soul will always be cancer-free!"

The universe 'hears' our intentions without judgment about negative or positive.  So to fine tune this just a tiny little bit, we can even remove the reference to cancer-free altogether.

> ### "No matter what happens to my body, my soul will always be perfect!"

Although to a large degree the two - body and soul - are inseparable and intertwined through complex biomechanical, neuro-electrical and chemo-molecular systems that we're only beginning to understand. For the purpose of this chapter, however, I'm distinguishing your soul from your body. It's something I've done for years to help people think of their minds as something they can exert influence upon.  I believe that the body also fits in this category but for now, if this is a new idea to you, it will be easier to think of the mind as a distinct field of energy from your body.  It's not limited to your brain or anywhere in particular within your body.

It may be a new idea to you. It may sound perfectly fine to you.  I know from my audiences that this can be a grey area for some people. You may find it hard to separate the images in your mind of your soul from your body. I believe that our bodies are living cells, which pulse with a vital energy. Our bodies (or bio-body suit as some physicists call it) are organic machines performing the various functions of life. The energy that propels them, the purpose that drives them, the thoughts, dreams and ideas that they experience, that energy - I believe - is our soul.

It is not necessary to agree with this observation in order to get the most from this book. It's just what I think is so. I could be wrong. I often am. For now, just go with it. You'll be glad you did!

So. Step one. Accept that you have cancer. It's not good, it's not bad. It's not anything but an observation about the condition of your body at this point in time. It is what it is. But also realize that the ONLY place it exists is in your body!

Now, you might not want to end this segment on that note, so consider this. No matter what the outcome of this experience, commit to the idea that you will create positive information from it.

I know from my seminars that to some of you this may seem just plain crazy. "Yeah right, I'm going to make my bleeding tumor a positive lesson in my life. Nice try Mr. Motivator guy." Believe me, I hear you on this. I've been there, remember? Please understand that I'm not saying that right this instant you have to be happy about your situation. I know I certainly wasn't. All I'm saying is that you have to trust me on the point that if you commit – or at the very least be open - to the very tiny idea that at some level you will be able to learn from this experience and that such information - at some level - will benefit your soul, you will have a much "better" cancer experience. Whatever that means to you.

You're learning many techniques that when applied in combination with your medical remedies, will strengthen your body's ability to change and to heal. As you apply these techniques, you're gaining a greater understanding of your mind's natural systems which are perfectly designed to correct problems in conjunction with your body. As you gain greater discipline over what you allow your mind to entertain, your mind plays a greater role in your healing. When you've begun the process of understanding and applying the near magical power of your mind, you'll have accomplished something grand. Your life will begin to improve in ways you wouldn't have even imagined. The people around will notice a change in you. The people around you will even appear to you to get better at being them. They'll have learned that from you!

Imagine going through this experience and finding a deeper, truer self than you knew before. Imagine going through this experience and teaching people about it in such a way as to ease their burden. Imagine being so inspired by what you learn that your legacy is magnified and leveraged exponentially as a result. Think of the people whose lives will be enhanced by your experiencing this now.

Understand that if you commit to this, your experience will not have been in vain. Your experience will have had a purpose. It's possible. For now, try to accept that too. It may help to take the sting out of it a bit. That's what I want you to take from this chapter.

"Yes I have cancer.
Something good will come of it and
no matter what happens to my body,
my soul will always be perfect."

$\mathcal{R}$ iCanSir!

## Chapter Seven
## The cancer is me.

If knowing that my soul will always be perfect is a profound realization, then this next one is a real whopper. Hold on because, at first, this one might actually be harder to swallow than accepting that you have cancer...

Profound Realization Number 2: This cancer is me. In your case, the cancer is you.

The cancer is me. Like it or not, ready or not, the cancer is me. It's not some bullet in my gut, or sliver in my foot or foreign body in my eye. These cells that are causing me problems are me. At some point in time, it took one of my own healthy cells to divide and become at least one unhealthy cell. That's what I mean by "the cancer is me".

Just like my heart, my lungs, my skin, my eyes, these little trouble makers are me too. I could have denied it all I wanted to, but it wouldn't have done me any good. You too can deny it all you want. No one would blame you. It's a big, heavy idea. In my experience, however, if you spend a lot of time in denial, you'll wish you hadn't wasted the time. I'm really hoping you'll trust me on this point especially. I had to reconcile that. You have to reconcile that too. Period. In the long run, you'll be so very glad you did.

To some, it may even seem obvious, but I've noticed that no one says it out loud. It needs to be spoken. For some reason, for most of us our minds make it tough to get. It may take a few hours to get your head around the idea. Grasping that the problems you are experiencing are coming not just from inside yourself but from your actual self is a big one to put your mind around. It's o.k. If it takes you some time to ponder this, then take the time right now.

Now, keep in mind while you're doing this that I'm not saying the cancer is your fault. Fault is a word and a concept that's just loaded with judgment and you don't need to go there right now. We'll get to responsibility a bit later, but there's huge difference between responsibility and fault. Right now, just recognize that the cancer is you and that's as far as you need to go.

Come back to this when you can say and understand "The cancer is me" without feeling guilty or even going down that road. Right now, for now, you just have to be able to understand the idea. Forget about the "why" for now. Forget about the "how" for now. We'll definitely get to that. For now, just understand that "the cancer cells are tiny, tiny representations of you." Not ideal representations, admittedly. Not healthy representations, certainly, but representations nonetheless.

## The cancer is me.

Ready to move on?

Let's talk about this observation's immediate implications: What could it mean? Well for starters it means that since it is you, it's really under your influence if not actual control. Like it or not, you've got the potential to have more influence over this thing than you might have believed. That, my dear friend, is good news! In fact, it's fantastic news! The idea that the cancer is you, means that you are not at the mercy of everything else in the universe. You can have an impact on your outcome! I know it may feel like you are completely dependent upon everyone else in your life right now. I know that this might make you very uncomfortable right now. Know this. Since the cancer is you, and you is your body, and your mind can influence your body, you can influence your outcome!

I know it may be a pretty huge idea to you right now. Hang on and I'll show you how I accomplished it. Of course, when I say "accomplished", I'm not necessarily talking about curing or remission. Honestly, I'd be pretty egocentric if I accepted credit for all of that. Besides, this is really not a how-to-cure-cancer kind of book as much as it is how-to-live-the-fullest-life-you-can-whether-you've-got-cancer-or-not kind of book. I was very fortunate but I also know that my focus on living well made me a better patient and one more likely to get the full benefit of all the good work my caregivers were doing. I love the Thomas Jefferson quote…

I'm a firm believer in luck.
The harder I work the more I have of it!

The harder I worked, the smarter I became. The smarter I became the more mindful I remained. The more mindful I remained, the luckier I got. The point isn't that I went into remission. I'd be writing this book even if I hadn't. I guess I just would have written it faster. The point is that I remained focused on health and determined to live true to myself throughout the process. That's what this stuff will help you do! Live true to yourself everyday. And that can only help! If you do the same thing, it will help you influence your outcome too.

Once I got my arms around the whole, "this cancer is me" thing, I knew that I needed a plan. In order to influence my outcome, I had to have a plan. In order to have a plan, I had to identify the different possibilities I might be facing.

I had to identify my worst-case scenario, accept it and formulate a plan for that contingency. I figured that if I could handle that, I'd be ready for anything. I had already, after all, accepted that I might be dead before my 41st birthday, it wasn't that much of a reach to start formulating plans in that event.

I know however, that when assessing any situation, it's important to be realistic. Nowadays in our society, when most people say "be realistic" they're saying it to bring someone down from a lofty height. But we need to be realistic in a different way. There are plenty of people in this world who will tell you that it's realistic to accept that you'll die and in a way they'll be right because eventually we all do die of something or other. I mean, how can you argue with the stats that tell us that 100% of us die of something eventually? It's like the question "why do native rain dances work?" "Because the natives don't stop dancing until it rains!" My point is that realism must also include the reality that while all of us die, all of us also are alive right this very moment. If you are reading this, you are alive. If you are alive today then two things are true: 1) You may be alive tomorrow and the next day and so on and 2) there's living to do today!

Along those lines, in reality, the potential outcomes are not only bad ones. It was just as possible that my outcome would be positive as it was that it could be negative. I also had to, therefore, identify my best case scenario, accept it and formulate a plan for that contingency as well. The funny thing was that this wasn't my first instinct. Formulating the best case scenario is usually what I'm best at. Ever the optimist, I'm usually the one identifying the silver lining in the first instance. In this case, oddly enough, the positive outcomes were the secondary prediction. Funny. It's really more important that this plan came to me at all rather than when it came.

It's also not coincidental that I thought of the worst-case scenario first. As positive a guy as I am, I'm human and I was scared. Fear has such a powerful impact. It can divert even the strongest river of love, dreams and purpose. Like a river, however, those things cannot be diverted permanently! Fortunately, I was able to wrestle the fear into submission long enough and frequently enough to be able to remain focused on the positive potential.

Finally, I had to learn from this. I had to pay attention and learn from every step of this experience. I had to keep track of my observations out of the hope that they'd be helpful. If not to me, then to someone, someday. Because I am a professional speaker, I joked with my caregivers and friends, "This is going to make a great speech someday!" I kept telling myself, "This experience is going to make a great story, book, program, etc.!" I thought of the different programs that would allow me to turn this experience into positives for the many different populations of people who were helping me. Doctors, nurses, people involved in blood donation and collection, researchers, survivors and their families, musicians. You name the demographic and I came up with a speech for them! It's one of the things that got me through it all.

As it's turned out, these notes have helped ME as much as anyone else. They've helped me keep my healthy perspective. I've returned to them many, many times and wish even that I'd returned to them even more often than I have. I pictured myself speaking to thousands of people, working with support groups, at people's bedsides. All of these images have come to pass since my recovery. I used those notes to create this book and use them nearly every day to maintain my perspective.

You may be saying to yourself "I don't need to journal my thoughts or observations or experiences, no one's going to read this stuff." That may be true. No one may ever pick up your notes or learn a thing from them. The act of writing them, however, in and of itself, will be hugely helpful.

Besides, doesn't it stroke your ego even just a little that hundreds of years after your body is dead and gone (many, many days, weeks, months, years from now!), that a great, great, great grandchild, niece or nephew or perfect stranger might pick up your journal and read it and learn about your experience and what it meant to you? C'mon be honest. Just a little?

So, you need to be realistic. The outcome could be bad. BUT, the outcome could also be good.

So prepare yourself for both contingencies.

Once I had put my head around that, I realized that either way, I had to prepare myself for my treatment. Part of that preparation was to ready my mind and body for a transformation. I had to be prepared to transform my body from one in the condition of being diseased to one in a condition of being well.

I understood that in order to change I needed to have an accurate assessment of where I was at the moment. I thought about cancer and what that might mean. I thought about what the cancer being me meant in other ways. I had always equated cancer with negativity so I thought that perhaps I had been harboring some longstanding negativity. I figured the idea that such negativity might eventually have manifested itself in my body in the form of cancer cells might not be such a stretch of the imagination.

Again, remember that these cells are me. The cancer cells in your body are you. They are our cells. They live and breathe the same air and consume the same nutrients. They are not the "enemy". They are our very selves. Somehow the process of creating cells in your body got messed up. I figured that the source of that process getting messed up in my body had to do with some kind of negativity that I had been mindful of at some point. In fact, since it was cancer and one that had manifested itself relatively slowly, the negativity I had allowed to fester was probably something I had carried for quite some time.

I had an idea in my head that it was entirely possible that over the years I had harbored enough resentment toward myself, enough self-loathing, enough disappointment with some of my choices, that I could have somehow manifested my own cancer. In a way, I thought, I could have had a hand in having created this mess for myself.

I know this might be a wild idea for some of you. I've had a lot of people suggest that I tread very lightly here. They've suggested that people might be offended at the idea that each of us could cause our own cancer. Now hold on. I'm not saying that I know for certain that each of us causes our own cancer. I'm not saying that you are responsible for giving yourself cancer. I'm not saying that, okay?

# ⨳ iCanSir!

What I'm saying is that we know enough about harboring negative energy to be prepared to admit to – and except some responsibility for – harboring negative energy within ourselves.    I'm saying that it makes sense that if bottling up all of that negative emotion can give us an ulcer, then it's not too terrible a reach to say that it might also weaken our defenses to the point where we've made ourselves susceptible to other problems, too.    Such other problems could, reasonably, include the manifestations of cancer.  So don't go jumping down my throat just yet.    Bear with me, this will really help you because I know there's something that you've not let go of and if I can get you to do that, you'll feel relieved and glad you did it.

So I had this idea about bottled up negativity.  I thought about it.  I thought about what experiences in my past might have caused me to have such negative feelings toward myself that it could have grown into this.  What could have been hanging around so long that it would have an opportunity to manifest itself as cancer?

I meditated on this for a bit.  It didn't take long.  I didn't have to think that hard for that long.  It jumped right out at me.  I remembered a wrong I had perpetrated, someone I had hurt as a result of a bad decision I'd made.  No one died, I hadn't committed a crime, but it did cause a lot of pain for a handful of people.  It was a stupid mistake I had made in my impulsive years and it cost a small group of people a lot of anguish.  I had harbored guilt about it for a long time.

I am completely unwilling to relinquish my responsibility for this.  I did it.  I can't deny it or pretend it didn't happen.  I wish that I could deny it, deny my part in it, but that's just not how the universe operates.  So without relinquishing responsibility for it, I had to come up with a way to let go of this guilt that could very well have been killing me.

Simply put, I had to forgive myself.  My very life depended on it.

I meditated on accepting responsibility for what I'd done. I thought about what I had learned from it and what I could continue to learn from that experience and how to avoid it in the future. I thought about what I might do to help others avoid the same mistake. I thought about what positives could possibly come from that mistake and how I could ensure that something good did come from that. I thought about how I might make my karmic restitution.

I committed to making sure that forgiving myself wouldn't equate to just letting myself off the hook. I decided that I'd learned my lesson since having done this wrong. I decided that since that time, I had done a lot of good. I reflected on the many positives I had been responsible for since then. I thought about some of the things I had done for some of the people I had been responsible for hurting. Although, perhaps I hadn't made up for it, I felt as though I had regained some of my lost virtue.

I reflected on some of the small sacrifices I had made since then in order to see to it my children, for instance, were well taken care of. I thought about the many lessons I had since imparted on my kids to be certain (to the extent I could) that they'd not make the same mistakes I'd made. I pondered the things I could continue to do to bear this responsibility with, well, responsibility and share the lessons I had learned from all of that pain.

I felt that the sum of these things would buy me some credit. That these good deeds might help to pay down some of the "karmic debt" that might be out there as a result of my misdeeds. I hoped to forgive myself without letting myself off the hook. When I was satisfied that I had accomplished this, I moved on.

You may be asking yourself "is he going to tell us what he did or what?" No, I'm not. It's not as important as you think. If you're asking that question, you're projecting your guilt onto me in order to avoid my next question. I'm sorry, I care about you too much to let you off the hook. You've simply got to do this thinking. Remember, it just might save your life!

So here it is. What's yours? What's the guilt that has controlled you? What do you need to forgive yourself for? Look, we all have done s*#t that we regret. Anyone who tells you otherwise is trying to sell you a diet pill. So go ahead, write what you've done that you feel guilty about.

_____

_____

_____

I'm encouraging you to be honest here because keeping secrets could be what's making you ill. No one besides you ever has to see this. You can write it in code if you really don't want anyone to know. As far as I'm concerned, I won't tell anyone. In addition to being a performance coach, I'm an attorney. I've kept secrets for a living. Some of them would make your skin crawl. Trust me. No one needs to ever see anything you write in this book unless you let them.

You may be thinking "Hey, let's not get crazy here, it's not like my regrets are causing my cancer or _____"(insert your challenge here!) O.K., maybe not, but you have to admit, they sure aren't helping anything either. So, identify what you may be punishing yourself for and go about forgiving yourself.

_____

_____

_____

Now identify some things that you can do to alleviate some of the pain those regrets may have caused you and people you know (or people you don't know).

_____

_____

_____

Right now you may be thinking that this sounds suspiciously like one of those 12-step programs. Well I have two responses to that. The first is that when you're all done with this you can go back and count them. I guarantee you that there will be way more than 12 steps. The second is this: Yes, well, those 12-step programs have become a bit cliché because they work sometimes. Anyhow, it's still not a 12-step program so sit tight and keep reading!

I heard this guilt - this negativity - described once as "heaviness". What a burden to place upon yourself. Think about it. Can you possibly get better while carrying that extra weight on your shoulders or in your belly or in your neck muscles or wherever you carry your guilt, negativity and stress. Please accept that over the next several weeks you're going to be freeing yourself of all that extra junk.

In fact, take a moment right now to jot exactly where in your body you carry that stuff. Think about it. Do you get headaches, neck aches, stitches (cramps) in your side, back spasms, upset stomach, reflux, frequent colds, bad bowel movements? Is this starting to make a bit more sense?

# ℞iCanSir!

Where in your body do you carry your negativity?[16]

_____

_____

_____

Now, jot some thoughts about what you might do – in addition to actively participate in this program – to process and let go of that negative energy.

_____

_____

_____

Now, jot some thoughts about what it will feel like when you've been able to do that. Mmmmm, just imagine the "lightness". Won't that feel great?

_____

_____

_____

[16] There is lots of cool information out there that correlates specific problems in the body with specific types of energy. It's fascinating to me and you may find it interesting to read up on. In many cases, this information is the result of millennia of thinking. If you're interested in checking this stuff out, a good place to start is a local holistic practitioner. I've found that these folks are tuned into a lot of the information that traditional practitioners might consider "out there" but still can be complimentary to your standard treatments. Be open with all of your caregivers. Together, you can strike a healthy balance among different approaches that works for YOU!

---

Do you feel a little better already?  Maybe a tiny little bit?

During one of my early conversations with the intern the day before my chemotherapy was set to start, the young doctor was "sharing" his personal feeling that it was his "hope" that the chemotherapeutic agent that my doctor and I had decided on was the right one.  I was furious with him.  He suggested that perhaps it would take some time to be certain of the diagnosis, the treatment for which I was about to embark on a 7-day, 24-hour poison fest!

It took every ounce of self-control not to jump out of my bed and wring his neck.  What a jack-ass!  I was so upset that this pompous young man would place his ego before my attitude.  I think his exact words were 'That's what you probably have.  There's some debate about your diagnosis.'  Dumb shit.  Why would you say such a thing to a patient?

Well I know why he would say it.   He would say it appear to more actively involved in the decisions relative to my care.He would say it to appear more intellectually involved in my care.  He would say it to look smart.  He would say it to check the positivity in front of him if he was uncomfortable with it.   He would say if he was intellectualizing what was, for me, a very close partnership among intellect and heart.

Since that day, I've always thought that he just said that to knock me down a peg.  I think, honestly, he was jealous.  I think he was a little jealous that here I was at the lowest point of my life, with a smile on my face, grateful for the true blessings in my life, and he was just a miserable little turd, frustrated at being stuck in our tiny upstate New York berg.  Well as far as I was concerned "tough shit".  Get over it big guy.  Time to cowboy up and do your job!

# iCanSir!

At the time, I refused to give him the satisfaction of engaging in a debate. I'd talk to his boss tomorrow and set him straight a little less directly right now. I said, "well, Dr. B says that's what I have and this stuff (Cladribine) will do the trick...

*"we'll get the little fu@#ers!"*

After I said it to him, I jotted it into my journal. It may have been crude but I can't tell you what satisfaction it gave me to show him that he and his stupid choice of vocabulary couldn't shake my confidence. So many people have told me that they've had similar experiences with their professional caregivers. Without making apologies for the occasional jack-ass, I will say that I understand that people in the health professions are worked mercilessly hard. I understand that they are not necessarily trained in the finer nuances of human interaction. Finally, I understand that they all didn't have the benefit of having been raised by my mom and dad who constantly insisted on polite and considerate behavior. Having said that, I also know that the doctors who led my team, the nurses who took care of me almost without exception, all "got it" when it came to respecting the approach I was determined to take and communicated with me accordingly.

I know many examples of extraordinary compassion and empathy in the medical profession. In my own family I'd witnessed my father, my mother, and both my sisters engage in the healing professions. At once they were all intelligent and credible and warm and compassionate. I would like to see more being taught about the importance of those skills. I remember feeling in the hospital that I'd like to deliver some programs to doctors in training to see if it would make a difference.

I will create the opportunity to make some progress in helping the health care professions understand that in each and every transaction with a patient, the way the patient will hear the information MUST be taken into account. Yes, it's harder to do it that way. Yes, it may be totally counterintuitive for those trained in the medical arts but those challenges don't make it any less important to us, the patients, and ultimately to the professionals too!

Anyhow, I'm off my soapbox now. One last thing. After having pondered the idea of having done some stupid things and having let those actions haunt me to a certain degree, I wanted to let go of it all one last time that day before I nodded off. The last note I made in my journal was to become a real mantra for me as I began my healing in earnest. I wanted to tell each and every one of my billions of cells that it was time to move on. It was time to acknowledge that this experience was something I was going to benefit from somehow. It was time to express – out loud – the thanks I felt for all the wonderful blessings I'd been able to enjoy over the years. It was time to be grateful.

It was time to let the chemicals the doctors were using do their thing. The doctors trusted these drugs to help heal me and I trusted my doctors. I'd asked the right questions, I'd educated myself and had decided to trust my team. It was time to allow my body to join that team with everything it had. It was time to let my unhealthy cells die without mourning them and move on to a new day of healing, revitalization and redemption. It was time to forgive.

*"thank you – you're forgiven"*

The days and weeks to follow would require every resource I had within me. Soon, in just a day or two, the anguish of chemotherapy-induced nausea would overcome me. After writing in my journal, it was time to turn off the lights and rest.

 iCanSir!

## Chapter Eight
## A side-bar on interdependence.

We've covered a lot of ground already. Some big ideas to get your head around. We've talked about this disease being in your body but nowhere else. We've talked about it not being able to touch your soul. We've talked about exercising some influence over its effect on your body with your mind. We've talked about relying on others to help with the stuff outside of your mind.

When we're in the best of situations, we often require the help of others. Certainly when we're in the thick of treatment and very vulnerable, it's reasonable to suggest that we might need more of that help. It might conjure the idea of "Dependence."

In western culture we place a great deal of emphasis upon the opposite of that idea: independence. We celebrate its importance in our culture. We honor it, we glorify it, we practically worship it. We celebrate the icons of that independence. We even have a national holiday recognizing its importance to our national psyche by recognizing the bold, important steps our founders took to establish independence from England. But it's really a myth.

Our celebrated independence is really not independence at all. Hold on to your hats, I'm not going communist or anything, just bear with me. It's really inter-dependence isn't it? Aren't we really celebrating our ability to handle most of our own stuff BUT with the help and cooperation of a great deal of people? Are we saying that we relied upon each other to stand on our own? Isn't that really life?

Now, right this moment, you may be relying - to a greater extent than you're used to - on the assistance of other people. But you're doing something for them too! Your allowing them to help you. You see, in order to feel good about ourselves, psychologists have shown that we must feel a connection to something outside of ourselves. We must

79

feel a sense of belonging. It also helps us feel as though we are worthy of good things by doing good deeds. These feelings of belonging and worthiness are key components to our self-esteem. Additionally, helping others helps us feel good about our abilities. If we're good enough to take care of others' needs then we must be good enough at all of our other stuff to have enough talent left over to help out. This feeds our sense of self even more. By opening your life to others' help, you are providing these people with very important elements of their self-esteem. It's o.k. First of all, you'd do the same if the tables were turned and God knows, life throws enough at us, you'll probably get your chance. Second of all, if they thought about it, they'd be grateful to you for giving them a more personal source of this energy than simply writing a check to a local cause. Right now, you're not only a local cause yourself, but a deeply personal and highly connected one. Helping you is the best kind of help these people can give.

So, celebrate your interdependence. What's today's date? Write it on the line below.

---

Today is Interdependence Day!

I declare a national holiday. We've got to work and we won't get any extra pay, but we'll observe the national holiday anyway!

Now, in the chapters to follow we're going to cover a lot of specific "hows" in the process of exerting influence over your body through your mind. There are a lot of exercises that you'll be doing. Some of the people around you might think you're on some kind of new age kick. Hell, who knows, you might be. I do know this, I'm convinced beyond convinced, I'm certain beyond certain, I know in my bones that these principals – along with the careful application of modern medical technology - saved my life while allowing me to maintain a great attitude throughout all of the pain and nausea and, yes, suffering.

# iCanSir!

I was willing to celebrate my interdependence out loud. I got a lot of funny looks. It's o.k. I was enjoying myself despite my misery and I didn't care what people thought. If you're happy, will you care what people think?

To help you get these ideas to sink in and also to help you in enlisting all those around you (your family, friends, miscellaneous visitors, caregivers, doctors, nurses, etc.) in your heroic struggle against negativity and to garner the strength and passion and enthusiasm of the universe in support of your healing, I've included the following page for you. Tear it out and hand it to your doctor. Photocopy it and post it on your door. Make a pile of them and give them to your visitors. Do whatever you have to do to make sure that everyone you know is on board with your new approach.

# ℞ iCanSir!

## Welcome to my living space.
## It is a place where I've chosen to heal.

### The good news is that no matter what happens to my body,
### my soul will always be perfect!

I am committed to focusing on my desired outcome so that my mind will assist my body in receiving from the universe all that will help and block that which will not. I believe that this will be the key to my healing and that's exactly what I intend to do. I intend to heal. You can help!

You can help by:

> Keeping pity at bay and hope alive.
> Not discussing my diagnosis or asking about "chances" or the details of my treatment.
> Allowing me to discuss that which I want to discuss.
> Bringing positive energy into my living space.
> Reaching out to the great power, that great energy that exists within me and summoning that energy to assist in my healing.
> If you must do the opposite of these things, please help me by not doing them anywhere near me.

For instance:

1) For my doctors: I encourage a healthy professional dialogue and even debate among educated and trained peers regarding my diagnosis, treatment, even potential outcomes but I insist that to the extent these transactions radiate negative energy they take place far away from me and certainly are not to take place in my living space. You can help by conducting your professional skepticism out of my earshot. I have chosen you because I am confident in your professional abilities to garner the technical resources to help me heal. I have faith in you and ask you to have confidence in yourself. To help us foster this certainty as a team, Positivity, Confidence and Certainty will guide the tone of our transactions in my living space. I am grateful to you for considering this for me. Deeply grateful.

2) For my loved ones: I encourage you to research the disease that may have temporarily taken residence in my body. I understand that this may be a natural inclination. But since I am in the process of healing, I would like to minimize the very mention of it in my living space. You can help by choosing the words you use to express your opinions and thoughts regarding what I should do very carefully. Please, you can really help me this way. I am grateful to you for considering this for me. Deeply grateful.

## Chapter Nine
## What does nothing look like?

I promised that you'd learn tools. I promised I'd show you real actions that you can take to work constructively toward your healing. As you've no doubt surmised, the practice of meditation was an important part of my recovery and has been an important part of my life. The ability to separate the mind from the body and elevate our thinking to another plane, a higher level - if for even a moment - helps us capture important perspective. A key part of this process is the ability to get into alternative emotional, mental and physical states. This will make it possible to achieve higher levels of mindfulness. Higher mindfulness will help you find and liberate that true tiny voice inside. This voice will help you understand the universe and your place in it. I know that's a tall order but until you've meditated and experienced the information that you will be exposed to as a result of it, you really aren't in any position to argue with me.

So, higher mindfulness. How do we get there? Getting into a state of openness to inspiration does not require you to be an expert. Contrary to what you may think, it is not an experience reserved for gurus and swamis, or for that matter, rock stars or hippies. It's easier than you might think. In fact, anyone can do it. My kids can do it. I can do it. You can do it. If you doubt it, that's o.k. I will show you. For starters, know this, if you can breathe, you can meditate.

Try this for starters.

Read this through and then try it. Or better yet, tell a friend you've got to try something that might save and/or change your life and ask them to help you do this crazy thing. They'll help. If not, and you're in the hospital, ask someone there to help you. If that doesn't work out for you, visit my website, www.GeorgePKansas.com and order my guided imagery tape/cd. It's cheap and it works! If THAT doesn't work, try the short streaming version on the website for starters absolutely free!

First, get your body in a position in which you can be as aware as possible (i.e.: upright) AND as comfortable as possible. The idea is that you should be in a position where you're not likely to fall asleep BUT if you were to fall asleep you wouldn't have to do anything to hold yourself up. I don't want you falling asleep and falling off your bed. How would that look? I can hear it now. "Yeah I was trying this new relaxation and meditation technique, I fell asleep, fell off my bed and broke my nose!" That's not good for my business.

Seriously, you want to get your body in a comfortable position that you don't have to work too hard at staying in. I like to kneel on the bed or sit "Indian style" leaning slightly forward. When I kneel, the soft bed lets my knees sink in and I can keep my body upright which allows my breathing to flow nicely. You'll try many positions and find what's best for you. Remember, there is no <u>wrong</u> way.

O.K. Comfortable? Good.

Now, with your eyes open begin by drawing three breaths. They don't have to be particularly deep breaths. Just draw 3 regular breaths with just that on your mind. Just 3 breaths. In and out. In and out. In and out.

Nicely done. See, nice and easy.

Next try the same, but this time, make them real belly breaths. A truly deep belly breath is one in which you draw air so far down into the lobes of your lungs that your belly sticks out. If you can, draw these breaths through your nose. Belly breaths are more effective in bringing about the relaxation response if drawn that way. So if your nose isn't stuffy and you can do it, try drawing these next breaths in through your nose.

# ꩜ iCanSir!

Most people think that a deep breath is most effectively evidenced by one's shoulders rising. Although shoulders rising might be an outcome of a deep breath, it probably isn't. A true deep breath is evidenced by the displacement of your internal organs by your lungs filling with air and the diaphragm being drawn down into your lower body cavity, thus your belly sticks out. Some people call this belly breathing. Now you know why.

So, take three more deep belly breaths, this time watching your belly to make sure you're doing it right. Try keeping a hand on your belly so you know how doing it right feels. Breathe in through your nose. Let the air draw way down deep. Notice how your hand on your belly moves outward. Hold it for a second, and then let it out real slowly through your mouth. As you exhale through your mouth, try pursing your lips a bit as you might imagine a flutist would hold his/her lips over the mouthpiece of a flute. In through your nose real deep, out through your pursed lips. Notice how your hand moves inward as you release your breath from deep within you. Try this 3 times.

Niiiiiiice.

Now close your eyes and do it three more times. See why I told you it would be helpful to have someone read this to you!

One... Two... Three... Nice.

What crossed your mind just now? Nothing? A thousand things? Crazy things? Did you "see" a bunch of things that you have to do? A bunch of bills to pay? Your messy house? Your sister or brother you haven't spoken to in too long? Did you see other loved ones? Your doctors and nurses perhaps?

Jot those things now just to get them off your mind. Once they're written, you don't have to worry about them. You may come back to them later if you want. Get them out now so you can try to think of nothing in the next exercise.

_____

_____

_____

_____

_____

_____

Next, draw ten belly breaths with your eyes closed. This time, try to picture what nothing looks like on the inside of your eyelids. If it helps, try to imagine a movie screen at the front of your mind. I know it sounds funny to suggest trying to imagine nothing by imagining a movie screen, which is decidedly not "nothing". That's why I said, "IF it helps". Ideally, just try to imagine the empty, vacuous nothing. Perhaps what outer space might look like. It might be void of all color, it might be all colors blending together. It might be black, it might be white. It might be dark, it might be bright. (Sorry about that Dr. Seuss moment there.) Nothing is probably a bit different for everyone. If you're using the movie screen idea, with your eyes closed, try to imagine what nothing would look like projected onto that screen. Once you get that non-image down, simply get rid of the movie screen.

Once you're capable of imagining what projecting nothing onto nothing doesn't look like, you'll have figured out how to imagine what nothing might look like. That sentence was designed to make your face crinkle and hopefully, after that, smile.

O.K. now it's time to draw those ten breaths with eyes closed imagining your non-image of nothing.

# ⅋iCanSir!

One – breathe a nice deep breath in through your nose, hold it for just a moment, then exhale through your pursed lips, nice and slowly. Niiiiiice.

Two – In with a nice deep, deep breath through your nose. Hold that for one second and then exhale nice and slowly through your gently pursed lips.

Three – Inhale and feel the nice, calming air fill your lungs with rejuvenating energy. Hold that wonderful energy in for just a moment. Now exhale nice and slowly and allow your body to release tension, negativity and stress.

Four – In nice and slowly. Hold it for a moment. Out nice and slowly.

Very good. You're doing great.

Five – In…Hold…Out…

Don't look now but you're meditating. You're doing wonderfully.

Six – In nice and easy. Hold that for a second. Out nice and easy.

Seven – In through your nose. You can feel the positive energy coming in and circulating throughout your body and consciousness. Hold that positive energy in there for a second. And out through your lips, nice and easy.

Niiiiice.

Eight – In. You're feeling the wonderful healing energy of the universe flow naturally into your body, bringing nourishing air and powerful ideas with it. Hold that wonderful healing power within you to give it time to transfer to your cells. And exhale the old air, the information you no longer need, the negative.   Release it to the universe to transform for you.

You're doing wonderfully.

Nine – In.  You feel the healing energy enter your body as it begins its magic transformation.   Your cells are changing and improving and healing as you breathe.  You hold it for a moment to allow your cells to nourish themselves.  And you exhale the stuff you no longer need.  The old ideas, the old way of thinking, the old you.

Beautiful.

And Ten – Nice slow deep breath in as you breathe in gratitude and healing and strength.  You hold that wonderful healing energy in for a moment as your cells transfer what they need.  And exhale ever so slowly and gently through pursed lips as your body releases forgiveness and stress and pain and negativity for the universe to transform on your behalf.

Niiiiiiice.

You're doing it.  You're meditating.  Your mind is creating gentle but powerful transformational messages and images that will enable your mind and body to work together toward your healing.  Your mind is sending powerful signals to your cells to cooperate with the new images and transformation that you're asking for.

Your cells don't know the difference between what your conscious body "sees" and "knows" and what your mind "sees" and asks for.  So, with your mind, through meditation, you ask for and create the images that you want your cells to adhere to.  Health, Wealth, Peace, Prosperity, Healing, Energy, Gratitude, Forgiveness, Success, Balance, Love.  It's all there.

ℛ iCanSir!

Would you like to take it a bit farther?  Let's take it a few steps farther, shall we?  This time I'll take you down a path that worked wonders for me.  At a time when I was told I had no bone marrow left and that until my body saw fit to replace it (or I borrowed it from someone else – ouch) I would have to rely on transfusions of blood to keep me alive, these images allowed me to begin the process of replacing my bone marrow.   Eventually, I required no further transfusions and no surgery.  In just five months, I was on my way to having replaced my bone marrow to the point where I no longer required treatment or medication of any kind.

Continue to draw the deep breaths but now we're going to focus less on the breathing and a bit more on something else.  I want to ask you to imagine the location of the source of the cancer in your body. Where do you imagine it to be?  Two things might help but are not necessary.  One is to know a little about your disease.  Two is to know a little about the biology of your recovery.  It might help if I give you an example:

I was diagnosed with Leukemic Reticular Endotheliosis.   The nickname for this disease is Hairy Cell Leukemia because the lymphatic cells that have gone hay-wire - the issue that characterizes this disease - look like tiny black fuzzy tennis balls under a microscope.  I knew from my research that my problem was being caused by these crazy white blood cells taking over and preventing my healthy blood production.   The little terrorist buggers were occupying the parts of my body that are used to produce my blood.  I had learned that this is done mainly in one's pelvis, spine and hands (not the long bones as I had once learned).

So, I imagined the deep recesses inside the bones of my pelvis.  I imagined tiny narrow conference rooms with very low ceilings.  I imagined these characters sort of hiding out in there, well-armed and shabbily dressed.  I imagined them somewhat well-organized but not terribly mindful or motivated.  I imagined two stem cells (the good guys). The only chance my body had to make my own, healthy blood.

My last hope. I imagined them hiding out in the duct work waiting for their chance to exact their reveng , capture the hairy cells and begin to make my blood again.

All the while breathing deep, deep breaths, I imagined my stem cells having conferences.[17] I called them my healthy cell conferences. I called these conferences to order often during my month long stay in the hospital. I am convinced that these very vivid visualizations empowered my body to make the necessary changes in body chemistry and create the appropriate biotic environment to manifest this visualization in reality. Yes, of course the chemotherapy and medicine made it possible too. But I say to you with equal certainty that the fact that I saw very clearly what I needed my body to do, played a key role in manifesting that reality in my life.

Let's take it even one step further. You can do what I did next. Still breathing deep, deep breaths. Nice and easy. In and out. In through my nose, holding it for a second and then out through gently pursed lips. I imagined that deep within the recesses of my body, I maintained what I called my Situation Room. Yes, just like the one in the White House!

In my SitRoom I held conferences with my Joint Chiefs of Staff. These were all of the healthy cells, stem cells etc., that I could muster from the far regions of my inner space. I would also call secret meetings in the late-night hours. To these meetings I would invite "ninja cells" and "cleaner cells". These cells were secretly charged with stealthily hunting down my leukemic cells, destroying them, packaging them discreetly and disposing of them without a trace. These were my special forces.

I know that it's a bit dark and ironic that a peace loving, tree hugging, meditator like me would yield such violent metaphors for healing.

---

[17] At this point, I imagined just two cells conferencing together. I was in such bad shape, I imagined only two little guys left. Gods among microbes!